KAIFA

HUINONG

PINGYAO

XIAN

NONGYE

ZONGHE

KAIFA

ERSHINIAN

SHIJIAN

YU

TANSUO

平遥县农业综合开发办公室 编

开发惠农

平遥县农业综合开发二十年
实践与探索

山西出版传媒集团

山西经济出版社

图书在版编目（CIP）数据

开发惠农：平遥县农业综合开发二十年实践与探索/平遥县农业综合

开发办公室编.—太原：山西经济出版社，2019.4

ISBN 978-7-5577-0486-5

Ⅰ.①开… Ⅱ.①平… Ⅲ.①农业综合发展—研究—平遥县

Ⅳ.①F327.254

中国版本图书馆 CIP 数据核字（2019）第 082696 号

开发惠农：平遥县农业综合开发二十年实践与探索

编　　　者：平遥县农业综合开发办公室
责任编辑：宁姝峰
装帧设计：赵　娜

出　版　者：山西出版传媒集团·山西经济出版社
社　　　址：太原市建设南路 21 号
邮　　　编：030012
电　　　话：0351-4922133（市场部）
　　　　　　0351-4922085（总编室）
E - mail：scb@sxjjcb.com（市场部）
　　　　　　zbs@sxjjcb.com（总编室）
网　　　址：www.sxjjcb.com

经　销　者：山西出版传媒集团·山西经济出版社
承　印　者：山西臣功印业有限公司

开　　　本：889mm×1194mm　　1/16
印　　　张：19.25
字　　　数：350 千字
版　　　次：2019 年 4 月　第 1 版
印　　　次：2019 年 4 月　第 1 次印刷
书　　　号：ISBN 978-7-5577-0486-5
定　　　价：198.00 元

编委会

前　　言

　　平遥县于1999年正式申报立项，成为国家级农业综合开发项目县，到2018年整整实施了20年。农业综合开发20年的发展历程也是市场经济条件下农业转型发展的20年。

　　20年间，平遥县作为国家级农业综合开发项目县，项目累计完成总投资5.472564亿元，其中国家、省、市、县各级财政投入2.72474亿元。在12个乡（镇）的95个行政村实施了48个土地治理项目，完成了中低产田改造17.37万亩，建设高标准农田8.44万亩，惠及项目区农民19.78万人，实施后新增和改善节水灌溉面积21.5万亩，建成了田成方、林成网、路相通、渠相连、旱能灌、涝能排的高产农田，实现了机、电、井、田、林、路、渠的综合配套，有效地提升了土地的综合生产能力；同时扶持了11个农业龙头企业和7个农民专业合作社，完成了48个产业化经营项目，扩大了农业企业的生产规模，延伸了产业链条，规范了农民专业合作社的经营，完善了项目申报制度。产业化项目的实施提高了农产品的科技含量和市场竞争力，为县域特色产业注入了生机与活力。

　　20年来，平遥县农业综合开发始终坚持"开发与治理并举、建设与管理并重"的原则，赢得了上级部门的关注与支持，激发了县、乡、村各级的凝聚力和战斗力。如果说"规范、精细、质量、绩效"是农发工作精髓的话，那么在这精髓的背后则体现了农发人勤奋敬业的奉献精神，敢于作为的担当意识，严以履职的慎笃心态和廉洁行政的务实作风。

　　20年来，农业综合开发在监督中完善、在审计中成长、在验收中提高。作为农发人，我们不骄不躁，脚踏实地服务"三农"。春华秋实二十载与农业综合开发结下了不解之缘。无论对农业综合开发健全完善的政策制度之总结，还是对农业综合开发精细规范的管理机制之倡导，无疑是一件很有意义的事情。

为此，我们组织人员历时数月编撰了这一反映平遥县农业综合开发20年实践与探索的文集，得到了各级领导的支持，在此一并致谢！

随着政府机构改革的推进，农业综合开发项目面临重组整编。至此，农业综合开发完成了阶段性的目标任务。在新的时代，它将开启新的征程，创造新的业绩。

谨启初心，以示后鉴。

霍维忠

2019年3月

序

  山西省农业综合开发始于1988年，至今已走过30年的光辉历程。30年来，我省农业综合开发从恒山脚下到黄河岸边，从吕梁太行到汾河谷地，农业综合开发县发展到了92个，占全省县（市、区）总数的77.31%。30年的实践证明，农业综合开发项目是解决全省农业生产基础薄弱的一条有效途径，是加快农业产业化进程行之有效的举措，是提高农业总产值的最佳选择，是激发乡村集体和广大农民参与高标农田建设的一项政策方略。农业综合开发不仅具有独特的区域化开发优势，而且实行严格的资金和项目管理。坚持多方投入，综合施措，立足基础建设，追求综合效益。特别是近年来，山西农业综合开发更加注重科学化开发和精细化管理，开发成效有目共睹，服务"三农"功不可没。被农民群众称为"富民工程""德政工程"。

  农业综合开发的丰硕成果，倾注了所有农发人的辛勤汗水、蕴含着求真务实、埋头苦干、不断创新的农发精神。30年间，全省农业综合开发县不仅从数量上实现了快速增长，由最初的9个开发县发展到了现今的92个开发县。其中国家立项开发县85个，省立项开发县7个；而且从农业综合开发资金和项目的管理绩效上也得到了很大的提升，取得了令人欣慰的业绩。实现了由单一管理向全面管理，由粗放管理向科学管理，由人为管理向制度管理，由制度管理向依法管理的四个转变。通过建立健全专家评审制、项目和资金公示制、工程招投标制、工程监理制、资金县级报账制，形成了一整套涵盖资金和项目管理各个环节的制度体系；通过采取监督检查、绩效考核、竣工验收等措施，提高了项目建设水平；通过健全管护制度、建立管护队伍、落实管护资金，确保了项目工程的运行和长效发挥；通过对农业产业化经营项目实施主体（农业龙头企业及农民专业合作社）的逐级考察，申报项目的严格评审，实现了农业综合开发项目资金的安全使用和带动效应；通过立法程序颁布《山西省农业综合开发条例》，使得全省农业综合开发步入法制化管理轨道。多年来，山西农业综合开发工作多次受到国家农业综合开发办公室表彰奖励，也赢得了全省各级党委、政府及有关部门的赞誉。

通过积极争取，平遥县于1999年被正式列入国家级农业综合开发县，由此拉开了晋中盆地农业综合开发项目的序幕。20年来，平遥县农业综合开发在县委、县政府的高度重视和正确领导下，在有关部门的密切配合与支持下，县农发办精心组织、务实创新、严格管理、科学实施，取得了明显的成效，为全县农业和农村经济发展注入了新的生机与活力。

出于对农业综合开发工作的热爱和高度的事业心和责任感，平遥县农发办霍维忠主任组织全办人员编纂了《开发惠农：平遥县农业综合开发二十年实践与探索》一书，充分体现了维忠同志多年来对农发工作的执著。该书以翔实的资料和鲜活的开发案例以及资金与项目管理的全过程，再现了20年来全县农业综合开发走过的历程，生动地反映了基层农发人多年来为农业综合开发事业付出的艰辛与汗水；展现了基层农发队伍求真务实、不辱使命、扎实工作、干事创业的精神风貌。在全省农业综合开发项目面临重组的转折期，认真总结回顾农业综合开发成功的经验做法、科学合理的开发模式和严格精细的管理机制，无疑将对今后全省的高标准农田建设以及乡村振兴战略的实施起到他山之石可以攻玉的作用，也将激活广大农发人一如既往干事创业、奋发有为再创佳绩。

多年从事农发工作的我，对此举感受颇深，于是欣然接受维忠同志之约，为本书作序，互为共勉。

赵建生

2019年3月

情注三农 功泽斯民

——写在晋中·平遥农业综合开发二十年之际

历史的车轮滚滚向前，又一次站在了改革的前沿。

维忠同志组织编辑的《开发惠农：平遥县农业综合开发二十年实践与探索》一书的出版，乃农发战线之幸事。受维忠同志的嘱托，就晋中农业综合开发共同走过的20年写些东西，思虑良久，算是对这段峥嵘岁月的小结吧。

1998年以"晋中盆地中低产田改造项目"立项申请为序，1999年平遥县正式立项为国家农业综合开发项目县。至此农业综合开发在晋中这片土地上生根、开花、结果，为精耕细作的晋中农业添羽加翼，为晋中农业产业化龙头企业强筋壮骨，为晋中建设现代农业园区先试先行……20年弹指之间，农业综合开发完成了改革进程中历史赋予的特殊使命，成为一代农发人赖以自豪的记忆。

长风破浪，扬帆。

1999年平遥县正式立项以来，我市先后新增介休、太谷、祁县、寿阳县、昔阳县、榆次、榆社、灵石、左权10个县成为国家级项目县。1999年我市农业综合开发上级财政投入仅为519万元，到2018年上级财政投入规模已达到1.4亿元，增长了27倍。据统计，1999－2018年，我市农业综合开发累计投入资金26.58亿元，年均递增15.95%，领跑全省。全市共改造中低产田88.87万亩，建设高标准农田47.21万亩，综合治理小流域生态面积14.05万亩。扶持265个产业化经营发展项目，其中龙头企业158个，农民专业合作社107个。

桃李不言，成蹊。

农业综合开发在晋中实施的20年，以一整套严格而富有成效的管理体制，成为同期农业项目建设管理绩效突出的典型。第一，实现了严格的县级报账管理，并以祁县的报账流程在全省范围内得以推广。第二，实现了农发项目及单项工程立项招标和全程监理，调动了农民群众参与农发建设的热情。第三，农发项目工程在审计、验收等管理中的不断优化出新，能够经得起时间的检验。第四，开展了农业综合开发工作绩效考核，晋中从2009年起连续6年农业综合开发工作考核、绩效评价全省第一，2011年获得了山西省"五一劳动奖状"的光荣称号。第五，建设了一批项目，比如太谷县任村乡集中连片的万亩高标准农田，奠定了现代农业园区的雏形；积累了一些经验，比如平遥县土地治理项目的井汾双灌模式、寿阳县旱垣节水模式；树起了一些典型，比如平遥牛肉集团、龙海集团、国青禽业等现代农业产业化龙头企业……

筚路褴褛，同行。

晋中农业综合开发风风雨雨的20年，正好与赵建生主任领导的山西省农业综合开发相契合，建生主任今年刚刚退居二线，我和维忠则也从意气风发的而立之年步入了知天命之年。一路走来，我们三人，都是将人生最华丽的岁月投入到了农业综合开发事业中。在历史的长河中，农业综合开发作为特定时期的政策部署，或许只是沧海一粟，但对于我们却是毕生的心血。这其中有太多的支持与感谢、理解与坦诚、扶持与坚守。放之于整个农发队伍，晋中从最初的两三个人，到现今的80多人，培养了一批财务、工程的专业人才，凝聚了一支勠力同心的队伍，实践了一种甘于奉献的农发精神。因为工作，经常下乡，披星戴月是常事；因为工作，讨论争执，面红耳赤也是常事，但终因对这份事业的热爱，而更加惺惺相惜，荣辱与共。为农发人骄傲！

《开发惠农：平遥县农业综合开发二十年实践与探索》这本书，汇集了县级农业综合开发实践中诸多的经验、总结和思考，对今后的农田建设工作有很强的借鉴参考作用。借此机会，由衷地感谢各位同仁的一路陪伴和付出，希望在新的岗位上有新的作为，继续砥砺前行！

晋中市农业综合开发办公室　武景林

2019年3月

栉风沐雨　硕果累累

农业综合开发办公室霍维忠主任带领他的团队编辑整理的《开发惠农：平遥县农业综合开发二十年实践与探索》就要付梓出版了，这是平遥县农业综合开发工作具有里程碑意义的事情。该书兼备理论性、实践性、资料性、典范性，既是农业综合开发善作善成的一种思维与方法，也是农业综合开发承前启后的一种传承与实践。我为他们的工作点赞，对《开发惠农：平遥县农业综合开发二十年实践与探索》的出版面世表示祝贺！

众所周知，农业综合开发是中央政府为保护、支持农业发展，改善农业生产基础条件，优化农业和农村经济结构，提高农业综合生产能力和综合效益，设立专项资金对农业资源进行综合开发利用的活动。农业综合开发的任务就是加强农业基础设施和生态建设，提高农业综合生产能力，保证国家粮食安全，推进农业和农村经济结构的战略性调整，推进农业产业化经营，提高农业综合效益，促进农民增收。

平遥县农业综合开发工作春风化雨、春华秋实，二十年来取得的成就不是天上掉下来的，更不是别人恩赐的，而是项目区广大干群用勤劳、智慧、担当干出来的。长期以来，无论土地治理项目，还是产业化经营项目，在延伸农业产业链，提高农业经营效益方面都为省市农业综合开发工作提供了工作样本，贡献了农业综合开发工作的平遥智慧、平遥路径、平遥模式，形成了一套健全完善的资金和项目管理制度，取得了显著的开发成效。这与县农业综合开发工作办公室同志们一如既往的辛勤工作密不可分，与他们一如既往的责任担当密不可分，与他们一如既往的创新探索密不可分。

党中央确定的乡村振兴战略为农业综合开发带来史无前例的机遇。步入新时代的农业综合开发工作需要紧密结合平遥的区位特点，要以服务乡村振兴战略为中心，要以推进农业农村现代化为目标，要以促进农业可持续发展为主线，紧紧围绕农业供给侧结构性改革，抓品质、促产业、扶主体、重生态、助扶贫，集中建设高标准农田；着力打造优势特色农产品，积极培育新型农业经营主体，加快推进农业适度规模经营，大力促进农村一二三产业融合发展，探索建立乡村振兴的示范路径和平台载体。

　　二十年，伴随着改革开放的步伐，平遥县农业综合开发工作收获了荣誉和成果。进入新时代，改革开放再出发，我县农业综合开发工作面临新机遇，也面临新挑战，任重而道远。我们要进一步用习近平新时代中国特色社会主义思想武装头脑，指导实践，推动工作，牢牢把握"三农"工作的发展方向。立足三个瞄准，奋力进位争先，顺应民心、尊重民意、关注民情、致力民生。坚持夯实农业基础不动摇，提高农业综合生产能力不减弱，提升农产品质量不松懈，全力打造平遥转型发展新优势和新功能，推动全县更高质量发展，谱写农业综合开发工作的新篇章！

平遥县人民政府副县长 阎丰琴

2019年3月

平遥县农业综合开发土地治理项目区示意图

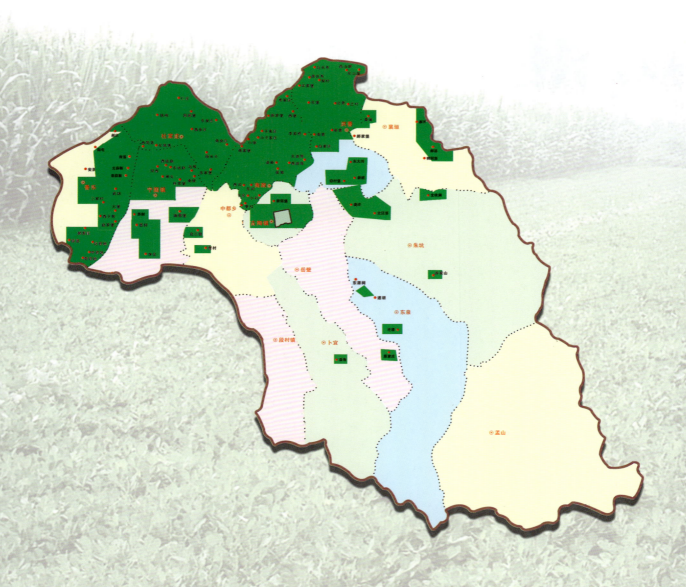

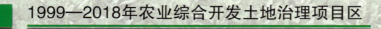 1999—2018年农业综合开发土地治理项目区

平遥县农业综合开发产业化经营项目示意图

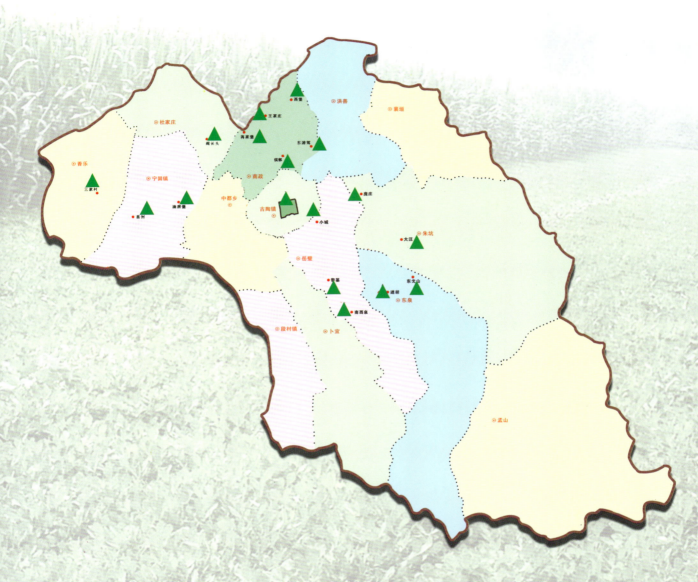

▲ 1999—2018年农业综合开发产业化经营项目实施区

目 录

平遥县农业综合开发产业化经营项目示意图

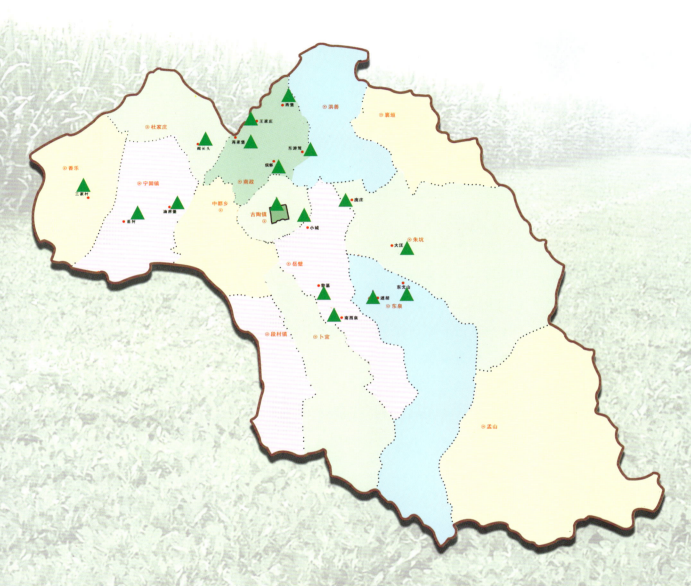

▲ 1999—2018年农业综合开发产业化经营项目实施区

目　录

③ 平遥县农业综合开发二十年实践与探索之**创新探索**

④ 平遥县农业综合开发二十年实践与探索之**调查研究**

⑩ 平遥县农业综合开发二十年实践与探索之**综合报道**

⑪ 平遥县农业综合开发二十年实践与探索之**大事记**

开发惠农

1999—2018

平遥县农业综合开发二十年实践与探索

壹

平遥县农业综合开发二十年实践与探索之

领导关怀

pingyao xian nongye zonghe kaifa ershinian shijian yu tansuo

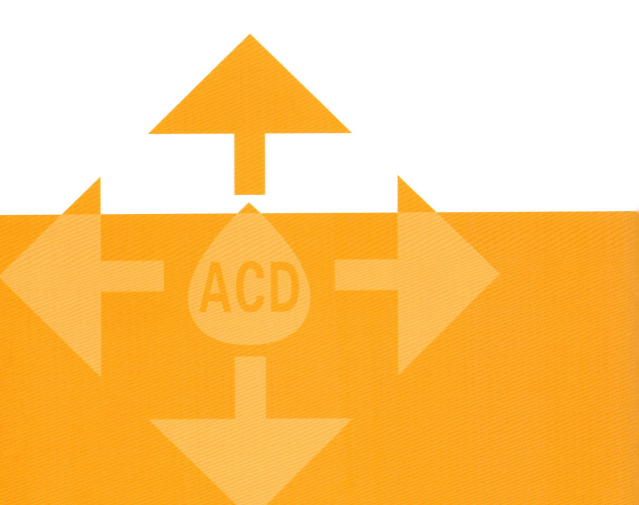

胡锦涛总书记视察
平遥县南良庄农业综合开发园区

文/霍维忠

2005年7月30日，中共中央总书记胡锦涛在山西省委书记张宝顺，省委副书记、代省长于幼军等领导的陪同下，来到了平遥县南良庄村，同南良庄村干部、农民代表进行了座谈。在座谈中，总书记详细了解了村民的农业生产条件和经济收入状况。之后胡总书记一行来到了2002年实施的南良庄村国家农业综合开发园区，察看了项目区农作物，特别是林果、蔬菜生产情况，鼓励农民要发展经济效益高的农产品，并要通过搞活流通环节增加农民收入。看了南良庄村农业园区发展规划后，总书记要求一定要确保规划落在实处。

原载《山西农业综合开发》第3期

南良庄农业综合开发园区

回良玉副总理
在山西考察农业综合开发龙头企业

文/王斌

4月的天空，已经是春意融融，春风和煦，阳光明媚。

2008年4月7日下午，中共中央政治局委员、国务院副总理回良玉，在山西省委书记、省人大常委会主任张宝顺，省委副书记、省长孟学农等同志的陪同下，考察了山西省农业综合开发龙头企业山西平遥牛肉集团有限公司。

牛肉集团新建生产厂区

山西平遥牛肉集团有限公司是山西省2003年、2004年连续两年扶持的国家农业综合开发产业化经营龙头企业，共投资2838万元，其中财政资金635万元，扶持该企业新上了一条年屠宰加工3万头肉牛屠宰生产线。通过项目扶持，延伸了产业链条，提高了产品质量和企业的市场竞争力，带动了当地乃至周边地区养牛业的发展，企业效益逐年提高。2007年底企业年销售收入达到1.93亿元，上缴税金达到1015万元，实现利润1500万元。

在考察中，当回副总理了解到该公司是山西省肉制品行业中的第一个中国驰名商标、是山西省农业产业化重点龙头企业时，随即产生出浓厚的兴趣，径直走入生产车间一线，详细了解平遥牛肉的生产工艺流程、生产能力、带动农户、产品质量安全体系建设、产品的价格以及市场的销售等情况。

回良玉副总理问道："平遥牛肉历史有多久？"

平遥牛肉集团雷秉义董事长说："平遥牛肉始于汉代、立于唐宋、兴于明清、盛于当代。"回良玉副总理接着问："主要工艺是什么？整个加工工序分几个流程？"又指着真空车间新加装的制冷机组问道："这些设备都是新引进的吗？"

"对，整条生产线可以总概括为相、屠、腌、卤、修五大工艺流程；这些新设备的引进，不仅提高了生产效率和产品质量，而且还大大降低了成本的消耗。"

"整条生产线一年能生产多少吨成品？"

"3500吨。"

"一年消化多少头活牛，带动多少农户？"

"一年消化活牛7万头，直接带动农户1.5万户。"

"哦，带动性很强，农民收入也提高了。"回副总理点头表示满意。

从车间出来，在公司宣传板面前雷秉义董事长向回副总理讲述了公司基本简介、肉源基地建设、公司发展规划等情况。回副总理得知公司近年来坚持发展"龙头带基地、基地连农户"之路，在促进畜牧业发展和带动农民增收中积极发挥作用，创造了良好的社会效益和经济效益时，面带微笑说："很好！"

"目前，公司一共有20多个品种，100多个规格，产品远销全国20多个省、市、自治区，公司在北京、天津、石家庄、郑州、包头、西安等地均设有办事处。"

"平遥牛肉美誉也早有耳闻。"回副总理接着说。

牛肉集团考察

山西省委书记张宝顺接话道："是啊，平遥牛肉以其独特的加工工艺，加之悠久的发展历史，深厚的文化底蕴，早在1956年就已经摘取了'全国名产'的桂冠。"

"哦？说说！"回副总理露出欲知的目光。

雷秉义董事长介绍道："自古到今，平遥牛肉以其独一无二的色、香、味而享誉神州大江南北。其色，不加任何色素，却色泽红润，晶莹鲜亮；其香，未食其肉已芳香扑鼻，闻而生津；其味，肉质鲜嫩，软硬均匀，肥而不腻，瘦而不柴；其效，扶胃健脾，营养丰富。食之，绵软可口，咸淡适中；品后，香味醇厚，余味悠长。"

接着雷秉义董事长拿起一块新上市牛柳一品香道："回副总理，请品尝。"

回副总理接过牛肉细细品尝，连连称赞道："原生态风味，不错，有特色，好吃，好吃。"省委书记张宝顺又拿起牛腱一品香："再来一块！"宽松融洽的气氛不禁引发人们开怀一笑。

张宝顺书记又道："和顺有肉牛、有好品质的肉牛，你们要与其联手，为平遥牛肉产品再上台阶迈出新步伐。"

最后，回副总理总结指出：希望平遥牛肉集团在继承传统工艺的同时，要注重品牌建设和产品质量安全体系建设，不断加强新产品的研究和开发，提高企业的自主创新能力，提高产品的科技含量，千方百计降低生产成本，稳固市场价格，开发出更多具有自主品牌和较强市场竞争力的农产品。要创新发展理念，进一步拓宽农业产业化经营的思路和理念，积极探索农业产业化发展的新途径，在促进农业持续增效、带动农民稳定增收中发挥好积极作用。

原载2008年《山西农业综合开发简报》16期

平遥牛肉集团华春养牛场

曲孝丽在山西省平遥牛肉集团公司调研

文/王斌

曲孝丽副省长在山西省平遥牛肉集团公司调研

4月16日到17日，副省长曲孝丽在我县平遥牛肉集团有限公司进行专题调研，副市长辛琰，县委书记武晓花，县委常委、副县长赵凌中，副县长刘利平等参加调研。

平遥牛肉集团有限公司是我县国家农业综合开发产业化发展项目多年扶持的龙头企业。2017年，国家农业综合开发产业化发展涉农企业项目扶持该公司的子公司平遥县华春肉牛养殖公司新增存栏220头能繁母牛标准化肉牛养殖基地扩建项目，总投资330.6万元，其中财政资金135万元，自筹195.6万元。项目新增购置品种为西门塔尔的10个月—2岁牛龄种母牛220头，使能繁母牛的存栏达到370头。项目的实施有效加快了标准化、规模化、集中化肉牛养殖方式的推广，促进农村产业结构调整，

培育壮大主导产业，同时解决了肉牛养殖成本高、利润低，产品销售无保障等问题，为当地肉牛养殖的发展起到示范作用，引导农户进行标准化养殖，既带动贫困户致富脱贫，又建设形成产、供、销一体的完整产业链条，加快农产品流通及转化，实现农产品优质生产、高效流通。

曲孝丽一行深入集团公司了解企业食品生产经营管理、食品安全保障措施和食品安全监管工作开展情况，就强化食品安全监管、确保食品安全、促进食品产业发展提出了指导意见。她指出，要突出源头治理，切实加强食品生产加工销售的全过程监管，让人民群众买得放心，吃得安心。

原载2018年《晋中农发动态》第10期

晋中市市长吴青海调研龙头企业

文/霍维忠 王斌

市长吴青海在牛肉集团肉牛繁育基地调研

6月17日，晋中市市长吴清海在平遥牛肉集团肉牛养殖繁育基地调研，平遥县县长曹治胜等陪同。

位于宁固镇油房堡村的平遥牛肉集团有限公司的肉牛养殖繁育基地，是集种牛繁育和肉牛育肥销售为一体的肉牛标准化养殖基地，自2010年建成实施以来，按照"公司加基地、基地连农户"的经营原则，在满足牛肉集团肉源需求的同时，积极与周边的养殖合作社、养殖户实行"统一圈舍规划、统一饲料配制、统一防疫消毒、统一架子牛收购"的合作模式，带动了当地养牛业的大发展和农民增收，促进了农村经济发展。吴清海市长在详细了解了公司

肉牛的引进、饲养管理、销售等生产经营状况和公司未来发展规划，以及公司在带动农村经济发展、促进农民增收中发挥的作用后，与公司领导一同分析了企业在国内同行业中所处的地位和发展中的优势和劣势，希望公司从各个层面解放思想，不断提高经营管理水平，增强市场竞争力和抗风险能力，积极探索农企合作的新模式、新路径，更好地发挥农业龙头企业在带动现代农业发展、促进农民增收中的积极作用。

原载2013年《山西农业综合开发》第3期

省农发办主任赵建生
检查指导回回堡村科技推广项目

文/王斌

省农发办主任赵建生、王艳艳检查科技项目

　　3月12日，省农发办主任赵建生、王艳艳在市农发办主任武景林、平遥县委副书记张冬明的陪同下，深入我县杜家庄乡回回堡项目村检查指导农业综合开发工作。

　　赵建生主任等领导在听取了村委主任马通胜就该村农业综合开发的实施、精确农业灌溉节水科技示范项目的应用以及实施项目后的效益等情况的汇报后，又深入项目区现场检查了农发项目工程及精确农业灌溉节水系统，对平遥县实施的农发项目工程给予了充分肯定。同时又为平遥县农发工作指出今后努力的方向，要求将机井智能控制系统在项目区范围内进行推广，并扩大精确农业节水灌溉的监测点，以便更准确更有代表性地获取田间的土壤墒情，更好地为项目区农民服务。随后，赵主任等又与科技推广部门的负责人、技术员及村委主任进行了亲切交谈，希望科技推广部门要充分利用精确农业灌溉系统中的信息展示平台，为农民提供作物新品种、种植管理新技术以及农产品供求信息，更多地服务项目区农民，让农民及时掌握农业新知识、农业新信息，使他们从中得到更多的实惠；在与村委主任的交谈中，当了解到该村当前的农业种植现状时，赵主任希望该村要进行种植结构调整，大力发展设施农业、高效农业，增加农业科技含量，提高农民收入，让农民群众真正从农业综合开发中得到实惠。

　　原载2009年《晋中农发动态》第15期

县委书记李非忠、县长卫明喜
深入农业综合开发项目区观摩指导

文/王斌

县四套班子领导观摩土地治理项目

11月8—9日，县委书记李非忠、县长卫明喜率县观摩检查团对平遥县重点工作进行实地观摩检查。农业综合开发项目作为平遥县农业工作的重点，在观摩中涉及3个土地治理项目区和3个产业化经营企业。一是实地观摩了2006年实施过农发土地项目的回回堡村项目区，对该村规模发展的设施蔬菜给予肯定，指出要加强管理，发挥好示范引领作用，整体推进，带动农民增收；在观摩了正在实施的宁固镇油房堡、净化村的万亩中低产田项目和襄垣乡桑冀村、洪善镇洪善村0.35万亩中低产田改造项目后，指出要在保证工程标准质量的前提下，加快项目工程进展，充分发挥项目优势，提高农业综合效益。二是深入平遥全根养殖专业合作社的百万只蛋鸡养殖示范园区进行观摩指导，指出要大力发展现代农业，实施科学化养殖，精细化管理，打造蛋鸡养殖业的航母，推进全县蛋鸡养殖业的标准化发展；在平遥牛肉集团的百头肉牛良种繁育基地，听了公司董事长的情况汇报后，指出要以牛肉屠宰加工为龙头，延伸产业链条，以繁育基地为依托，发展肉牛养殖基地，做大"冠云"品牌，推动农村经济发展；在平遥晋伟中药材合作社实地了解中药材种植的经济效益后，提出合作社上联市场、下接农户，要发挥合作社的纽带作用，实施合作社+基地加农户的经营管理模式，扩大规模，搞好服务，扩大药材种植规模，带动农民持续增收。

原载2011年《晋中农发动态》第87期

县委书记卫明喜深入"一县一特"产业试点项目建设工地调研指导工作

文/王斌

县委书记卫明喜在龙海公司调研

山西省平遥县龙海实业有限公司的年出栏600万只高标准现代化规模肉鸡养殖基地（一期）建设项目是2013年国家农业综合开发扶持"一县一特"产业发展试点项目，实施地点在朱坑乡庄则村，总投资3190万元，其中财政资金750万元，企业自筹2440万元。

6月12日，县委书记卫明喜在副县长牛起虎及相关部门负责人的陪同下，深入朱坑乡庄则村正在建设中的龙海公司肉鸡养殖园区进行调研。卫明喜在详细了解了项目建设进展、公司投资运行、产业发展现状、带动农民持续增收等方面的有关情况后指出，当前正在开展的群众路线教育实践活动，就是通过改进作风，让干部受教育，让群众得实惠，各级党委和部门要牢记习近平总书记"珍惜岗位，秉公用权，安身、安心、安业，多为老百姓造福"的教诲，认真学习贯彻李小鹏省长的讲话精神，始终坚持高标准、严要求，扎实推进各项工作，确保教育实践活动善始善终、善做善成，取得群众满意的成效。

原载2014年《晋中农发动态》第43期

县委副书记、县长曹治胜
调研农业综合开发项目工程

文/王斌

县长曹治胜在南政项目区调研

11月2日，县委副书记、县长曹治胜调研农业综合开发项目工程。副县长牛起虎，农委、畜牧、水利、财政等相关部门负责人随同调研。

曹治胜一行先后深入2013年竣工的南政乡万亩高标准农田建设工程项目区，在建龙海公司年出栏600万只高标准现代化规模肉鸡养殖基地（一期）"一县一特"产业发展试点项目建设工地，实地察看了各项目实施进展情况与作物长势情况，听取了乡镇及企业负责人情况汇报，了解了各项目实施中存在的困难和问题，现场协调相关涉农部门与乡村干部研究解决问题的思路措施。

曹治胜对平遥县农业综合开发项目工程建设取得的成效表示肯定。他指出，农业综合开发项目工程是促进农业增效、农民增收的民心工程，与广大农民群众的切身利益息息相关。各级各部门要以为百姓谋利益的责任心，进一步提高思想认识，落实工作举措，加快推进工程建设进度；要密切沟通联系，不断创新工作思路，想方设法解决项目推进中存在的困难和问题；要努力做好高标准农田建设园区、龙头企业养殖基地等规模园区的完善工程；要在加大科技培训力度的同时，积极宣传引导广大群众大力发展现代农业，树立发展信心。同时，要强化管理，确保工程充分发挥作用，最大限度地服务于生产效益的提高，为广大农民群众增收致富提供重要保障。

县委书记武晓花、县长石勇
深入农业综合开发项目区观摩指导

文/王斌

县委书记武晓花、县长石勇
在洪善项目区检查指导

　　11月14—15日，平遥县委书记武晓花、县长石勇、县人大常委会主任雷新平、县政协主席王金宝等县四套班子领导以及乡镇、部门负责人对全县重点工作进行实地观摩检查。农发项目作为2016年的农业重点工程，各级领导在观摩中深入在建的洪善镇万亩高标准农田建设项目施工现场，详细了解项目建设进展，指出要抓好项目，发挥项目带动优势，促进经济增长，确保农民增收。在观摩点评会议中，武书记在肯定成效的基础上，为我们今后的工作提出了更高的标准：一是定性和定量要相结合，切实加强挂图作战力度，进一步推动脱贫攻坚、项目建设等重点工作的开展；二是"拉车"和"看路"要相结合，力戒投机主义和教条主义，

努力做到眼观六路、耳听八方，以更加务实的作风对标一流；三是"走马观花"之后一定要很好地"解剖麻雀"，继续寻找项目建设需要解决的一些问题；四是说和做一定要相结合，要在具体工作中做到有思想、有情怀，更要切实发扬好"钉钉子"的精神。

　　武书记还指出要把产业脱贫作为抓手，持续推进"公司+贫困户"等有效的脱贫对接模式，真正在脱贫攻坚战役中再创业绩、再立新功；同时还指出要进一步加大党风廉政建设，落实好"两个责任"，将党纪、法规挺在前面，按政策制度办事，懂法守规，规范操作，廉洁行政，保证项目、资金和干部队伍安全。

　　原载2017年《山西农业综合开发》第1期

省农业厅开发处魏振兴处长一行
深入我县部门项目实施企业检查指导工作

文/王斌

省农业厅魏振兴处长调研部门项目

3月6日，省农业厅开发处魏振兴处长等一行四人在市县农委、农发办的陪同下深入我县2017年农业综合开发部门项目——区域生态循环农业项目实施企业山西农友肥料科技有限公司进行检查指导。

山西农友肥料科技有限公司是以畜禽养殖粪污和农作物秸秆为原料生产碳基有机肥和生物菌肥的农业产业化经营企业。公司申报的2017年部门项目——平遥县区域生态循环农业项目，批复总投资3069.35万元，其中财政资金1500万元，企业自筹1569.35万元。建设内容包括粪污处理工程、有机肥加工工程、田间工程以及配套仪器设备等。

魏处长一行先后深入公司秸秆碳基有机肥生产车间、生物菌肥生产车间以及自主研发设备制造加工车间进行观摩指导，实地察看了项目中在建的有机肥生产车间。在此基础上与市、县两级相关同志及公司负责人进行了交流座谈，提出了具体的意见和要求；一是对该项目管理职责进一步明确，县农委是项目管理的主管部门，要执行好指导监督管理责任，对项目实施的每个环节把好关口，严格程序、规范管理、强化验收，保证项目各项工程有序推进，县级农发部门作为项目管理的配合部门，配合主管部门搞好项目管理工作，做好财政资金的筹集管理，严格履行好财政资金县级报账制，强化资金管理，确保资金使用安全；二是实施企业要强化项目批复的严肃性，严格按照批复的投资与任务不折不扣地完成，针对项目建设进度慢这一状况，企业必须及时筹集资金，加快项目实施进度，特别是当前，要抓住春闲这一有利施工季节，将田间工程全部实施完成，同时，加快其他各项工程建设进度，倒排工期，项目力争在今年8月底前完成；三是项目主管部门要随时掌握项目实施进度，督促指导企业收集好项目建设的相关资料手续，对项目建设的真实性、安全性负责，做好项目绩效评价数据的收集分析整理；四是及时与上级部门做好沟通，多请示、多交流，保证项目管理规范有序。

摘自2018年《晋中农发动态》第6期

开发惠农

1999—2018

平遥县农业综合开发二十年实践与探索

队伍建设

pingyao xian nongye zonghe kaifa ershinian shijian yu tansuo

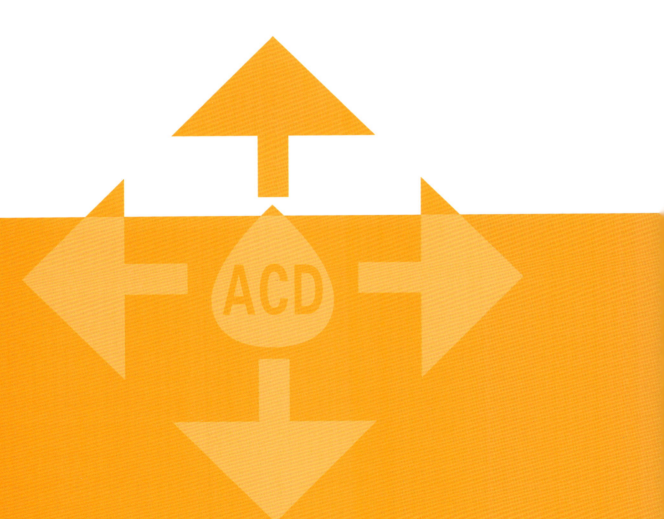

落实"一岗双责" 强化农发队伍建设

文/霍维忠

晋中市农发系统培训会

农业综合开发是国家支持和保护"三农"发展的惠农举措，在改善农业生产条件提高农业综合效益，培育优势特色产业助推农业产业发展方面发挥着积极的作用。作为组织实施和管理农发项目的基层农发部门，既负责项目申报、施工管理、检查验收等项目管理的每个环节，又对资金配套、工程结算、资金拨付等各个环节严格把关，这就要求必须有一支作风过硬、业务精通、敢打硬仗、勇于担当的干部队伍来支撑。平遥县农发办自成立以来，注重干部素质提升，强化党风廉政建设，把队伍建设始终放在首位，不断增强农发干部的责任感和使命感，端正农发人的政绩观和荣辱观，激发农发队伍的凝聚力和战斗力，有效保证了项目安全、资金安全和干部安全。

一、加强组织建设，自觉履行"一岗双责"

（一）完善制度，增强规矩意识

开展各项工作，党的领导是核心。农发办作为党的基层组织，始终坚持和发挥党组织的核心堡垒作用，激发每位普通党员旺盛的战斗力。一是严格执行党的政治纪律和组织纪律，坚持党的组织原则，积极参加县委、财政局党总支组织开展的各类党性教育活动，提高全体党员的政治素质和理论水平，维护习近平总书记在全党的核心地位，坚持党中央集中统一领导；二是健全完善各项规章制度，建立权力运行内控机制，用制度管权、管人、管事；三是增强党员干部的底线意识和规矩意识。把纪律挺在前，不能触犯法律的底线，坚持党的规矩，一切听党指挥，下级服从上级，个人服从组织。

（二）坚定信念，提高政治站位

认真贯彻执行党的各项方针政策，做学习的表率。坚定信念，增强政治敏锐性，提高全室人员的政策理论水平。把"两学一做"常态化制度化，用先进的政策理论武装头脑，提高党性修养，光明磊落，言行一致，做合格党员。把精准扶贫作为第一要务，紧紧抓在手上，参与其中，积极投身精准扶贫，克服单位人员不足的现状，选派专人驻村扶贫，并积极为对接帮扶的东泉镇圪塔村争取项目资金搞基础设施建设，二年间，争取省、市奖励资金50万元用于该村的水利设施建设，修建1000多米防渗渠道并配套渠系建筑，使得500余亩梯田得到了快捷便宜的灌溉，同时为80户贫困户发放笨鸡养

殖3650余只，赢得了圪塔村全体村民的口碑，大大提高了精准扶贫的群众满意度。

（三）严格办事，落实"两个责任"

农发工作政策性较强，《国家农业综合开发资金和项目管理办法》对农发项目管理的每个环节都做了明确规定，必须依法实施和管理农发项目。一是牢固树立服务"三农"的宗旨，认真践行"三严三实"，立项要评审、施工要招标，项目要公示、工程要监理，开工有批复、完工有验收，竣工有移交、管护有制度，主动适应新常态，慎用手中权力，心存敬畏，把权力控制在党纪国法和农发制度规定之内。二是认真落实"两个责任"，健全机制，明确分解主体责任和相互之间的监督责任，强化岗位职责和目标，做到程序公开、办事透明。农业综合开发项目建设具有很强的时效性，把限时办结和按时交账的责任意识融到落实"两个责任"

市农发办主任武景林在培训会上讲课

的过程中，在监督之下主动作为，在制度框架内行使权力。工作中做到既分工又监督，既抓农发业务又不失党风廉政建设，时刻把"两个责任"牢牢扛在肩上。

二、注重业务培训，提升农发队伍素质

（一）学用结合，增强服务本领

打铁还需自身硬。农业综合开发工作是一项综合性、业务性较强的工作。作为县级农发干部，我们十分注重农发知识的学习。熟练掌握农业综合开发各项政策制度是开展农发工作的一项基本功，吃透业务政策，兼备相关知识，在实践中学习，在学习中提高，练就一身服务本领，做到拿得起放得下，才能确实提升农业综合开发工作水平。

农发工程时效性、季节性较强，需要在规定的期限内完成建设任务。农发办人员少，但我们克服困难，主动作为，自我加压，不等不

靠。在土地项目申报时，我们深入实地进行考察，做好规划设计，使工程既符合实际，又符合政策规定；在产业化项目申报时，我们工作前移，提前考察摸底，指导企业规范管理，健全财务，完善条件，做好项目库的建设；在工程施工时，我们坚持深入工地检查，督促进度，严把质量，发现问题，及时解决，保证工程质量不打折扣；在工程竣工后，按标准严格验收，委托第三方进行工程结算审核，以此为依据进行报账付款；在资金结算时，我们认真指导项目村或施工单位完善工程手续，整理完善工程资料。

（二）强化培训，树立质量标准意识

要想做好农发项目，提高县级农发人员的办事能力和办事效率固然重要，但同时提高项目实施区村支两委的大局意识、标准意识、绩效意识也是十分必要的。没有项目区村支两委的积极配合和支持，农发项目也很难达到开发治理的理想效果。因此，多年来，县农发办采取县、乡、村三级培训形式，对项目区的乡村干部和部分村民开展农发政策、治理措施以及实用科技的培训，收到了很好的效果，极大地提高了项目乡村干部在项目建设中的全局观念、质量

项目村科技培训会

意识以及相互间的配合协作，有效地提高了群众对农业综合开发项目的认可度和满意度。二十年间，科技培训累计投入资金690万元，县、乡、村三级累计培训1200余场次，培训项目区干部群众12.43万人次；示范推广小麦良种、蔬菜瓜果频振杀虫、玉米种子包衣、玉米病虫草害防治等实用技术面积4.08万亩；实施科技项目1个，完成土壤改良7.94万亩，有效地提高了土壤有机质含量，改善了土壤结构。

二十年来，县级农发队伍中无一例因违法违纪而受到党纪政纪处分；农发项目建设服务的12个乡（镇）95个行政村，在项目的实施过程中虽然也发生过矛盾纠纷甚至有过信访，但参与农发项目建设的数以百计的乡村干部确保了农业综合开发项目善始善终，绝大多数年度的项目都能按时完成并通过上级的验收。个别年度的项目在延长工期后仍全部完成工程建设

任务。扶持过的农业企业和农民专业合作社90%以上的项目都能按时完成项目建设任务并发挥预期效益。这些项目已成为县域经济新的增长点，这些农业龙头企业和农民专业合作社成为农业产业化过程中的领头雁。

三、突出项目绩效，提高工程建设标准

农业综合开发项目的实施突出的是项目绩效。作为县级农发办应该紧紧抓住项目绩效这一农发的生命线不放松，这样才能最大限度地发挥其惠农的优势所在。

县级农发办要突出项目绩效，项目建设做到"多、快、好、省"。"多"是指县级农发办要积极争取项目和资金，即项目要多、资金要大，这样才能彰显出县农发办的工作力度，体现出农业综合开发项目和资金对县域经济发展的贡献。"快"就是要节奏快，即项目建设

农发人员检查项目施工

的速度要快，因为农发项目工程的特点是点多、面广、单项工程量小，加之施工期限要避开农时季节。秋冬之季与早春是农发工程施工的最佳期。平遥地处山西中部，四季气候分明的特点与汾河灌区一水定乾坤的传统农耕模式，使得农发工程的有效施工期限尤为短暂。因此，农发项目要想在一年半的建设期限内竣工，到次年六至七月份接受上级检查验收，项目工程建设上就必须突出一个"快"字，在有限的建设期内抓住农闲季节，以施工速度之优势来弥补工期短暂之劣势，并要做到工程施工与农事生产不冲突、不矛盾。"好"就是农发项目工程布局规划要好、工程建设质量标准要好、竣工工程的效益发挥要好、项目示范带动作用要好、工程管护的机制效果要好。"省"就是项目工程建设要精心设计、精确预算、精准监督，工程建设不枉花一分钱，不搞形象工程，不做无效益的工程，把钱都用在刀刃上，从而提高资金使用效益。

四、严格项目管理，增强党风廉政建设

农业综合开发项目的实施始终坚持建管并重的原则。没有严格的管理则很难达到高标准的工程质量，而没有高标准的工程质量又很难谈得上有严格缜密的管理。严格的管理又不能脱离党风廉政建设。在这里"一岗双责"和"两个责任"体现得淋漓尽致。

农发工作既管项目又管资金，既是权利，更是责任，对此，我们在强化项目管理时做到"勤、廉、自、律"。"勤"，农发工作始终以服务"三农"为宗旨。一是要勤动手：在项目管理中，深入实地做好勘察规划，做到随时测量记录，掌握好工程第一手资料，工程实施中要实地指导检查。二是勤动脑：要深入基层开展调研，对项目建设中存在的问题与不足进行深入探讨，在调研中善于听取基层意见，善于总结思考，把握正确的农综开发发展方向，创造性地开展工作。"廉"，一是在农发项目申报立项、工

省农发办专家组考核高标农田项目绩效

程招标、工程检查验收、工程资金结算审核中，保持头脑清醒，严格按程序和制度办事，不搞利益输送，不搞人情工程，廉洁行政，不触犯纪律和法规的底线。二是在项目实施过程中始终坚持"一岗双责"，不仅要抓好业务，更要抓好党风廉政建设，带好队伍，管好身边人，严格监督项目实施单位依法依规行事，不折不扣地完成项目批复的建设任务。"自"，一是要在农发项目管理的各个环节中自觉履行自己的职责，自觉坚持政治和业务学习，履行好主体责任，主动担当，不等不靠，对监督责任不放松，把履行"两个责任"紧紧抓在手上，落到实处。二是要自觉主动"立足三个瞄准，奋力进位争先"，农发工作要在全市争上游站前列，同时要做到进位不违纪，担责不犯规，增强自我保护意识，不能触犯纪律和法规的底线。"律"，一是要时刻以党员标准要求自己，以《中国共产党章程》

和《中国共产党党内监督条例》为准则，落实好"两个责任"，将党纪、法规挺在前面，自我管理，自我约束，将"一岗双责"体现到农发项目管理的业务中，做到按政策制度办事，懂法守规，规范操作，依法行政、廉洁行政，保证项目、资金和农发队伍安全。二是在进位争先的过程中严格执行项目立项规划，工程设计标准，严把工程建设质量、做到账物相符，严格单项工程验收标准，抓质量出效益，严管理求发展，确保项目资金和队伍的安全，确保项目工程长期发挥效益。

正确路线确定之后，干部是决定因素。二十年间，县级农发办开展农业综合开发工作，长期克服了机构小、人员少的不利因素，以加强党的基层组织建设为统领，以提高党员干部的主观能动性为抓手，以取得良好的工作绩效为目标展开工作，取得了骄人的业绩。二十年间共获得省、市农发部门和县委、县政府等表彰奖励47次，在国家、省、市农发杂志以及党报党刊宣传报道55次。农发队伍在实践中求真知，在学习中练本领，在管理中求发展，淡泊以明志、宁静以致远。

县农发办检查验收竣工工程

平遥县农业综合开发办公室
历年部分获奖证书奖牌

平遥县农业综合开发办公室历年获奖统计

平遥县农业综合开发2000年度受表彰情况统计

序号	表 彰 内 容	表彰机关	表彰日期或文号
1	中国特产之乡开发建设先进单位	中国农学会	2000年10月

平遥县农业综合开发2002年度受表彰情况统计

序号	表 彰 内 容	表彰机关	表彰日期或文号
1	2002年档案工作先进集体	县政府办	2003.3.17

平遥县农业综合开发2004年度受表彰情况统计

序号	表 彰 内 容	表彰机关	表彰日期或文号
1	参加"山西省农业综合开发十五年成就展"组织二等奖	市财政局	2004.10.28
2	2004年度落山"一号文件"先进单位	平遥县委	2005.1
3	2004年度重点工程建设先进单位	平遥县委政府	2005.3
4	晋中市2004年度农业综合开发项目统计表先进单位	市农发办	2006.3

平遥县农业综合开发2005年度受表彰情况统计

序号	表 彰 内 容	表彰机关	表彰日期或文号
1	晋中市2005年度农业综合开发项目统计编报工作先进单位	市农发办	2007.3

平遥县农业综合开发2007年度受表彰情况统计

序号	表 彰 内 容	表彰机关	表彰日期或文号
1	二00七年农业综合开发信息工作先进单位	市农发办	2008.4

平遥县农业综合开发2009年度受表彰情况统计

序号	表彰内容	表彰机关	表彰日期或文号
1	"富民之路"专题征文平遥农业综合开发结出丰硕成果获三等奖	省农发办	市财农发字〔2009〕106号
2	2009年农发土地治理监理工作三等奖	市农发办	市财农发字〔2009〕120号
3	2008年度农业综合开发项目市级验收优秀	市农发办	市财农发字〔2009〕53号
4	2008年度农发信息宣传工作先进单位	市农发办	市财农发字〔2009〕107号
5	2008年度新农村建设对接帮扶先进单位	平遥县人民政府	2009年2月

平遥县农业综合开发2010年度受表彰情况统计

序号	表彰内容	表彰机关	表彰日期或文号
1	关于2009年度国家农业综合开发竣工项目验收情况通报优良	省农发办	晋农发〔2010〕105号
2	2009年度农业综合开发工作质量考评为优秀	市农发办	市财农发字〔2010〕09号
3	2009年度农业综合开发项目市级验收优秀	市农发办	市财农发字〔2010〕60号
4	2009年度农业综合开发土地治理项目监理协调工作先进单位	市农发办	市财农发字〔2010〕131号

平遥县农业综合开发2011年度受表彰情况统计

序号	表彰内容	表彰机关	表彰日期或文号
1	关于晋中市2010年农业综合开发土地治理项目中期检查工程进度的通报	市农发办	市财农发字〔2011〕05号
2	关于晋中市2010年国家农业综合开发竣工项目市级验收情况的通报	市农发办	市财农发字〔2011〕75号
3	关于对2010年度农业综合开发土地治理项目监理工作表彰的通报	市农发办	市财农发字〔2011〕123号
4	关于2010年度农业综合开发资金决算编报情况的通报	市农发办	市财农发字〔2012〕06号
5	关于2010年度农业综合开发统计编报情况的通报	市农发办	市财农发字〔2012〕25号
6	2011年度项目建设贡献奖	县委、政府	

平遥县农业综合开发2012年度受表彰情况统计

序号	表 彰 内 容	表彰机关	表彰日期或文号
1	关于2011年度全市农业综合开发资金和项目管理工作质量考评的通报	市农发办	市财农发字〔2012〕44号
2	关于晋中市2011年国家农业综合开发竣工项目市级验收情况的通报	市农发办	市财农发字〔2012〕60号
3	关于对2011年度农业综合开发土地治理项目监理工作表彰的通报	市农发办	市财农发字〔2012〕108号
4	关于2011年度农业综合开发资金决算编报情况的通报	市农发办	市财农发字〔2012〕122号
5	关于2010年度农业综合开发统计编报情况的通报	市农发办	市财农发字〔2012〕25号

平遥县农业综合开发2013年度受表彰情况统计

序号	表 彰 内 容	表彰机关	表彰日期或文号
1	2012年农发工作成效显著综合效益明显，授予省重点扶持的20个县之一	省农发办	晋农发〔2013〕98号
2	2012年度农发资金、项目管理及综合工作成绩突出	市农发办	市财农发字〔2013〕26号
3	2012年国家农发竣工项目市级验收排名前三位	市农发办	市财农发字〔2013〕68号
4	2012年度农业综合开发土地治理项目监理整体协调工作表现突出	市农发办	市财农发字〔2013〕121号
5	2012年度农业综合开发资金决算编报工作先进单位	市农发办	市财农发字〔2014〕9号
6	2011年度农业综合开发统计编报工作先进单位	市农发办	市财农发字〔2013〕11号

平遥县农业综合开发2014年度受表彰情况统计

序号	表 彰 内 容	表彰机关	表彰日期或文号
1	2013年度农业综合开发项目市级验收排名第二	市农发办	市财农发〔2014〕90号
2	2013年度农发资金、项目管理及综合工作成绩突出	市农发办	市财农发字〔2014〕94号
3	2012年度农业综合开发资金决算编报工作先进单位	市农发办	市财农发字〔2014〕9号
4	2013年度农业综合开发土地治理项目监理整体协调工作表现突出	市农发办	市财农发字〔2014〕127号
5	2013年度农业综合开发资金决算编报工作先进单位	市农发办	市财农发字〔2014〕9号
6	2012年度农业综合开发统计编报工作先进单位	市农发办	市财农发字〔2014〕16号

平遥县农业综合开发2015年度受表彰情况统计

序号	表　彰　内　容	表彰机关	表彰日期或文号
1	2013年度农业综合开发资金决算编报工作先进单位	市农发办	市财农发〔2015〕7号
2	2013年度农业综合开发统计编报工作先进单位	市农发办	市财农发〔2015〕17号

平遥县农业综合开发2016年度受表彰情况统计

序号	表　彰　内　容	表彰机关	表彰日期或文号
1	2014年度农业综合开发资金决算编报工作先进单位	市农发办	市财农发〔2016〕7号
2	2014年度农业综合开发统计编报工作先进单位	市农发办	市财农发〔2016〕2号
3	2015年度农业综合开发管理工作成绩突出	市农发办	市财农发〔2016〕32号
4	2016年度农业综合开发项目中期检查进度较快	市农发办	市财农发〔2016〕143号

平遥县农业综合开发2017年度受表彰情况统计

序号	表　彰　内　容	表彰机关	表彰日期或文号
1	晋中市财政局关于晋中市2016年度农业综合开发竣工项目市级验收检查情况的通报	市农发办	市财农发〔2017〕75号
2	晋中市财政局关于全市2016年度农业综合开发综合管理工作评价情况的通报	市农发办	市财农发〔2017〕21号
3	2015年度农业综合开发资金决算编报工作先进单位	市农发办	市财农发〔2017〕10号

团结奋进的农发队伍

平遥县开展农发管理暨科技培训

文/霍维忠　王斌

平遥县在县委、县政府的统一安排部署下，为准备好上级农发部门的检查验收，春节刚过，就召集2002—2004年项目区乡村主要干部及产业化项目企业负责人举行农业综合开发项目和资金管理暨科技培训大会。

这次培训集中了该县4个乡镇18个项目村的乡村主要干部及2个产业化项目企业负责人，共计230余人。培训内容广泛，既有项目管理、资金管理方面的内容，也有调产和科技方面的内容。所有授课人都是市县长期从事农业工作的主要领导，即市农发办主任武景林、临汾市农发办副主任刘全仁、县级农发办副主任李雨亭、县政协副主席梁绍东等。通过培训，使项目乡村干部了解和掌握了国家农业综合开发的政策法规，从而统一了项目乡村干部的思想认识，提高了大家做好农发工作的信心和决心；使他们熟悉农发项目工程建设的标准及要求，从而提高了他们的标准意识、质量意识和长效意识；使他们了解到市场条件下农业产业结构调整及无公害生产的操作规程。同时，通过这次培训，在全县范围内形成踊跃参与农发、竞争立项、标准建设、夯实基础、规范管理、发挥长效的良好农发氛围，为平遥县农业上台阶、农民增收入，做出了示范和表率。

培训期间，县财政局长乔金国就国家的惠农政策、国家农发项目的投资力度进行了重要讲述，要求乡村两级要抓住当前"以工促农"的这一历史性转机，做好农村各项工作。还就2005年农业综合开发工作做了重要部署，要求各项目区统筹兼顾，突出重点，高起点规划，高标准实施，在全县范围内营造良好的农发氛围。

原载2005年《山西农业综合开发》第2期

县农发办举行项目管理暨科技培训会

平遥县农发办举办管理暨科技培训会

文/王斌

为全面实施好农业综合开发项目工程，做好三年验收准备工作，进一步提高项目区的农业科技含量，平遥县农发办近日召集2005－2008年项目区的乡村干部、科技示范户进行了为期2天的培训。

此次培训以项目区的实际为出发点，一是针对项目区工程现状，就国家农业综合开发项目建设标准、资金和项目管理相关政策法规进行了具体讲解，强化了项目区干群的标准意识、责任意识；二是针对项目区种植实际，围绕开展的春耕生产，就蔬菜、玉米、瓜果的新品种进行介绍，并对蔬菜早期育苗管理及病虫害防治进行专题讲座，提高了项目区干群的育苗管理技术；三是针对个别项目区林网植树成活率不高的现状，聘请林业技术人员从农田林网规划、品种选择、栽植技术要点、栽后管理以及营林机制等方面进行了专门讲授，提高项目区林网建设标准，调动项目区干部群众营林护林的积极性；四是针对个别项目村工程进度不快、标准意识不足的情况，让项目村主要干部在大会上就如何完善项目工程进行表态发言，增强了他们对实施项目工程的紧迫感和责任感。

原载2008年《山西农业综合开发简报》17期

县农发办主任霍维忠在项目村科技培训会讲课

平遥县学习三中全会精神

文/王斌

　　11月25日，平遥县农发办组织全室人员收看了中央宣讲团关于《中共中央关于全面深化改革若干重大问题的决定》的相关精神的解读报告会。报告高屋建瓴，深入浅出，耐人寻味。听完报告之后，全室人员进行了认真讨论，大家一致认为，十八届三中全会做出的《决定》，其产生的影响，牵动着数十亿人的心。"全面深化改革"，体现了新一届中央领导集体誓将改革进行到底、坚定信心，长风破浪正当时。作为"三农"工作的建设者，通过听报告，对党的十八届三中全会有了初步的掌握了解，为下一步如何做好新时期农业综合开发工作开拓了工作思路。通过学习十八届三中全会精神，深刻领会我党在新的历史时期对于推进农村、农业、农民发展的战略地位以及重大意义，进一步明确了农村工作的具体要求，并将其作为一项长期的历史任务持之以恒，抓紧抓好。县级农业综合开发机构作为争取和实施项目的部门，在新

的历史时期如何支持"三农"，大家对此感到既是工作动力又是工作的压力。一方面，农发工作在各级政府的重视下，投入力度不断加大，扶持范围不断拓宽，成效将会更加凸显，十八届三中全会给新时期的农发工作提供了发展的历史性机遇。另一方面，机遇与挑战并存，要抓住机遇谋发展，就必须开拓创新，积极探索新形势下农发工作如何有效推进现代农业发展的新思路和新途径，是我们每位农发工作者不可推卸的责任。

原载2013年《山西农业综合开发》第4期

农发办全体人员集中学习

践行党的群众路线　扎实开展农发工作

文/王斌

电影《焦裕禄》，再现了时代楷模焦裕禄同志崇高而光辉的一生，为我们树立起了"权为民所用，情为民所系，利为民所谋"的光辉榜样。我们农发人员学习弘扬焦裕禄精神，就是要学习他为人民服务的公仆精神、脚踏实地的务实精神和无私奉献精神。在新的形势下，作为农发干部，必须坚定宗旨意识，始终与农民群众心相连、同呼吸、共命运，做群众的贴心人，做群众的主心骨，以自己的实际行动践行党的群众路线，扎实开展好农发各项工作。

农发办集体研究工作

一、牢记宗旨，造福于民

在新形势下，作为农发干部必须牢固树立正确的群众观和价值观。要时刻提醒自己，自己的权力是人民赋予的，只能用来为人民谋利益，要防止脱离群众，自觉地服务群众。要始终摆正位置，端正态度，真正把农发项目实施好，以完善农业基础设施建设，提高农业生产条件，培育农业产业化项目，促进农民增收作为我们农发工作的出发点和落脚点；积极争取农发项目和资金的更大投入，为项目区农民多办实事、好事；要深入项目区，倾听群众呼声，了解群众生产实际，关注群众反映的热点难点，从群众呼声最强烈、要求最迫切的问题入手，真正把实事办好，把好事办实；要改进工作作风，提高工作效率，进一步迸发干事创业的激情，不做表面文章，不搞形象工程，一心谋发展；要真正深入基层，深入乡村和农业企业，到项目实施一线，着力解决项目实施中存在的问题与不足，推进农发工作向前发展。

二、尽职尽责，敢于担当

农业综合开发作为国家支持和保护农业发展一项战略性举措，在服务三农、推动新农村建设上发挥了积极的作用。为着力推进县城经济发展，我们以争资立项为己任，拓展项目实施领域，抓好项目，围绕项目做文章，严格项目选项条件，多渠道择优选择申报项目，不搞人情项目。

农发工作是处在政策与民意相结合的关节点上，农发工作一方面要不折不扣地贯彻上级的各项政策规定和要求，另一方面又要充分地体现项目建设单位的民意，这就要求我们在履行本职工作的时候一要有较高的政策水平，要切实掌握和了解项目建设单位的村情民意，真正把二者有机结合起来，让惠农政策更大限度地发挥出效应来，让项目的建设更大程度地体现出民意来。因此在农发工作实践中，我们要进一步创新项目管理机制，健全管理制度，全面提升资金和项目的科学化、规范化管理水平。在资金管理上，要强化财务管理，进一步规范县级报账程序，建立健全农发资金绩效考评制度，强化审计监督，确保资金安全运行，提高资金使用效益。在项目管理上，全面推行项目合同制，招投标制、工程监理制、资金和项目公示制等科学有效的管理制度，并不断完善项目前期科学立项、中期监督检查、竣工验收等项目运行管理机制，提高工程建设标准，全面提升农业综合开发资金和项目管理水平。

三、加强学习，提高自身素质

农业综合开发工作是一项综合性、业务性较强的工作。在新的形势下要做好农业综合开发工作，必须要打造一支过硬的队伍。在今后的工作中，以"三严三实"严格要求每位农发干部，加强学习，增强执政和服务"三农"的本领，开展调查研究，广泛听取项目建设单位的意见和建议，增强工作的预见性、前瞻性和决策科学性，改进工作作风，廉洁从政，秉公办事，优化服务，提高效能，赢得广大群众和社会各界对农发工作的支持。

原载2014年《晋中农发动态》第34期

财政系统开展教育实践活动讲座

开展"两学一做"学习教育
打胜农发春季战役

文/王斌

　　4月21日，平遥县农发办组织项目区乡镇分管领导、项目区村支以及施工企业负责人以及农发办全体人员召开了开展"两学一做"学习教育，打胜农发春季战役工作会议。会上，我们认真学习开展"两学一做"的重要意义，要求必须做到强化政治意识、大局意识、核心意识、看齐意识"四种意识"。结合农发工作实际，就是要求我们要增强服务"三农"意识，在实施农业综合开发资金和项目管理中，必须在《中国共产党章程》和《中国共产党廉洁自律准则》的约束和农发各项政策规定下，严格遵守农发项目计划批复的严肃性，强化农发工程质量标准，切实把"两学一做"落实到理论武装上、党性教育上、严明纪律上和事业发展上。

　　我们深刻领会"两学一做"的重要内容，要把"两学一做"学习教育与当前农发工作相结合，务求"两学一做"学习教育工作取得实效。

　　农发工作是处在政策与民意相结合的关节点上，农发工作一方面要按照《党章》《准则》的约束和农发各项政策规定和要求，另一方面又要充分地体现项目建设单位的民意，这就要求我们从事农发工作的干部和施工企业要有较高的政策水准，要切实掌握和了解村情民意，真正把二者有机地结合起来，让惠农政策更大限度地发挥出效应来，让项目的建设更大程度地体现出民意来。当前，结合全省开展的春季战略，我们如何打胜农发春季战略？一是2014年、2015年土地项目，结合省监理总监及市农发办督查发现的问题，完工而未达标的工程要严格进行整改完善，未完工程要在保证质量标准的前提下加快建设进度，保证工程在5月10日前完成，同时施工企业要完善好工程资料，及时进行工程结算审计；二是驻地监理和工程负责人以及项目村主干要强化工程监管力度，严格把好质量关；三是对于2016年计划实施的高标准农田建设项目，要对区域内残旧树木进行审批采伐，协调解决好路网、林网及其他工程的占地工作。

　　　　　　　　　原载《晋中农发动态》第20期

农发办举办两学一做培训会

开发惠农

1999—2018

平遥县农业综合开发二十年实践与探索

平遥县农业综合开发二十年实践与探索之

创新探索

pingyao xian nongye zonghe kaifa ershinian shijian yu tansuo

历史·成就·未来

——写在晋中·平遥农综开发十周年之际

文/霍维忠

在晋商的故里，
在世界遗产的古陶大地，
农综开发从蹒跚到正步，
走过了十年的历程。
农发人从感知到理性，
历经曲折，走过弯路，
付出了艰辛，付出了汗水……

曾记否？
1999年踏入农综开发行列，
懵懂中走过了三年。
那一年，
检查验收时的尴尬场面，
令人深思，催人省悟。
从那时，
走出去学习，坐下来研讨。
市农发会议上：
一年上台阶，三年站前列。
拉紧了农发这根弦，
吹响了农发进军号。
认知与奋进，
拼搏加努力，
农综开发开始步入正轨。
土地项目集中连片，规模治理；
落实配套，标准化建设；

产业化经营，择优选项；
扶大扶强，注重带动；
项目公示，工程监理；
竣工验收，县级报账；
有偿借款，实行担保。
项目资金"三专"管理，安全有效。
健全制度中，确保工程质量；
加强管理中，提高项目效益。

十年间，
农综开发独树一帜。
"三农"建设显身手，
产业化进程领风骚。
七乡（镇）五十九村，
三万六千五百农户深受其益；

项目区桥涵工程

一十三点零七万亩中低产田，
综合生产能力得到提升；
井汾双灌具有划时代意义。
从此后，
粗放耕作向集约生产迈进，
传统农业向现代农业转变。
农业产业化，
公司加基地联农户的运作机制，
方兴未艾。
八龙头九项目效益凸显，
企业乘势实现跨越发展。
驰名商标——冠云牛肉，发扬光大；
龙海公司跻身国家级农业龙头企业；
同盈牌绿色鸡蛋准入香港市场；
五阳环保面粉走入农家，落户省城；
同康芦笋获得出口自主经营。

现如今：
农综开发踏上了，
现代农业示范园区建设的快车道。
建设高标准基本农田，
扶持带动型农业企业，
打造特色县域经济。
促进农业增效，
农民增收，
农村繁荣，
已成为时代赋予的使命。
面对光荣与艰巨的责任，
义不容辞。
农综开发条例的实施，

成为农发事业上一个新的里程碑，
标志着全省农综开发实行：
法治化管理，
高效化运行，
规范化操作。
农综开发赋予了法律效力，
农发队伍肩负起法律责任。

展未来：
农综开发任重而道远，
农发人将不辱使命强素质。
望前景：
农综开发大有作为，
依法开发将造福一方百姓。

原载2009年5月
《晋中市农业综合开发十年资料集》

农发人员实地规划

平遥县农业综合开发项目透明度高

文/赵家强 王斌

去年以来，平遥县加大国家农业综合开发项目的建设力度，通过推行工程招投标制，增强项目开发的透明度，提升管理水平，得到社会各界尤其是项目区干部群众的广泛认可。

2005年，平遥县在国家农业综合开发土地治理项目工程建设中，全面实行分级招投标制，项目区机电井工程由村级招投标实施，农田机耕路硬化、桥涵工程以及节水管材的采购实行县级招标确定，特别是在桥涵工程招投标中，创新机制，采取样板工程招标的办法，收到良好效果。一是参与竞标的施工队，在项目区进行施工比武，修建样板工程，接受项目区群众的评议；二是在样板工程建设中，自始至终聘请有资质的专业人员对工程用料及施工工序进行现场监理；三是在样板工程结束后，召开招标大会，进行综合评分；四是由县监委派人对招标实行全程监督。通过采取样板工程招投标办法，施工单位的质量意识、标准意识明显提高，为工程建设节约了资金，保证了项目资金安全高效使用和工程建设的按期完工，大大提高了项目工程建设的透明度，得到了项目区广大群众的欢迎。

原载2006年1月6日《晋中日报》

工程招标样板工程施工现场

探索林木管理机制 搞好农田林网建设

文/霍维忠 侯丕信

农田林网建设是国家农业综合开发土地治理项目建设中的一项重要内容，也是社会主义新农村建设村容整洁的目标要求，有利于防风固沙、涵养水源，改善生态环境，改善农田小气候。但由于林木产权归属不明确，加之农村税费改革之后，农村集体经济实力相对较弱，对林网建设投入不足，人为毁树的现象时有发生，致使林网建设难度大，林木存活率不高，严重影响了农田林网效益的正常发挥。鉴于这种现状，平遥县农发办针对各项目村实际，按照"政府要绿，群众要利"的指导原则，积极探索新形势下农田林网管理机制，大力推行了林权制度改革，明确林权，实行林木所有权、经营权、收益权的统一，做到"树有其主，主有其权，权有其责，责有其利"，为项目区林网建设注入了活力。它主要有以下几种模式。

一、村集体统一栽植管护、集体收益的统管型

该模式适用于村集体组织有一定经济实力和村干部有较高威望的项目村。农田林网工程由村集体经营管理，统一支付植树和管护费用，树木成材后，收益权归集体，对栽在责任田地头的树木，村集体分地

时都预留出"树歇地"，集体对土地承包户不再给予补偿。平遥南良庄项目村作为全国"造林绿化千佳村"，林业收入已成为村集体收入的一部分。该村经济条件好，群众植树护林的意识较强，项目区所有林网由村集体统一经营管理，并抽调一名主干负责管护，组建专业队管护。该村曾发生有人故意破坏林网事件，村集体上报当地派出所进行了立案侦破，严惩了破坏分子，在当地引起强烈影响，为那些不法分子敲响警钟。项目区回回堡村，村干部群众威望较高，班子战斗力强。村干部具有较强的责任性，村情比较稳定。今年项目区共栽植树木2.5万余株，集体统一栽植，统一浇水，统一管护，成活率达到90%以上，取得了良好的效果。

项目区农田林网管护

二、大户承包栽植管护型

在合理规划的基础上，由县农发办统一林网栽植标准，村集体公开承包，让有经济实力的大户自主经营管理。项目区东张赵村的林网植树由2名大户承包经营管理。村民李中林承包了3条路、1条渠，个人出资3000余元雇人栽植管理，栽树苗木8500余株；村民任林海承包了2条渠、1条路，栽植苗木3000余株，成活率和保存率都达到85％以上。杜家庄项目村，将项目区内的林网经营权公开承包给责任心强的经营户自主经营，村集体对林木管理随时进行监督，对管理不到位的，集体有权收回重新发包，确保经营管理落到实处，该村的林网植树成活率达到90％以上。

三、作价拍卖管护和股份合作型

村集体将项目区内的渠、路两侧的林木经营权作价公开拍卖，集体统一栽植要求，让承包户自行组织栽植管理。西王智项目村将项目区内10公里机耕路和12公里农渠的经营权，以每米0.5元作价公开拍卖给经营户，承包期限为15年，由经营户自行组织栽植、管护；南侯项目村的林网建设实行股份合作型，村集体将项目区8公里机耕路和12公里农渠两侧的林木经营权进行公开拍卖，让承包户自主栽植管理，自主经营，成材获益后按比例2：8

分成，大大提高了村民植树护林的积极性，栽植树木5万余株，成活率达到95％以上。

四、树随地走，谁栽谁有管护型

为解决林、粮争地而引发的林木承包户和土地承包户之间的矛盾，该模式对个别地段采取"树随地走、谁栽谁有"的栽植管护机制，将承包地头的林木经营权无偿划拨给承包户，让承包户自主进行栽植管理，村集体随时进行监督，避免个别承包户因树木数量少而不尽管护责任现象的发生。

通过采取以上几种林木管理机制，激活和调动了项目区农民群众管林护林的积极性，增强了项目区干群管林护林意识，为项目区农田林网建设健康有序、持续发展注入了活力，农田林网建设取得了明显成效。

原载2007《山西农业综合开发简报》第23期

项目区林路配套工程

创新营林机制 营造绿色银行

文/霍维忠 王斌

武景林主任、雷新平副县长、阎丰琴副主席、霍天华局长现场观摩

平遥县国家农业综合开发土地治理项目自2002年开始在汾河灌区连片实施中低产田改造项目,到2007年底,已完成中低产田改造7.77万亩,通过项目的实施,农业基础设施明显改善,农业生产条件得到改善,为项目区农业增效、农民增收发挥了积极的作用。农田林网建设是土地治理项目的一项重点措施,但在前几年的项目实施中,既有林网建设标准高的成功典型,又有成活率不高造成林网不全的教训,同是汾河灌区,农田林网建设存在不小的差距,究其原因,主要表现在三个方面:一是重栽轻管,建管不配套;二是机制不顺,责权与利益相脱节;三是缺乏科学的管护措施。针对这一现状,我县去年召集2004—2007年项目区主干召开农田林网现场观摩暨经验交流工作会,互相交流,统一思想和认识,并出台了农田林网建设的

财政资金补助机制,在2008年的农田林网建设上,成活率和保存率都达到90%以上,取得了良好的效果,实现了经济、社会、生态效益的统一。

一、强化培训,提高认识,确保林网建设质量

为提高农田林网建设的标准,我县在每年的县级科技培训上,对项目区主干、科技示范户、两议代表进行专题培训。一是过好科学规划关,农田林网与农田机耕路网、水利配套及农渠相配套,依据路渠搭建林网框架,同一路渠、同一品种、同一规格,做到林相整齐,形成完整的农田防护林体系。二是把好苗木关,根据汾河灌区的气候条件,选择适宜本地生的速生系列杨树、柳树,尽量使用当地苗木,少

用外调苗木，苗木选择两年生胸径2.5厘米以上，苗高3.5米，根系完整、无机械损伤、无疫病的壮苗。三是严把栽植关，以春栽为主，秋栽为辅，春栽要早，顶凌栽植，抢时栽植，秋栽要迟，林木落叶时栽植，并按"三大一深"座水法做好栽前准备，按"三埋两踩一提苗法"操作栽植。四是严把管护关，栽后要及时进行浇水、涂白、扶直、修枝、中期锄草。五是科学管理，预防病虫害，定期清理植树沟，避免冬春两季着火伤苗，初栽前三年，每年9月下旬，对树木喷打农药进行病虫害防治，防止蚧尘子等病虫的侵害。

二、因地制宜，创新机制，效益突显

一是因地制宜建机制。机制的好坏要看其带来的效益如何。在农业综合开发土地治理项目林网建设中，我县不拘泥于一种体制，不局限于一种做法，做到因村而宜，扬长避短，充分发挥其最佳效果。回回堡项目村两委班子战斗力强，群众护林意识高，实行统管机制，经营管理到位，林木成活率高；东张赵、南侯、西王智、大堡等项目村，实行承包、拍卖或联户经营的多种营林机制，集体放权，让有管理能力的大户自主经营，实行责权利的统一，林网建设标准高。针对个别项目村实行的集体统植，采取树随地走、分树到户的营林机制并进行了剖析，该机制虽解决了林粮争地矛盾，却带来责权与利益的脱节。由于分户数量少、规模小、利益不明显，尽管户户有树管，实则人人无责任，给林网建设造成了标准低、质量差的后果。实践证明，农田林网建设必须采取适宜本村村情的营林机制，实行责、权、利的统一，才能调动起经营者的责任性和积极性。

二是严把质量促成活。树木要成活，栽植是前提。两委班子要统一思想认识，合理分工，密切配合，精心组织。一是清理植树沟，把好挖坑关，根据各地段的实际，分段定沟，使其能蓄足苗木成活所需水量，挖坑实行拉线定点，点上挖坑，分工负责，专人验收，树坑不合格，苗木不发放；二是严把苗木质量关，做到苗木不合格不进村，苗木未分级不发放，苗木未浸根不栽植；三是把好苗木栽植关，实行村主干包片，有栽植经验、工作负责的老干部带队指导的机制，组织群众精心栽植，栽植后专人进行验收，做到行成线、苗直立、栽后饱浇一水。

项目区渠林配套工程

三是规模经营显效益。农田林网的效益要靠规模经营才能予以显现。东张赵项目村干部带头实行区域承包经营，林网标准高，管理科学，效益明显，尤其是经营户李中林栽植的2万余株树木，目前其经济效益已达到数十万元，效益非常可观，同时，项目区实现了高标准的林网生态格局；杜家庄项目村推行产业化经营，将项目区的林网分区域拍卖，多数区域由林木经营大户买断，经营大户武宝平以林木为纽带，实行栽植—管理—加工一条龙作业，推行产业化经营，项目区既实现了农田林网化，经营户又获得好的经济效益；实行规模经营，村集体还可把承包、拍卖等所得的费用用于村内公益性建设投入，推进新农村建设，进而获得经济、社会、生态效益的统一。

三、公开补助标准，进行奖优罚劣

充分调动项目区干群林网植树的积极性是林网建设的重要保障，为此，我县创新管理机制，采用激励办法进行奖优罚劣，进一步强化项目区干群的责任，激发他们的营林积极性。一是继去年召开项目区农田林网工程现场观摩暨经验交流工作会议之后，县农发办及时修订出台了农田林网建设财政补贴标准，并在2008年春季植树前下发到项目实施乡（镇）、村，让

财政补贴政策公开、透明。二是严把质量，强化验收，县农发办依据林网建设标准，从苗木规格、栽植标准、苗木成活、管护主体的落实逐项进行验收评分，根据评分结果依据补助标准，兑现林网植树费用。三是召开林网植树现场会，让项目区主干公开评比，对林网建设标准高的项目村实行以奖代补机制进行奖励，鼓励先进，鞭策后进。

通过农田林网工程现场观摩暨经验交流以及林网建设财政补助标准的公开，激发了项目区干群林网植树的积极性，我县2008年春季林网植树工程中，共栽植树木15万余株，栽植标准高，成活率达到90%以上，不仅完善了项目区的农田林网，为项目区营造了绿色银行，而且也获得了经济、社会、生态效益的统一。

总之，通过这几年我县农田林网建设的实践，无论采取何种营林机制，只要有利于"四旁"尽快绿起来，树木尽快长起来，农民尽快富起来，经营者能够遵守林业法律法规，我们就要给予肯定和支持。

原载2008年《山西农业综合开发》第3期

项目区林路配套工程

平遥县对桥涵工程公开招标

文/王斌

市县农发办领导检查招标样板工程

　　为提高项目工程建设标准，强化资金使用效益，我县创新项目管理机制，对2010年市立项、2011年国家立项的项目区域内的桥涵工程实行修样板工程与投标报价相结合的方式公开招标，该项工程投资约159万元，全部为财政资金，共修桥涵113座。

　　为保证招标工作健康有序进行，我县于3月下旬向5个施工企业发放招标邀请函，并进行了资格预审，之后于4月25日召开样板工程开建大会，统一规格，限定工期。在修建过程中，工程监理员、农发工程负责人及项目村干群对各施工企业的建筑用料、建筑工序严格把关，5家施工企业均按规定期限完成了样板工程，并递交了投标书和投标保证金。

　　5月13日上午，在竞标前，我县组织评委及监委对各个样板工程的标准质量进行了现场评议，之后召开投标报价竞标会，全体评委采取样板工程与投标报价相结合的办法进行综合评分，平遥南政建筑安装有限公司、晋中通宇建筑工程有限公司平遥永祥分公司获得中标。通过招标，1.2米×1.0米盖板涵中标价为11989.71元/座，与标底价12295.35元/座相比降低2.49%；1.0米×1.0米盖板涵中标价为10995.58元/座，与标底价11601.63元/座相比降低5.22%；Φ900管涵中标价为7998.79元/座，与标底价8667.56元/座相比降低7.22%。

　　通过采取这种招标方式，就是进一步强化中标单位的标准意识、责任意识，并使今后的工程实施有了具体的标准，让项目区干群积极参与项目工程的监督，充分体现农发项目工程的透明度，增强他们对农发项目工程建设的支持和帮助。

　　原载2011年《晋中农发动态》第48期

平遥县采取五项措施做好项目选项申报

文/霍维忠 王斌

项目申报村干部考察项目工程

平遥县2012年农业综合开发土地治理项目拟申报高标准农田建设示范工程项目。为提高农业综合开发项目择优选项力度，采取五项措施，确定好项目实施区域。

一是考察了解，掌握村情民意。在乡（镇）积极申报的基础上，县农发办对申报区域进行考察了解。与申报村的村主干、村民代表进行座谈，对经济状况、基础条件、村情状况、开发积极性、两委干部组织办事能力、自筹资金落实占地解决途径等进行了解，并深入各村规划的区域实地考察，对区域内的基础设施、规划建设内容等进行摸底。

二是观摩交流，明确建设任务。在考察了解的基础上，组织拟申报项目的各村主要干部、工程负责人深入香乐、净化两个项目区观摩学习，与实施过的项目村就项目的实施、管理等方面进行交流，实地观摩项目工程实施的内容、工程建设标准和项目管理要求。高标准农田建设项目作为一项投资标准高的示范项目，在项目实施上，管理要求更严，实施标准更高，通过观摩，提高他们对实施项目工程的标准质量意识和责任意识。

三是开展培训，提高认识水准。为增强申报项目乡村的标准意识和责任意识，提高项目申报质量，对乡（镇）分管领导、项目村主要干部、工程负责人进行专题培训，突出项目实施内容、工程建设标准、资金和项目管理。通过开展培训，让乡村两级进一步明确农发项目在资金和项目精细化管理上的要求，针对项目区内急需解决的制约生产发展的瓶颈因素，合理规划，精确设计需要实施的项目工程。

四是按时申报，编制项目可研。培训结束后，项目村对本村计划实施内容及自筹资金落实进行"一事一议"，形成会议决议，作为申报项目的必要条件，及时筹集项目所需的自筹资金，按规定的时间足额上交县财政农发专户，与财政资金捆绑使用；项目乡（镇）组织指导项目村做好项目规划并进行预算，编制项目可行性报告，绘制规划区域的现状图和规划图。

五是择优招标，确定开发区域。对申报的项目，组织专业技术人员进行实地考察，在实地考察的基础上召开项目竞标会。评委们现场提问并打分，按得分多少排序，按排列顺序确定中标乡村。

原载2012年《山西农业综合开发简报》7期

农发办举办项目申报培训会

在新形势下农业综合开发
如何在农业农村发展中发挥作用

文/王 斌

高标准农田项目区

十八届三中全会深刻阐述了在新的历史时期推进农村、农业、农民发展的战略地位，明确了农村工作的具体要求，并将作为一项长期的历史任务持之以恒，抓紧抓好。农业综合开发作为一项国家支持和保护"三农"发展的战略性举措，在新的历史时期，我们必须认真贯彻落实好农发各项政策，强化农业基础设施建设，改善农业生产条件，提高农业综合生产能力；围绕农业优势特色产业，扶持农业产业化龙头，培育新型农业经营体系；开拓创新、完善机制、强化农业综合开发资金和项目管理，提高农发资金使用效益。

一、强基固本，提高农业生产能力

稳定粮食生产，改善农业生产条件是关键。农业综合开发作为改善农业生产条件的一项重要措施，在新的历史条件下，我们要以粮食主产区为重点，以高标准农田建设项目为抓手，充分发挥项目优势，规模开发，连片治理，夯实基础设施，改善生产条件，为农业增效、农民增收奠定基础，从而推动现代农业发展。

（一）做好项目储备，把好选项关

紧紧围绕平遥粮食主产乡镇，认真调研，对资源条件优越、干部群众积极性高、开发区潜力大的区域优先纳入开发范围，做好后续项目的储备工作。扎实做细前期工作，严把选项关，考察了解掌握村情民意，观摩交流明确建设任务，开展培训提高村主干认识水准，按时申报编制项目可研，择优招标确定开发区域等几项措施，提高项目选项质量。

（二）立足实际，把好规划设计关

规划的优劣，决定着项目建设的成败。项目实施区域确定后，我们要把好规划设计关，结合区域实际状况，以农民要办为前提，倾听群众呼声，深入实地，勘察规划，进行田林路机电井渠技综合设计，着力解决农民想办而办不到的事情，使规划的项目工程既满足项目区的实际需要，又符合项目的要求。

（三）坚持标准，把好施工质量关

项目立项确定后，严格按照批复的项目扩初设计进行施工，高标准、高质量实施项目工程，每个施工环节按照设计图纸进行施工，对建筑用料及施工工序严格把关，坚持工程标准质量，对不达标工程不予验收。

（四）项目整合，发挥集聚效应

按照"渠道不乱、用途不变、优势互补、各尽其力、各记其功"的原则，以农业综合项目为平台，积极协调各涉农部门，充分发挥财政支农资金的聚合效益，达到"各炒一盘菜、共做一桌席"的目标。

（五）创新机制，落实管护

为保证项目工程效益的正常发挥，工程竣工，管护上马，要积极创新运行管护机制，落实管护主体，明确管护责任，强化管护监督，保证管护效果。

二、培育产业，推动农村经济发展

在新形势下，农业综合开发产业化经营项目必须立足于当地的优势特色产业，以培育农业龙头项目为重点，完善产业链条，塑造地域品牌，增强区域农业经济竞争力，辐射带动当地优势农业产业发展。

（一）围绕县域经济发展，突出优势产业

牛肉产业是平遥的传统产业，我们要围绕县域经济发展，抓住以平遥牛肉集团为代表的牛肉加工产业龙头，不断完善产业链条，把牛肉这一产业做大做强。畜禽养殖业是我县农村经济发展的一项主导产业，我们本着扶持农业产业化就是扶持农民的经营理念，注重培育农业龙头企业，引领企业建立基地联接农户，通

县政协主席张文渊一行视察产业化经营项目

过龙头企业竞争力的提高来带动畜禽养殖产业的升级。中药材产业是平遥新型的朝阳产业，我们也要把这一产业做为一项特色产业精心培育。

（二）严把立项条件，择优申报项目

平遥县将紧紧围绕牛肉产业、畜禽养殖、中药材、干鲜果等区域优势产业精心培育，把壮大区域产业作为扶持培育农业产业化龙头的出发点和落脚点，精心打造，倾力推进。在产业化经营项目申报中，突出当地优势特色产业，严格选项，坚持选经营管理体制健全、经济实力强的企业，选择示范带动性好、区域特色明显、市场前景广阔、实施效益高、技术含量高的项目，严把选项条件，严格选项程序，保证所选项目能够有效推动县域经济发展，能够有效促进当地优势特色产业的发展。

（三）跟踪监管，搞好服务

项目实施前，精心指导龙头企业搞好项目申报，做到项目选项准，实施效益高，带动农户强；项目实施中，引导企业由传统农业向现代农业发展转变，引领企业培育和完善与农户

的利益联结机制，实现农户与龙头企业的"双赢"；项目建成后，定期对项目进行跟踪管理，及时掌握企业财务、项目运营状况及其效益。

三、强化监管，提高资金使用效益

农综开发贵在机制，重在落实，平遥农发工作要以《山西省农业综合开发条例》为准绳，一是在项目立项和工程实施中遵循"一事一议"制、招标制、项目法人制、施工监理制、村级公示制、工程管护制，保证项目建设标准；二是在资金监管上履行工程资金审核制、"三专"管理制、县级报账制、资金公示制，保证资金安全高效运行；三是建立健全农业综合开发资金的绩效评价制度，对项目实施方案的制定、整合资金、资金管理、项目建设、信息宣传、项目效益等方面进行考评。细化项目实施过程中的各项制度，确保农业综合开发项目管理水平不断提高。

原载2015年《晋中农发动态》第45期

工程、监理人员核实工程

开发惠农

1999—2018

平遥县农业综合开发二十年实践与探索

平遥县农业综合开发二十年实践与探索之

调查研究

pingyao xian nongye zonghe kaifa ershinian shijian yu tansuo

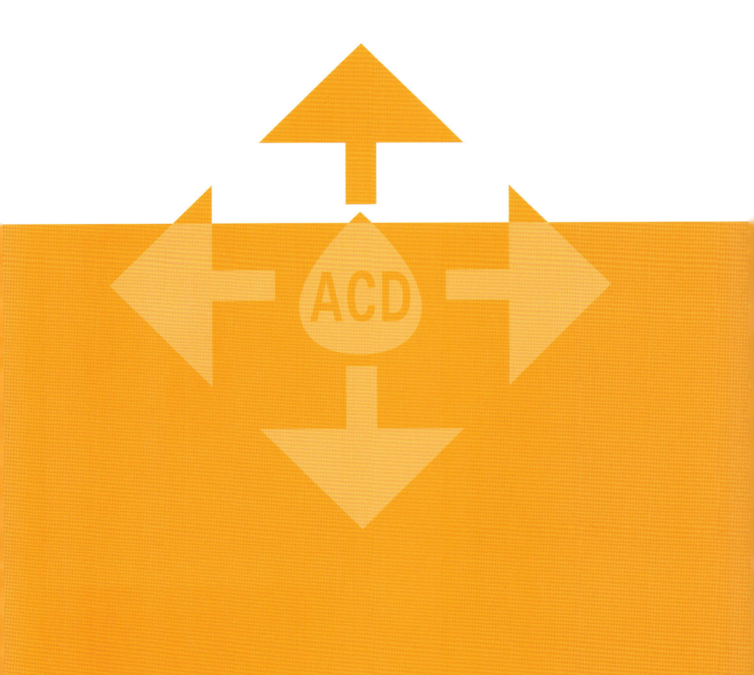

平遥县吸引工商业投资农业综合开发的调查

文/武景林 霍维忠 李雨亭 王斌

平遥县是晋中市的农业大县。全县辖5镇9乡，273个行政村，耕地面积79万亩，总人口48万，其中农业人口占到85%以上。从1999年开始，平遥县被列为国家农业综合开发项目县。项目建设以改造中低产田为重点，大力发展节水灌溉，农、林、水、机综合配套，致力于建设高产、稳产、节水、高效农田。5年来，共改造中低产田6.06万亩，新打机井71眼，埋设地下暗管372.1千米，架设农电线路31.7千米，硬化机耕路81千米，发展优质蔬菜基地1.6万亩。项目区初步实现了"道路砂石化、农田林网化、灌溉节水化、种植区域化、管理科学化"的五化格局，项目区生产条件明显改善，产业结构趋于合理，农业综合生产能力增强。但是，在农业综合开发过程中，围绕增加农民收入，一些不足同时暴露出来，体现在资金、技术后续投入不足；产业龙头培育滞后，辐射带动不足；规模经营发展缓慢，比较效益提高不快等方面。针对上述不足，平遥县鼓励工商企业进入农业领域投资创办龙头企业、示范园区，从而推动了全县农业结构的调整，成效逐步显现。

一、基本情况

1996年，平遥县在制订"九五"计划时，将汾河灌区33万亩耕地规划为农牧区，提出以实现井汾双灌为基础，以产业化经营为方向，

致力增加农业产出，提高农业效益，实现农民增收。随之，农牧区乡村两级组织积极筹资融资，实施打井配套、节水灌溉工程。1999年，国家农业综合开发项目申报成功后，采取国家集体投入与农民自筹相结合的办法，大力改善生产条件，农业综合生产能力得到增强。围绕农业增效、农民增收，以县委、县政府引导为导向，调整优化农业结构，发展种养加相结合、产供销一条龙、贸工农一体化的产业化经营，取得初步成效。特别是在农业综合开发项目区，

县委书记史忠新调研芦笋生产

出现了工商企业投资农业综合开发新特点。5年来，相继有8家农业公司落脚于农业综合开发园区投资开发，共承包租赁项目区土地1.5万多亩，辐射带动了7个乡镇43个村的1.6万农民，结构调整面积达到5万多亩。上述8家公司开发农业的特点，主要有四点：

一是投资规模大。工商企业资金雄厚，对于一家一户农民想办而办不了的事，有能力办成办好，表现在改善生产条件投资规模大、建设标准高。宏达摩托家电有限公司规划建设靖宏苑生态旅游农业园区，总面积2000亩，总投资达4000万元。

二是科技含量高。工商企业追求效益最大化，必然要求科技最优化。峰岩焦化有限公司创办的润泽园农业科技开发有限公司，聘请全国梅花权威专家，建立梅花新品种繁育基地；引进最新葡萄品种"皇家秋天"，聘请中国农科院葡萄专家常年指导，建立起繁育基地2000亩。

三是产业化程度高。工商企业管理人员把生产环节向产前、产后延伸，实行产业化经营。具有企业管理经验的南良庄村支部书记吕守柱，立足于当地林果、蔬菜生产优势，投资100多万元，建起了1000吨的恒温保鲜库，还准备投资100万元，发展蔬菜加工。

四是示范辐射效应好。工商企业投资创办的示范基地，重视新品种、新技术的推广应用，无疑对农户有着积极的影响。南政建筑安装公司创办的同康芦笋发展有限公司，建立了200亩芦笋种苗基地，开辟了芦笋销售市场，带动项目区农民发展芦笋种植3000多亩。

二、主要做法

（一）制订发展规划，鼓励引导工商企业进入农业领域

平遥县工业以煤焦、铸造、橡胶为主导产业，以"黑、大、粗"为特色，污染严重，面对环保要求，显得很不适应。为此，县委、县政

国农办朱铁辉处长一行验收产业化

项目区长山药种植基地

（二）依托生产优势，扶持发展加工龙头

平遥县农发办按照企业发展的要求，积极扶持农业龙头企业，采取"公司+基地+农户"的产业化经营模式。几年来，农发办依托生产优势，把产业关联度大、产品质量好、市场优势明显、具有一定规模、经济效益较好、辐射带动作用强、具有较强科技创新能力和良好经营机制的农业龙头企业作为重点，加以扶持。先后扶持了威壮长山药加工、康宝乳业加工、同康芦笋加工等企业，效果比较明显。1999年扶持了威壮食品有限公司，帮助企业新上了一条加工长山药粉的生产线，使全县具有传统特色的平遥优质长山药得到加工增值，产品销路有了可靠保障。在该企业的带动下，全县长山药种植面积明显增加，由开发前的0.5万亩增加到目前的2万亩，农民亩均纯收入稳定在1500元以上。2000年扶持了康宝乳业有限公司，帮助企业新上了乳品加工生产线，生产的"康宝"鲜奶畅销省城太原市场。在该公司带动下，全县兴起了乳品加工热，加工企业发展到6户。全县奶牛拥有量比开发前翻了一番，达到6700多头，奶产量达到1.4万吨，养牛户效益稳步提升。2002年扶持了同康芦笋发展有限公司，开辟了芦笋产品的销售市场，使芦笋这一新型产业在全县得到发展。公司无偿提供芦笋种苗，签订回收合同，现已发展到了3000余亩，带动了项目区1500余家农户从

府出台了《关于调整产业结构的五年规划》，鼓励工业企业转产转型，参与农业综合开发。而一些有识之士也正是看准了农业综合开发项目区基础设施改善的优越条件，纷纷创办农业科技服务公司，到项目区建基地举龙头搞开发。峰岩焦化有限公司创办的润泽园科技开发有限公司，是一家严格按照现代企业制度组建的农业股份制企业。公司以洪善项目区为依托，致力于果树及花卉新品种的引进、试验、繁育及推广，采用"公司+基地+产业工人"和"公司+农户"的经营模式，为农户提供苗木、技术指导、产品检验、贮藏回收一条龙服务。公司投资1000多万元，拥有实验示范农场11个，农业专业人员23人，一个300亩的育苗基地和自控式温室一座，准备新建2000吨恒温库和绿色食品检验中心。公司引进开发世界最优的无核葡萄新品种——"皇家秋天"，2002年在项目区建立示范园2000亩，2003年在项目区推广种植面积近万亩，辐射带动4个乡镇33个村5000家农户，与农户签订保护价回收合同，农民吃了"定心丸"。公司成为进军农业领域、深化农业综合开发的典型企业代表。

事芦笋种植，近两年，笋农亩均增收1000多元。

（三）创新土地流转机制，支持工商企业创建示范园区

改革开放以来，一家一户农民长期维持传统的农业生产方式，基础设施改善缓慢，科技投入相对不足，农民务工经商明显增多，分散经营、粗放管理，农业比较效益下降，出现土地弃耕撂荒现象。针对于此，为了把农民从土地束缚中解放出来，安心务工经商，最大限度发挥土地潜力，平遥县按照"依法、自愿、有偿"的原则，积极稳妥地探索土地合理流转机制，为工商企业进军农业创造条件。南政乡项目区东游驾村有2000亩瘠薄旱地，产出低，效益差，弃耕撂荒严重。宏达摩托家电有限公司在乡村两级的支持下，与农民达成协议，取得土地经营权。瞄准平遥古城蓬勃发展的旅游势头，规划建设靖宏生态旅游农业园区，计划在2000亩土地上五年投资4000万元，现已投入1000万元，建起了600亩梨园、200亩桃园、200亩枣园、100亩葡萄园、100亩高科技蔬菜基地，

建成了防护林网，绿化7.6千米。还计划投资3000万元，建设旅游度假村和绿色长廊，增加娱乐设施、办公设施、果品深加工设施。以生态旅游为支撑点，依托世界文化遗产平遥古城之优势，发展集观光、品尝、采摘、休闲于一体的田园化生态旅游园区。达产达效后，预计年游客10万人次，年产果品2600吨，果品深加工260吨，年实现销售收入1300万元。

（四）以资金、技术、品种推广为切入点，培育示范辐射基地

平遥县农业综合开发项目区，在改善生产条件，调整优化结构中，特别注重引进资金，推广新技术和新品种，以此带动农业增效和农民增收。杜家庄项目区吸引省公路局的资金，建起了城市园林绿化苗木基地1000亩；县林业局发挥技术优势，在杜家庄项目区建起了退耕还林苗木基地1000亩；丰裕农林科技发展有限公司挂靠中国农科院，在南政项目区引进新品种黄金梨，建立了林果基地7000亩。杜家庄乡党委政府因势利导，鼓励农民调整种植结构，

产业化经营项目基地

发展蔬菜生产，全乡以西红柿、辣椒为主，建起了无公害蔬菜生产基地0.8万亩，以酥梨、"皇家秋天"葡萄为主的水果生产基地0.8万亩，果蔬生产占到耕地面积的一半以上，由传统的粮棉产区发展为优质高效果蔬种植基地，农业效益明显提高，农民亩均增收千元以上。

三、几点启示

（一）工商企业进军农业，是农业综合开发资金投入的有力保证，是开放性开发、经营性开发和股份制开发方式的有效探索

工商企业积累的资金反哺农业，投资规模不是农民一家一户可以比拟的。截至2003年上半年，8户有代表性的企业投入农业综合开发资金2700万元，是全县农业综合开发土地项目五年财政投资总额1647万元的1.64倍。

（二）工商企业进军农业，是农业综合开发水平提升的有益途径

国家农业综合开发是以改田、增粮、创收为目的，而工商企业投资搞开发是在经过改造的基础上，以增加科技含量，引进农业新技术和新品种，建立科技示范园区和加工龙头企业，提高经济效益为目的，从而进一步提升农业综合开发的水平，实现农业综合开发"两个着力，两个提高"的目的。

（三）工商企业进军农业，是农业综合开发实现结构优化调整的重要补充

农业产业结构调整，仅

有政府的行政推动是不够的，必须采取"公司+基地+产业工人"和"公司+农户"的产业化经营模式，培育产业龙头，建立示范基地，辐射广大农户。龙头企业一头联系广大农民，一头联系国际国内市场，最大限度地减少了农民介入市场的风险，激活了农民参与结构调整的积极性，加快了主导产业优势的形成。而且工商企业进军农业创新了土地合理流转机制，扩大了规模经营，在解放务工经商农民土地束缚的同时，也为安置农村剩余劳动力创造了条件，一批有知识、懂技术的农民，正在成为新的产业工人。

尽管平遥县工商企业进军农业仅仅是个开端，但其意义、作用和影响是长久的、深远的。它为引深农业综合开发，实现农业增效、农业比较效益的提升发挥了作用，从而有力地促进了农业结构的优化调整，有效地增加了农民收入。

原载2004年《山西农业综合开发》第1期

项目区酥梨种植管理

平遥县农业综合开发自筹投入的调查报告

文/武景林　霍维忠　任华　王斌

　　随着深入贯彻《关于改革和完善农业综合开发若干政策措施的意见》，在落实《国家农业综合开发农民筹资投劳管理暂行规定》过程中，晋中市农业综合开发2004年土地治理项目全部纳入了村民大会的"一事一议"范围，所有项目均得到了所在村90%以上村民的签字认可。然而，这其中农村税费改革政策与农发筹资投劳规定之间新的矛盾与问题已经显现，而且亟待解决。为此，我们对晋中市平遥县2004年农业综合开发土地治理项目中农民筹资投劳情况进行了定点深入调研。

一、农村税费改革政策与农发筹资投劳的有关规定

　　国务院农村税费改革政策要求：取消乡统筹费、农村教育集资等专门面向农民征收的行政性、事业性收费和政府性基金、集资，取消屠宰税、农业特产税，逐步取消过去统一规定的劳动积累工和义务工（两工）。调整农业税政策，改革村提留征收使用办法。为了彻底减轻农民负担，晋中市各县均根据各自的实际情况，制订了相应的实施办法。平遥县规定从2003年起，分两年逐步取消"两工"，2003年不超过10个，2004年不超过8个，从2005年起"两工"全部取消。"两工"及政府性集资取消后，村内的公益性事业所需劳务及资金，严格实行"一事一议"，由村民大会或村民代表会民主讨论决定，并实行上限控制，每个劳力每年出工最高不超过10个，筹资额每人每年最高不得超过15元。

土地项目建设内容公示

土地项目投工投劳

农村税费改革方案中，明确规定农业综合开发农民筹资投劳纳入村内"一事一议"范畴，实行专项管理，要充分尊重农民意愿，由农民签字认可，实行民主决策，上限控制，以村为单位统一组织，并要逐步降低农民筹资投劳在农业综合开发中的比例。

2003年颁布的《国家农业综合开发农民筹资投劳管理暂行规定》中则明确提出，项目村筹资和投劳折资总额应达到申报项目中央财政资金投入的70%，即中央资金、地方配套资金、农民筹资投劳的投资比例为1：0.5：0.7，在农民筹资投劳中，农民筹资、投劳部分各占50%。

按照晋中市平川区农业综合开发土地治理项目，改造中低产田亩投资标准440元计，每亩中央财政资金200元，地方配套资金100元，乡村集体和农民自筹140元，其中筹资（含以物折资）亩均70元，投劳折资亩均70元。按晋中市现行投劳折资标准15元/工计，在乡村集体经济薄弱的前提下，农民自筹部分，筹资（含以物折资）亩均70元，投劳亩均4.67元。

二、农村税费改革对农业综合开发自筹资金落实的影响

（一）农业综合开发土地治理项目中自筹现金的落实问题

根据税费改革政策规定，向农民筹资实行上限控制，以村为单位，全年筹资额每人不超过15元。现以晋中市平遥县2004年上报的中低产田改造项目为例来分析：计划治理的规模为1.04万亩，项目区人口7200人，劳力3300个。项目区目前实际是：乡村两级集体经济比较薄弱，以物折资相对较少，中低产田改造项目所

市农发办主任武景林一行验收竣工工程

需自筹现金大部分来源于农民自筹。2004年平遥县中低产田改造项目所需自筹现金72.8万元，人均自筹现金101元，比税费改革规定的最高限额15元高出8.7倍。同时，农民自筹资金必须通过法定的"一事一议"程序加以落实，而村级所办公益事业普遍较多，通过"一事一议"程序所筹资金不可能全部用于农业综合开发，即使通过"一事一议"所筹资金全部用于农业综合开发，2004年农民所筹现金仅能达到10.8万元，与农业综合开发规定筹资额度72.8万元相比，存在62万元的缺口。因此，落实农业综合开发自筹资金从根本上受到农村税费改革政策的制约，落实相对困难。

（二）农业综合开发土地治理项目中农民投工投劳的问题

《国家农业综合开发农民筹资投劳暂行规定》指出，农民投劳折资应达到中央财政资金投入的35%，即每亩70元。平遥县2004年土地治理项目区有劳力3300个，治理规模1.04万亩，投劳折资72.8万元。项目区劳均所占耕地为3.15亩，每个劳动力负担农业综合开发政策规定的投劳折资将达到221元，以现行每个劳动工日15元计，约合15个劳动日。税费改革政策规定，向农民筹劳实行"一事一议"和"上限控制"，每年每个劳动力不得超过10个劳动工。这样，即使全年投工全部用于农业综合开发，也难以满足项目投劳额度，而村级所办其他公益投入由于受农村税费改革的刚性约束也难以落实。

三、大胆实践，积极探索农民筹资投劳的新路子

农民筹资投劳的真正落实是确保农业综合开发中以财政投入为引导，以农民开发为主体，实现自我开发，达到综合治理目的的关键。在

农业综合开发实践中，平遥县农业综合开发在落实农民筹资投劳方面已积累了一些经验。如对有经济效益的机电井工程，采取集体赊款打井、作价拍卖给农户的运行机制，既解决了自筹资金，又落实了管护责任；在农机配套方面，则采取"谁投资、谁受益"的原则，财政预以补贴的机制，落实自筹现金；在农田林网上，采取集体无偿提供苗木，实行树随地走，承包、拍卖等灵活多样的机制，实现了农户自愿投劳植树护林的效果。

在总结以上经验的基础上，2004年平遥县农业综合开发工作根据农村税费改革政策的相关规定，在农民自筹资金落实方面又进行了一些大胆的改革，并取得了一定的效果，使2004年农业综合开发土地治理项目中的自筹资金全部得以落实。具体办法是：对有营利性的机电项目并不搞群众摊派，采取集体提供井位，配套地下暗管，让有实力的大户介入农业综合开发，自筹打井、配套线路，工程竣工验收合格，财政给予一定补贴的激励机制，落实了自筹现金42万元，投劳折资8万元；对排灌站工程，采取集体投资农户承包经营的机制，落实了4.5万元的自筹现金；对农机配套，财政予以一定优惠，让农机户自主配套经营，落实了7万元的自

筹现金；对土壤改良、优质基地工程，实行谁种植、谁投资、谁获益，财政给予一定补贴的奖励政策，将自筹资金落实到了种植户，共落实了自筹现金9.5万元，投劳折资12.5万元；农田林网采取集体提供苗木，按照群众自愿的原则，实行谁栽植、谁管护、谁拥有的有效机制，落实了2.8万元的投劳投资，育苗建设上采取股份制合作经营，落实了投劳投资3.2万元。群众集体筹资投劳仅是农业综合开发中属于公益性基础设施（节水暗管、农田机耕路、渠系建筑物）的投入，由项目村劳力共同承担。通过采取以上机制，在不违背农村税费改革政策的前提下，平遥县解决了今年农业综合开发中自筹资金62万元的缺口，保证了农业综合开发筹资筹劳的足额配套到位。同时，我们注意到，以上这些解决自筹的方法仅适用于农村经济较好、自筹能力强的项目村，对那些基础设施相对落后、村集体经济相对薄弱、农民

土地项目平田整地现场

收入水平较低、自筹能力相对较差的地区，采用以上机制落实自筹资金还比较困难。

四、因地制宜，改革完善农民筹资投劳的建议

中央1号文件要求对农民采取"多予、少取、放活"的方针，而农业综合开发土地治理项目正是以财政无偿投入改善农业基础设施和生态环境建设为主，以达到服务农业、服务农民的目的。随着农业综合开发的不断深入，一些经济比较落后的乡村也会逐步被纳入农发范围。然而乡村两级集体经济相对薄弱，自筹资金相对困难。为此我们建议：第一，可以在不降低投资标准的前提下，适当降低自筹资金的比例，自筹资金控制在中央财政资金的40%为宜，同时在自筹资金中，自筹现金（含以物折资）

与投劳折资比例不变。第二，国家对各省的农业综合开发农民筹资投劳可以实行总量控制，各省根据各市地经济发展水平和农民人均收入水平确定各市的筹资投劳比例，再由各市地自行制定其项目县在自筹总量不变前提下的具体比例。这样即可充分调动项目建设主体的内在动力，又能保证农业综合开发的顺利进行。第三，放活农发筹资投劳相关政策，吸引农民大户等民间资本投资入股参与农业综合开发，以达到真正降低农民户均筹资投劳的数量。

原载2005年《中国农业综合开发》 第1期

土地治理项目自筹投劳

关于农业综合开发
引领农业产业化进程的思考与对策

文/霍维忠 王斌

平遥牛肉集团冷库仓储

农业综合开发是各级政府为支持、保护农业发展，改善农业生产基本条件，优化农业和农村经济结构，提高农业综合生产能力和综合效益而设立专项资金对农业资源进行综合开发利用的一项惠农政策。如何贯彻落实好这项利民政策，引领现代农业产业化进程，进而引导支农资金统筹支持新农村建设，成为摆在我们农发工作人员面前的一项新课题。带着这个课题，我们深入农业综合开发产业化经营企业，通过查阅财务档案，实地检查生产项目改造建设、项目基地生产建设情况，并对企业生产经营面临的形势和市场前景进行了分析，同时对1999年以来财政扶持资金的使用及企业自身的生产经营情况进行了专项调研。通过调研，我们深深感到：近几年来，在农业开发项目的引领下，全县上下，特别是农业龙头企业负责人对新形势下如何发展农业和农村工作有了比较清醒的认识，步入了围绕市场抓农业、立足产后抓农业、着眼工业抓农业的良性发展轨道。产业化经营、集约化生产、市场化营销、项目化运作、社会化服务的运转模式已有力地推进了农业产业化、农村工业化、乡村城镇化的进程，为实现经济跨越式发展和建设社会主义新农村探索出了一条新路。

一、基本情况

平遥是一个农业大县，全县48.5万人，其中农业人口就达41.8万人，但耕地面积仅71.7万亩。从1999年以来，我们就把发展龙头企业作为农业产业化的首要工程，精心打造，倾力推进。平遥农发办坚持"多予、少取、放活"的方针，认真履行国家农业综合开发资金和项目管理的有关规定，全面落实科学发展观，积极培育农业产业化龙头，引导民营资本投资农业领域。10年间，累计投资2.05余亿元，其中上级财政资金3481万元，县级财政配套242万元，银行贷款7862万元，企业自筹8960万元。先后扶持了威壮食品、康宝乳业、花木公司、同康芦笋、平遥牛肉集团、龙海公司、国青公司、五阳公司8个农业产业化龙头企业的9个项目，有效地培育壮大了农业龙头企业，提升了全县的农业产业化经营水平，为农业农村经济发展、农民增收创造了条件。通过扶持以上农业龙头企业，带动了云青牛肉、延虎肉制品、龙浪果品等一大批农业企业，全县农业企业的数量发展到70余个，市级以上农业龙头企业达到10户，经营范围涉及养殖、肉类加工、粮油、饲料、瓜果、芦笋、长山药、醋酱、饮料、果蔬贮藏等各个领域，为社会提供就业岗位8000余个，带动

各类农户6万余户，年销售收入近5亿元。形成了包括肉牛、蛋鸡、肉鸡、瘦肉型猪、奶牛、芦笋等10条基地生产、企业加工、市场销售的产业链条，带动了全县产业化经营层级的提升。

二、产业化经营稳步提高，新型农业发展得到推进

我县农业综合开发把发展龙头企业作为实施产业化经营项目的首要工程，精心打造，倾力推进。积极引导民营资本投资农业领域，领办农业龙头企业，通过政策倾斜、信息服务、项目扶持，一批农副产品加工龙头脱颖而出，总投资数以亿元计的农业调产龙头项目相继实施。

（一）企业规模化生产迅速扩大

平遥龙海实业有限公司是一家以肉鸡饲养管理、雏鸡孵化放养、成品鸡回收为龙头，饲料生产为龙身，肉鸡屠宰加工销售为龙尾的企业，2005年国家农业综合开发扶持该企业扩建50万吨饲料生产线，新增建筑面积9200平方米，新增设备329台（套），引进美国先进的饲料生产线主设备，年转化粮食50万吨。在项目的带动下，企业拓展生产规模，大力实施集约化生产、产业化经营，2007年新建成年屠宰4000万只肉鸡的生产线、年出雏4000万羽的孵化厂，生产规模和带动农户的能力扩大了两倍，跃居国内同行业前列。目前公司又投资3.7亿元，实施

国青公司鸡蛋分拣包装

肉鸡产业化开发项目。平遥牛肉集团有限公司是生产经营"冠云"牌平遥牛肉系列产品的股份制企业，是贸易部认定的"中华老字号"企业。2003—2004年国家农业综合开发连续两年扶持该企业上了一条年屠宰3万头肉牛的生产线，修建屠宰加工车间3250平方米，千吨冷库1400平方米，配套了屠宰、加工设备1070台（套），目前正在筹备环保设施。在此基础上，公司为扩大企业规模，满足市场需求，改进生产工艺，正投资1.03亿元，扩建2万吨肉制品生产线项目。该项目已列入国家农业综合开发2008年投资参股的项目，目前1.57万平方米的钢架结构生产车间正在加紧建造，项目预计年底可投产运营。国青同盈禽业公司是一家以生产蛋鸡全价配合饲料及无公害蛋鸡养殖、鸡蛋购销为主的农业产业化龙头企业。2006年国家农业综合开发扶持该企业新建了年存栏10万只蛋鸡无公害养殖示范小区，并配套了环保设施，实现当年立项建设、当年投产见效，目前存栏蛋鸡8万余只，年产无公害鸡蛋1000余吨，年销售收入820余万元。在此基础上，该公司又投资170万元，兴建了同盈禽业沼气站，将养殖园区的粪便用于制作沼气原料，变废为宝，产生的沼气集中供给

居民使用，既改善了驻村的生活环境，又确保了养殖园区的环保要求。2007年，公司又投资1500万元，新建了一个饲养50万只蛋鸡和15万只育雏、育成后备鸡的示范养殖区。

（二）企业生产的科技含量明显提高

在项目实施过程中，我县农业综合开发注重引进先进的经营理念、管理方式、物质装备、生产技术等要素来改变传统的种养模式，努力提高农业科技的支撑和引领能力，推动传统农业向现代农业转变。平遥五阳公司是一家以面粉加工为主的企业，2007年公司在农业综合开发项目扶持下，在原产加工3万吨生产能力的基础上，进行了生产设备技术改造，引进全自动面粉生产线，使年生产能力达到9万吨，生产的"健阳"系列面粉品种多、质量高，产品于2008年3月被国家农业部认定为绿色产品。国青公司摒弃传统的养殖模式，养殖小区内配套电脑监控设备，饲料及粪便清除全部实现机械

龙海公司饲料生产线

化，既降低了养殖员工的劳动强度，又减少了动物疫病的传播，提高了养殖效益，达到省内一流养殖水平。龙海公司50万吨饲料生产线，引进美国CPM公司的先进生产加工设备，生产环节全部采用微机监控，产品质量大幅提高，生产环节全部实现机械化，原先6万吨的生产线需要60人操作完成，而现在50万吨的生产线仅需100人就可操作完成，生产效率大幅提高，员工劳动强度明显降低，在饲料加工行业中占据领先地位。

（三）龙头企业的带动效应凸显

我县农业综合开发注重建立和完善龙头企业与农户的利益联结机制，努力实现农户与龙头企业的"双赢"。1999年扶持威壮食品有限公司上了长山药粉加工生产线，拉动了全县长山药的规模化种植，全县种植面积由原先的3000亩发展到1万亩。2000年扶持康宝乳业有限公司上马乳品加工项目，带动了当地奶牛业的发展，2007年底奶牛存栏数达到8750余头。2001年扶持平遥花木公司建成日光节能温室6座，发展花卉苗木基地200亩，为古城平遥的美化、绿化起到积极的推动作用，成为我县城乡绿化的一支主力军。同康芦笋公司按照"公司联基地、基地联农户"的经营方式，负责提供

种苗、服务、收购等，实施产前、产中、产后全程跟踪，2002年农业综合开发扶持新建芦笋罐头生产线，带动全县3000余农户发展芦笋种植基地1万余亩，成为我县农业生产中公司、基地、农户三位一体的典范。龙海公司开辟了"公司+农户"的肉鸡养殖经营模式，在公司让利于民、承担风险的条件下，涌现出了一大批靠肉鸡养殖增收致富的规模养殖户，辐射达9个县（市）、36个乡镇、105个村，带动种植、养殖、运输户1.5万户；国青公司采用"供饲料、收鸡蛋"的经营方式，直接带动基地农户25户，户均增收1.6万元，间接带动蛋鸡养殖户2000余户，户均增收0.6万元。五阳公司在本县及周边县区发展5万亩优质小麦生产基地，联结农户2.5万户。

（四）企业品牌战略得到提升

在产业开发过程中，我县农业综合开发积极引导龙头企业树立农业标准化意识、品牌意

五阳面粉生产线

识，努力打造农产品知名品牌，增强农产品的竞争力。平遥牛肉集团肉牛屠宰线投产后，在项目的带动下，加强自身管理，努力打造知名品牌，注册的"冠云"牌牛肉于2005年被授予"中华老字号"称号，2006年初又获中国驰名商标称号。国青公司的"同盈"牌鸡蛋在全省同类产品中首家通过了国家无公害农产品认证；五阳公司强筋面粉技改扩建项目完成后，生产的"健阳"牌小麦面粉获得山西省著名商标称号，2008年又通过绿色认证。同康芦笋公司的"同康"牌芦笋系列罐头，2008年7月也通过无公害产品认证，并获得出口自营权；龙海公司的"辰宇牌"鸡肉已在省内外打开了市场。品牌战略的推进，为提升产品质量、拓展销售渠道奠定了基础。

三、龙头企业存在的问题

近年来，我县农业产业化开发所扶持的龙头企业除了自身的发展壮大外，还带动了当地

乃至周边县市种植业、养殖业、包装业、运输业等多个行业的发展，延伸了产业链条，真正成为平遥农业产业化的"新推手"。可以说，在农业产业化项目资金的引领下，全县农副产品加工龙头企业在建设基地、联结农户方面，与广大农民形成了比较紧密的利益共同体关系，呈现出企业增效、农民增收的共赢局面。但在调研中，我们也发现农业产业化龙头企业发展面临着一些不容忽视的问题：一是部分企业技术含量偏低，发展后劲不足，企业成长速度缓慢。二是市场开拓能力不强，产品市场占有率不高，辐射面不宽，市场制约因素明显。三是企业与农民的利益联结机制还需完善，一些企业与基地和农户之间还停留在以产品买卖关系为基础的低层次产销合作上，没有真正形成"公司+农户"的经济利益共同体。四是企业发展外部环境趋紧，今年以来，中央继续实施宏观调控政策，土地、电力、资金等要素的制约进一步加剧，农业龙头企业发展面临的压力较大。

四、实施农业综合开发引领农业产业化进程的对策

一是围绕壮大优势主导产业，实施农业产业化综合开发，着力提升规模竞争力。要进一步围绕农业优势主导产业，扶大扶强、做大做强一批重点骨干龙头企业，优化资源配置，加快产业集聚，进一

农发办主任霍维忠调研禽蛋生产

步体现地域特色，形成规模，尽快发挥集聚功能，带动和促进农业主导产业的发展。

二是注重科技进步和标准化建设，实施农业产业化综合开发，着力提升产品技术和质量竞争力。通过实施项目开发，把支农资金向市场前景广阔的优势产品、优势产业倾斜，进而引导龙头企业从可持续发展的长远利益出发，促进农产品加工做精做深，增加产品附加值，提高产品质量和档次，提升产品的技术竞争力。

三是不断完善利益联结和组织形式，实施农业产业化综合开发，着力提升机制竞争力。通过实施项目开发，不断完善与农民风险共担、利益共享的联结机制，实现农民增收、企业增效的"双赢"目标。

四是着力建立财政支持农业龙头企业的有效引导机制。通过项目开发的实施，充分发挥财政政策的导向作用和财政资金的"四两拨千斤"作用，引导社会资金投入农业产业化。

五是研究制定扶持政策，强化龙头企业的考核管理。实施项目开发，对龙头企业要集中资金，形成合力，扶优扶强。与此同时，要进一步强化龙头企业的动态管理，建立一套行之有效的农业龙头企业考核指标体系，定期进行考核评定。

原载2008年《山西农业综合开发》第4期

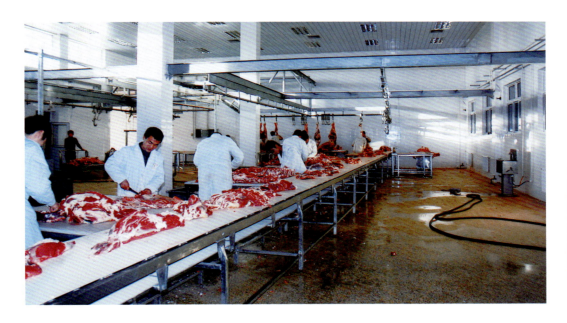

牛肉集团牛肉分割车间

国农办祝顺泉处长
深入平遥牛肉集团公司调研

文/霍维忠 王斌

10月14日，国家农业综合开发办公室产业化处祝顺泉处长，在省农发办孙长富副主任、市财政局副局长郭和平、县农发办主任霍维忠的陪同下，深入平遥县农业综合开发产业化经营企业——山西省平遥牛肉集团有限公司调研指导工作。

山西省平遥牛肉集团有限公司是国家农发项目多年扶持的产业化经营龙头企业，先后扶持该企业上马了现代化肉牛屠宰线项目和2万吨肉制品生产线项目。通过项目扶持，它插上了腾飞的翅膀，现已发展为国家级农业产业化龙头企业。在调研中，祝处长一行在听取了企业负责人就企业发展情况和项目生产经营的状况说明之后，深入2万吨肉制品生产车间和现代化肉牛屠宰车间，实地查看了解了平遥牛肉的生产工艺、标准化的屠宰线以及各个环节的安全监管措施，对两个项目生产经营状况给予了充分肯定。当了解到因成品牛供应不足，屠宰线还未按设计能力屠宰加工、肉制品生产线所需原料一半靠外调时，他们建议公司要建立自己的原料基地，扩大肉牛养殖基地建设，满足生产需求；在观摩了公司产品展厅后，他们希望公司要进一步提升管理水平，强化产品质量，精心打造好"冠云"这一中国驰名品牌，为社会提供安全放心的食品。在座谈调研中，祝处长还就当前国家农业综合开发产业化经营扶持政策与市县两级农发人员和企业负责人进行了交谈，表示今后农发项目将突出抓好地方区域特色，培育主导产业，提升产业经济在县域经济中的比重，繁荣农村经济，带动农民持续增收。

原载2012年《晋中农发动态》第71期

祝顺泉处长在平遥牛肉集团公司调研

不断完善工程管护机制
切实发挥工程建设效益

——关于晋中市土地治理项目工程管护情况的调查报告

文/武景林 宁峰 张鑫 霍维忠 王斌 李海玉

项目区农田林网管护

工程建后管护是工程建设的延续，也是农业综合开发工程能否持续发挥效益的关键。晋中市在坚持"高标准施工、高标准管理"的基础上，始终坚持建管并重，不断探索完善项目工程管护运行新机制、新办法，强化工程建后管护，有效提高了管护实效，确保了农业综合开发工程正常运转并长期发挥效益。

一、工程运行管护的主要做法

（一）加强组织领导，齐抓共管落实管护责任

各县始终把项目工程运行管护作为项目管理的一项重要内容抓紧、抓好。县农发办负责对整个项目区工程建后管护的指导、协调、督查、管理，在工程移交后，加强对管护主体的组织管理、协调指导和检查监督，保证农发工程管护规范有序开展。项目区乡镇成立工程建设和管护领导组，并与县农发办签订责任书，协助县农发办组织、指导、管理好本项目区农发工程管护工作，确定专人负责，明确职责，切实落实好各项管护工作。项目村由村两委班子主干负责，成立工程建后管护小组，由村委采取承包、租赁、拍卖、业主负责制等多种方

式，与相关管护人员和组织签订管护协议，具体落实各类农发工程的管护，监督和配合各管护主体落实管护任务，确保工程管护措施切实落到实处、见到实效。几年来，通过县、乡、村三级联动，齐抓共管，形成了集建设、管理、自我积累、自我发展于一体的农业综合开发工程运行管理机制，保证了农发工程长久发挥效益。

（二）健全管护制度，确保工程管护规范运行

通过不断总结探索，逐步建立健全了农业综合开发项目建后管护办法，根据国家农发办《国家农业综合开发土地治理项目工程管护暂行办法》，结合晋中市实际，各县统一明确了管护主体、管护范围、管护资金筹集及使用管理、管护标准、管护职责等内容，重点是针对以往工程管护中存在的问题，从管护形式、管护经费的筹集使用管理、管护责任考核等三个方面进行了创新和完善，构建了有法可依、有章可循的农业综合开发工程管护长效机制，为全面实现各县农发工程管护的科学化、规范化和制度化运行奠定了坚实基础。

（三）拓宽筹资渠道，确保管护资金有效落实

为确保项目村工程管护资金的真正落实，2009年以前，各县农发办指导、组织各项目村结合当地实际，根据"谁受益、谁负担、谁管理、谁维修"的原则，主要采取以农养农、以工补农、以工养工等多种形式，通过村集体收入、工程收益等资金，多层次、多渠道筹集落实管护资金，走自我积累、自我发展的路子。如项目村机井拍卖后，机井所有人在国家政策允许的范围内，可从机井运营的每度电价中抽取一定比例资金，以此作为机井所有人的人工费、机井及其他灌溉设施的维修费，确保机井的良好运行。2009年以后，根据新出台的工程管护办法，进一步完善了管护经费筹集办法，即对有经营收入的农发工程，通过以工程养工程落实管护资金；公益性工程设立专项管护基金，按国家规定提取项目财政资金总额的1%作为管护费，执行报账制管理，专项用于公益性工程管护、维护，成立管护队伍作为各项管护工作的补充，实行专款专用，从而形成县农发办、村集体、农户和社会团体等多元化筹集落实管护资金的有效机制，从根本上解决了管护经费难以落实的问题，保障了工程管护工作的有效开展。

土地项目机井维修

（四）加强管护监督，提高管护人员责任意识

加强对工程管护工作落实情况的跟踪督查，实行严格奖惩制度，对公益性工程组织专人成立管护队，统一配戴管护袖章。全市所有农发项目区都在显要位置(如路旁、井房上等)统设树立工程管护标志牌，明确注明工程管护范围、管护责任人等，广泛接受农民群众监督，保证了工程管护责任到人、监督到位。同时，严格工程管护经费的申报、审批程序手续，移交后的2—3年内(第一年由建设单位的质保金承担)每季度末由农发工程管护主体提出用款计划申请，经所在村民委员会和乡(镇)政府审查同意，报县农发办审核，由农发办组织工程技术人员实地核实确认后，依据批准的用款计划，按县级报账制度有关规定支付资金。工程管护不到位、管护效果差的不予支付管护补助资金，这样极大地提高了管护人员的责任意识，使工程管护得到有效落实。

土地项目机耕路管护

（五）尊重农民意愿，调动农民群众参与积极性

广大干部群众的积极参与对项目建成后的运行管护起着决定性作用。为充分调动项目区广大干部群众参与农业综合开发项目建设和管护的积极性，各县农业综合开发工作始终坚持从项目区农民的根本利益出发，从最初的申请立项到规划设计和工程施工，直至工程建后管护等各个环节，都尊重农民意愿，充分发挥村民自治管理的积极性，"一事一议"，让农民说了算。由于项目工程符合农民要求，工程设计合理，工程建设好用、实用、耐用，因而建成后往往受到农民的欢迎、珍惜和爱护，工程实现了变"被动管护"工程为"主动管护"，农发工程也真正成为了民建、民管、民受益的德政工程。

二、工程运行管护的主要形式

对移交后的农业综合开发项目工程，各项目乡村紧密结合当地水利、林业、农机等体制改革的实际情况，本着"谁受益谁负担""以工程养工程"的原则，根据工程设施的不同，采用拍卖个人管理、租赁承包、股份经营等管护方式落实管护主体，通过与管护单位或个人签订管护协议，明确管护责任，保证项目工程建后管护工作落到实处。租赁承包、股份经营等管护方式落实管护主体，通过与管护单位或个人签订管护协议，明确管护责任，保证了项目工程建后管护工作落到实处。

（一）水利设施管护

1. 租赁承包经营模式：把机电井等灌溉设施承包给农户，由农户负责经营管理，产权归村集体所有。机井及其附属设施，如水泵、节水管道（出水口、消力池）、井台井房、输变电线路等根据设施随井的原则，由村委会与农户签订承包合同，由该农户管理，承包期一般为3—5年，合同期内，承包农户负责机井和设施的管理维护，水电费收取严格执行物价部门的有关规定，从水电费中适当抽取一定比例的资金作为维修费用，灌溉亦必须在村委统一指导下，按单井控制面积的顺序，保证种植户适时灌溉。这种管理模式的特点是产权和管理权分离，产权归村集体所有，管理权归受益人，实行合同化管理——2009年以前项目村基本采用的是这种管护模式。

2. 产权拍卖或个体经营模式：在工程竣工移交后，由村委会组织将机井拍卖，并根据设施随井的原则，将节水管道（出水口、消力池）、井台、井房、低压线路等附属设施也均交由该个体户管理，村委根据实际情况与购买户签订拍卖协议，确定管护职责，并给予购买户一定的限制，特别是水费价格不得超过县物价部门规定的指导价，灌溉要最大限度地满足群众、方便群众。这种管理模式的特点是设施产权发生改变，设施的产权和后期的管理维护权统一归购买人所有，并以其经营收益负责工程设施的保养、维修、管理，村委只负责监督——2009年以后更多的项目村采取这种管护模式。

3. 联户管理或股份经营模式：村委会和机井大户共同出资新建机井，建成后的机井及其相关设施由村集体与出资大户以入股的形式共同进行管理和使用，并共同推举一位既有专业技术又能热心为民服务的有威望、有组织能力的农民，负责机井设备的运行使用和管护保养，安排灌溉事宜，筹集管护资金等。祁县2009年古县镇两类项目区闫漫村有3眼机井采用的是这种模式。

2011年古县镇中低产田改造项目区5个村均成立了农民用水户协会，由协会牵头承担全村水利设施的管理、使用、维护等各项工作，运行得非常好。

土地项目林网管护

4. 集体经营模式：就是由村集体统一进行维护和保养，由农户出义务或由村委雇专人进行维修。采用这种模式的一般村集体具有较强的经济实力，但是容易丢失机电设备。据平遥调查统计，2008—2012年，项目区共计被盗变压器6台，占安装总数的25%，架设的农电线路丢失6.5千米，占工程总量的10%。

针对这种现象，平遥县农发办一是对水利设施中的公益性项目工程管护实行集体统管方式，明确管护主体为项目村集体，落实管护责任；二是把农电线路由明线改为地埋电缆线，变压器配备防盗器，由村委统一负责，在农田灌溉时集体安装，指定专人负责，昼夜轮流值班管护，农田灌溉完毕后，集体统一拆卸，取回保管，由此最大限度地避免了丢损现象。

（二）农田林网管护

项目区内路两旁的树木由村委统一提供树苗，个人栽植。依据树随地走、谁栽谁有的原则，其产权归栽种者个人所有，树木成材后，收益按2：8或3：7比例分成，个人得大头。树木管护坚持谁栽植、谁收益、谁承担、谁管护的原则。个人负责树木和路沟的日常管护工作，村委予以积极配合。如发生树苗丢失、死亡，个人负责补栽，村委不再提供树苗，补栽树木必须在次年春天栽好，否则由村委补栽，费用由个人交纳。2008年随着林权制度改革的全面推行和落实，目前，项目村所有树木产权基本上全部改制给个体户经营管理，把林网树木的产权归农户个人所有，充分调动了他们的管护自觉性和责任心。

（三）机耕路管护

2009年以前的项目区机耕路等公益性工程的管护由村集体以拍卖承包等所得款项负责管护维修，或以路随树走的方式，由承包路旁树的农户负责管护，由村委会和农户签订承包管护协议，承包人负责对所管辖的路段进行维修养护，保持路面的清洁和平整。对不维修养护路面致使路面损坏者，村委会将按路面损坏的程度从承包人的管护报酬中扣除一定费用，雇人整修。2009年以来，按照新的工程管护制度，对机耕路等公益性工程，按照县、乡、村三级共同参与、齐抓共管方针，建立工程管护专项资金，专项用于公益性工程如机耕路、标志牌等工程的管护、维护，购置必要的管护设施，成立专门管护队伍，加强对公益性工程的后期管理、维修，确保公益性工程管护有效落实。

（四）农机具管护

项目区由县农发办以财政补贴的办法扶持购置的农业机械，在管护上所有村均采用了农

土地项目农机具养护

机具产权移交给农机户个人所有的模式，由村集体与购机户签订农机管护协议，农机具上喷涂农业综合开发标志。在协议期限内，农机户需保证农机具完好，保证作业质量，实行有偿服务，并且优先、优惠服务于项目区的农机作业。

三、工程管护中存在的主要问题及建议

近年来，在工程管护方面，各县采取了一些行之有效的措施，基本保证了工程长久效益的发挥。但严格对照国家标准要求，工作中尚存在着不足之处，主要表现在：一是项目区仍有部分干部群众对工程管护认识不足，存在重建轻管的思想；二是项目工程管护经费特别是道路等公益性工程管护资金不足，无法满足实际需要；三是部分工程运行管护比如农田林网树木，受林木市场价格变动影响，工程经济效益时而下降，导致农户管护积极性不高，管护效果较差。

建议：（1）农业综合开发后期管护需要资金投入，由于大多数村级集体经济薄弱，没有资金积累，项目村管护资金落实事实上难度很大，项目工程管护资金主要依靠财政资金投入，按现行规定安排的经费与实际需求相比明显不足，建议进一步提高项目工程管护费提取比例，以项目财政资金的1.5%—2%为宜，从而为确保工程建后管护的有效落实提供资金保障。

（2）完善扶持奖励政策，鼓励项目区按照"村民自治管理"的原则，以项目乡（镇）、村为单位自愿组建农民用水户协会或农发工程管护协会，负责统一管护项目区农田水利、农业和林业等各类农发工程，使农业综合开发工程管护更加科学规范，更加富有成效。

原载2016年《农业综合开发探索与实践》

土地治理项目渠道清淤

把"五关"，做好项目资金管理内部风险防控
——关于晋中市加强资金内部风险防控的调研报告

文/武景林 任华 王姝慧 李海玉 王斌 赵宇红

农发资金管理是农业综合开发管理的关键环节，是保障项目有效实施的重要基础。晋中市自2003年开始全面推行财政资金县级报账制管理以来，随着项目申报和项目范围的逐年拓展增加，农业综合开发资金由立项之初的800万元增长到目前的4.8亿元，农业综合开发财政资金县级报账制也逐步细化。随着财政国库改革的全面推进，农业综合开发县级报账制于2011年重新修订，原来以"专人、专账、专户"管理为显著特征的县级报账制，正在逐步适应"专人、专账"管理的新的报账流程。农业综合开发从项目立项、工程招标、工程建设监理、工程竣工验收、项目资金公示、工程建后管护到资金使用的县级报账制等制度建设在外部风险监管方面，已基本构建完成。如何加强农业综合开发资金管理，完善内部风险防控，成为当前社会各项改革深入推进中农业综合开发面临的新课题。

监理人员检查竣工工程

一、目前农发资金监管存在的主要内部风险点

（一）农发资金执行国库集中支付后，资金支出不同程度受县级财力影响

农发专项资金及时足额到位是确保农发项目高标准高质量完成的基础条件。在原有的县级报账制管理办法中，执行"三专"管理时，农发专项资金尚能保证按时拨入报账专户，财政资金不到位或到位较迟只属个别情况。但执行国库集中支付后，一是专项资金到位无从考核；二是按照农发项目批复建设实际，上年项目到第二年5—6月份大量竣工报账支出时，往往出现县财政收入少、国库没有钱等无法支付的情况，以及每走一笔账都需要填报用款计划表，财政业务股室、分管领导、支付中心领导等多项审签，花费大量的时间，拖延报账进度，县农发办需付出大量精力与县财政沟通协调，牵扯工作精力。

（二）农发资金管理岗位监督职能发挥不够

在农发项目前期的计划编制工作、项目工程实施过程及项目竣工验收中，只有项目管理人员的参与，大部分县（市）资金管理岗位的人员都未参与，而项目资金支出时，只能依据项目管理人员填制的各种表格，就票据审票据，无法对项目具体实施情况与报账票据真实性进行核对，导致资金管理岗位作为农业综合开发项目资金管理的最后一环，监督职能发挥不够。

（三）资金管理岗位与项目管理岗位存在脱档现象

县级农发办内部各岗位中资金管理岗位与项目管理岗位之间是否能有机结合，及时沟通协调，是关系农业综合开发资金最终支出管理的关键。特别是农发单项实体工程实行公开招投标管理后，如果农发办项目管理岗位不与资金管理岗位沟通，及时了解资金使用安排情况，以及工程发包、中标等情况，在工程竣工决算报账开票时，就将直接影响资金管理岗位的报账支出，更谈不上追踪监督资金去向。

（四）农发专项资金管理也存在"事后"监管的风险

通过近年的检查验收发现，农发专项资金

市级验收土地治理项目

监管，在项目竣工验收后还是存在"事后"监管风险。项目未严格按照项目计划批复建设，存在随意改变项目计划或改变项目建设内容的情况，项目全面竣工验收后，资金支出只能"屈就"报账。审计部门和社会中介机构的介入，日常检查和专项检查，事前、中期检查和竣工项目检查相结合的监督检查机制尚未实现制度化、规范化和日常化。

（五）部分项目实施单位辅助账设立和票据处理不规范

这项资金风险点主要表现在产业化经营财政补助项目上，项目申报企业存在着重争取项目资金而轻资金管理的思想，具体经办人员会计业务能力不足，实施单位辅助账设置没有统一规定。

二、农发资金监管风险的成因分析

农业综合开发各项管理制度建设已基本完善，虽然在整个农业综合开发体制机制方面还存在上下对口管理不顺、机构性质级别不同、人员待遇不同等问题，但总体来讲，农业综合开发经过近二十年的发展，农发人员队伍还是相对稳定的。出现资金监管内部防控风险，究其原因，一是一把手负总责的管理体制。内部风险特别是资金使用支出的风险主要来自对县农发办主任的监督和各项规章制度的有效执行。二是农发办人员政策理论知识面窄的问题。从资金监管的角度，无论是项目、资金、档案管理人员，还是农、林、水技术人员，都没有形成"人人学习资金管理、人人了解资金管理、人人监督资金管理"的氛围，尤其是资金管理人员没有将财务管理职能延伸到项目建设的各个环节，未意识到不仅要对资金报账环节进行审核把关，而且要对项目建设和资金运作进行全程、全方位监控。三是勤政廉洁、务实高效的工作作风需进一步加强。结合党的群众路线教育实践活动的深入开展，各级农发机构还需切实转变工作作风，继续严格执行资金管理的各项规章制度，坚持做到"严格按制度办事，以制度管人，勤政廉洁，务实高效"。

审计人员审计产业化项目

三、把好农发监管五个关口，提高农发资金内部监管力度

近年来，随着国家对"三农"支持力度的加大，如何发挥农发资金使用效益，让更多农民从农发项目中得到实惠，健全资金管理内部风险防控机制是关键，预防资金风险是目的。

（一）严格立项，精准预算，掌控资金

土地项目立项应采取考察了解掌握村情民意，明确建设任务，开展培训提高村主干认识水平，按时申报编制项目可研报告，择优招标确定开发区域等几项措施，严格履行"一事一议"，充分调动项目区干群的积极性，多方位、多渠道筹集资金；产业化项目立项要严格审核项目申报单位的立项条件，着重检查项目单位的经营状况、资产负债、资金流量流向和效益等情况；财政贷款贴息项目，则重点审核申报单位资信证明和信贷记录等资料的真实性，从源头上杜绝"虚假项目申报"。为规范项目预算，项目管理岗位编制申报计划时要和资金管理岗位共同协作，就项目任务和资金规模进行分析，实地勘察，丈量尺寸，收集第一手基础资料，了解各项工程的位置、布局等，做好项目前期准备工作，确保资金使用方案规范科学，有效实用。

（二）规范运作，公开招标，支出有据

农业综合开发招标范围从单一的工程招标拓展到现在的土地项目立项、工程施工、大宗物资采购，在积极履行工程招投标制度的同时，为提高工程建设标准，要积极创新招标管理模式。如我市平遥县从2005年开始，桥涵工程实行现场比武修建样板工程与投标报价相结合的办法进行竞标，有效预防了投标单位标准质量高、投标报价高和标准质量低、投标报价低的"两高两低"现象，保证了工程造价的合理性，提高了资金使用效率。目前，我市已全部实现了委托中介代理机构公开招标或依托县级采购中心公开招标，严格按照法律程序依法运作，邀请纪检部门全程参与工程招标投标，择优确定施工单位，切实做到公开、公平、公正竞争，有效地节约了工程资金，提高了工程建设质量和项目资金使用效益。

（三）工程监管，坚持标准，监督资金

在项目实施中，强化工程监管，对工程进度、质量、资金严格实行"三控"，追踪监督资金去向，工程监理及工程负责人要进一步强化项目工程的监督检查，督促施工单位按设计要求，保质保量完成工程建设，特别是对隐蔽工程、重点部位、重点工序没有经过验收的，不准进入下道工序施工，对项目工程建设管理坚持常态化、制度化。同时，转变过去财务管

监理人员机井测水

理人员只是报账员、记账员，不熟悉、不了解项目工程建设实际情况的现象，让财务人员主动参与项目建设管理的全过程，不仅要对资金报账环节进行审核把关，而且要对项目建设和资金运作进行全程、全方位监控。工程竣工后，财务管理人员也要参与验收，并对工程人员就竣工工程的质量、数量、外观等情况的介绍进行客观评定，掌握第一手资料，准确进行财务分析，提高资金的使用效益。

（四）严格审核，规范报账，管好资金

在资金拨付环节上严格执行县级报账制，对报账手续严格审核，并按县级报账流程层层把关，逐级审批，实行农发、财政两支笔签字，做到票据、账实相符，确保农发资金专款专用。加快资金报账进度，采取竣工一项、验收一项的原则，及时进行资金报账，资金紧跟项目走，保证农发资金使用安全。工程验收合格后，所有项目都要经过审计部门的审计，并适时引入社会中介第三方进行工程决算审计，加强对资金拨借、使用情况的监督检查，为农发资金的安全运行起到保驾护航的作用。

（五）创新机制，落实责任，完善内控

要进一步强化财政监管职能，农业综合开发资金国库集中支付管理，可以试行由县财政局农业科和预算国库科负责农业综合开发财政资金的筹集、落实，县国库集中支付中心负责项目资金的报账和拨付工作，县农发办协调配合各部门具体负责编制资金使用计划、申拨资金、设立辅助账、做好账务核算等具体业务。严格按照农业综合开发资金和项目管理的规定及要求，全面规范资金管理、财务核算流程，分管领导、财务管理人员、工程技术人员既各司其职又相互制约，既紧密协作又相互监督，自上而下、自始而终对资金管理使用情况全程、全面、全方位强化监管，形成制度完善又相互制约的资金内控管理体系。

原载2016年《农业综合开发探索与实践》

市级验收土地竣工项目

·79·

晋中市关于"十二五"期间
农业综合开发政策效果评价的调研报告

文/武景林 任华 霍维忠 李海玉 王斌

项目区机电井配套工程

农业综合开发作为公共财政支持"三农"的重要举措，为晋中农业和农村经济的发展注入了强劲的动力。"十二五"期间，晋中市农业综合开发资金投入继续保持了稳定增长的良好态势，但由于同期国家农业、水利、国土、林业等部门的投入出现大规模增长，并以财政改革国库集中支付为标志，大部分涉农项目开始实行财政报账集中支付制、项目招标制等管理办法，农业综合开发的项目和资金优势不再"一枝独秀"。为了更好地发挥农业综合开发在突出粮食安全、扶持新型农业经营主体、培育发展现代农业园区方面的作用，根据省农发办要求，我们开展了农业综合开发政策效果评价专题调研，在扶持政策的配套落实方面进行了探索。

一、"十二五"期间农业综合开发政策措施及成效

2011—2014年，我市国家农业综合开发项目累计投入43201.92万元，其中财政资金3208.1

万元，项目村（单位）自筹资金9982万元。项目惠及全市47个乡镇、122个行政村、14.3万人。在项目建设中，我们始终坚持紧抓农业基础设施建设，聚焦粮食安全，全力推进高标准农田建设，努力实现"藏粮于田"；积极探索农业综合开发新模式、新途径，大力推进试点项目的实施，以国家农业综合开发政策为导向，积极先行先试，努力在同期农业项目政策实施中探索积累经验。4年中，我市累计实施国家农业综合开发项目120个，其中土地治理项目40个，产业化经营项目80个。特别在扶持新型经营主体的探索方面实现了每年一个重点项目推进，全面跟踪政策落地。农业综合开发项目实施取得了显著成效，为当地农业农村经济持续健康发展做出了积极贡献。

一是农业基础设施显著改善。坚持以土地治理为重点、加强农业基础设施建设，先后组织实施了中低产田改造（两类项目结合现代农业示范区建设试点）、高标准农田建设等土地治理项目工程建设。通过集中投入、规模开发、综合治理，共改造中低产田9.32万亩，建设高标准农田11.39万亩，共新增灌溉面积5.58万亩，改善灌溉面积11.23万亩，新增节水灌溉面积12.65万亩，扩大机耕面积1万亩，新增农田林网防护面积10.45万亩，建成了机、电、井、田、渠、林、路七配套的旱涝保收、稳产高产、节水高效的高标准基本农田，农业抗灾、减灾能力明显提高，为农业生产的可持续发展奠定了坚实的基础。

二是农业综合生产能力得到提高。通过项目的实施，土地产出率、资源利用率得到明显提高，项目区内全部实现机井智能节水灌溉，提高了机井的利用效率，降低了轮灌周期和灌溉费用，项目区农田灌溉保证率由实施前的平均60%提高到80%以上，生产潜力得到了充分发挥，主要农产品产量大幅度增加，年新增粮食2664.38万千克。同时，农田基础设施的改善，有力地带动了设施蔬菜、粮果等高产高效农业的发展，项目区新增蔬菜、水果等农产品6347.88万千克。

三是农业生态环境逐步改善。通过土地复垦、玉米秸秆粉碎还田、平衡施肥等措施进行土壤改良，项目区土壤有机质含量明显增加，提高了肥效，降低了面源污染。全市项目区累计营造农田防护林0.63万亩，建成生态复式

土地治理项目路渠配套工程

市农发办组织观摩检查土地治理项目

农田林网，改善了区域内生态环境，不仅起到防风御沙、保温驱热的屏障作用，而且对改善农田小气候、保持水土、涵养水源、美化环境起到积极的作用。项目建设从节约用水、科学用水着手，充分利用地表水，合理开采地下水，坚持水资源开发与保护并重，既有效改善了区域内水资源紧缺的现状，又缓解了供需矛盾，使水资源利用达到良性循环。

四是培育壮大了一批主导产业。通过大力扶持农业产业化龙头企业和农民合作组织，增强龙头企业的生产力、组织力、带动力，构建"龙头企业（合作社）+农户+基地"的现代农业产业发展体系，有力地提高了主导产业的产业化水平和生产效益，提升了优势主导产业的

市场竞争力。2011年到2014年，平遥县的牛肉加工和肉鸡、蛋鸡、生猪产业，祁县的酥梨产业，太谷县的苗木、红枣产业，榆次区的设施蔬菜产业，寿阳县的旱垣蔬菜、杂粮加工产业，昔阳县的生猪产业，榆社县的核桃、杂粮加工产业等主导产业的龙头企业得到农业综合开发的大力扶持，不仅给企业发展注入了活力，而且为区域主导产业的健康发展提供了助力。

五是促进了现代农业加速发展。"十二五"期间先后集中资金推出了现代农业园区试点项目、龙头企业带动产业发展试点项目和"一县一特"产业发展试点项目，为发展现代农业树起了标杆。祁县2011年东观镇晓义片项目区，通过实施农业综合开发两类结合项目，项目区

农业发展的基础设施、生态环境、产业优势、技术支撑、发展潜力等方面均得到了显著提升，并依托良好的设施蔬菜产业发展平台，吸引了山西千朝实业有限公司现代农业园区建设项目，将进一步加速当地生态农业、观光农业、旅游农业等现代农业的发展。平遥县2013年立项的

省农发办副主任孙长富、市农发办主任武景林在龙海考察调研

龙海实业有限公司年出栏600万只的高标准现代化规模肉鸡养殖基地"一县一特"试点项目和榆次区2015年立项的国家农业综合开发现代农业园区试点项目，财政资金规模较大，立项条件更加严格，推进现代农业发展的目标指向更加明确，项目的示范带动作用将更加明显。

六是促进了农民持续增收。农业综合开发项目的实施，拓宽了农民增收渠道，多层次、多环节促进了农民持续增收。通过土地综合治理，改善农业生产条件，调整产业结构，推进农业科技进步，受益农民达14.3万人，受益农民年新增纯收入总额达6409.11万元，与项目实施前和非项目区相比均明显提高。通过扶持农业产业龙头，与农民建立产供销利益联结体，来保障农产品销售渠道和销售价格。据统计，四年来，我市实施的产业化项目年新增总产值47463.81亿元，新增利税4742.7万元，年直接受益人数7965人，项目区年受益农民纯收入增加总额2.07亿元，年新增就业人数1137人，

使农业综合开发项目真正成为"老百姓的致富工程"。

二、影响农业综合开发政策效果充分发挥的主要因素

"十一五"期间，农业综合开发是晋中市来源稳定、资金额度较大的支农资金项目，农业综合开发各项规章制度的较早建立完善，特别是财政资金县级报账制度的全面落实，在同期其他农业项目资金管理中优势明显；农业综合开发项目工程作为各县农业工程的样板，受到各项目县领导的重视，特别是为民办实事、做好事的事迹口口相传，成为县级乡村和老百姓争相竞争的农业项目。但进入"十二五"后，在内外因素的作用下，农业综合开发政策效果的充分发挥在一定程度上受到了影响。

（一）农业综合开发政策在地方县域范围内资金优势已不再明显

进入"十二五"后，国家财政加大了"三

农"投入，农业综合开发以上级财政投入为主，资金投向为农业生产建设，将晋中市农业综合开发"十一五"和"十二五"期间（截至2014年底）上级财政投入与同期晋中市上级财政对"农业生产建设性投入"比较，"十一五"期间，我市农业综合开发上级财政投入在全市上级财政对"农业生产建设性投入"中的占比

县农发办验收竣工工程

年均为11.57%，进入"十二五"（截至2014年底）后下降到7.11%。同时，由于经济下行趋势明显，除2014年我市上级财政对"农业生产建设性"投入首次出现负增长外，据统计测算，"十二五"前三年，我市上级财政对"农业生

产建设性投入"的年均幅度为37.94%，农业综合开发年均增幅为16.07%，农业综合开发资金优势与其他农口部门相比较已不再明显。

（二）农业综合开发政策的"综合"优势受到其他部门农业项目的"挑战"

进入"十二五"后，各类支持农业生产基础设施建设的项目很多，如水利部门的节水项目、水土保持项目，土地部门的土地整理项目，农业部门的新增粮食建设项目，农机部门的秸秆还田项目，发改部门的农业企业项目等，

晋中市"十一五"上级财政对"农业生产建设性"投入					
年份	2006	2007	2008	2009	2010	年均
全市	27451.87	49629.88	74915.88	74452.71	78509.56	
其中：农业综合开发	6984.9	4884.4	7504	6821.7	9101.2	
农发占比	25.4%	9.8%	10.02%	9.16%	11.59%	11.57%
晋中市"十二五"上级财政对"农业生产建设性"投入					
年份	2011	2012	2013	2014		年均
全市	115767	147032.55	220280	177478.86		
其中：农业综合开发	11874	10020.3	12258.95	12805.1		
农发占比	10.26%	6.82%	5.57%	7.2%		7.11%

有的项目也直接立项为高标准农田建设项目。以土地部门实施的土地整理项目为例，《中华人民共和国土地管理法》第四十一条规定，国家鼓励土地整理。县、乡（镇）人民政府应当组织农村集体经济组织，按照土地利用总体规划，对田、水、路、林、村综合整治，提高耕地质量，增加有效耕地面积，改善农业生产条件和生态环境。地方各级人民政府应当采取措施，改造中低产田，整治闲散地和废弃地。这项建设，内容与农业综合开发基本一致，投资标准2014年每亩2000元，不需项目乡村自筹，而农业综合开发则每亩1300元，项目乡村需按中央财政的10％自筹；2015年每亩3000元，不需自筹，而农业综合开发每亩1500元，项目乡村自筹为按项目区劳力每人15元。在县级区域内，农业综合开发的"综合"优势已逐渐弱化，有的县市在选择项目区的时候经常与其他部门的项目交叉重叠，因为建设内容相近，有的甚至

出现因项目规划和批复时间不一致而争抢"地盘"的情况。

（三）农业综合开发政策措施的设计有待完善

一是多年来，农业综合开发项目建设按照"先易后难，集中连片"的原则，过去开发重点主要集中在条件相对好的乡（镇）、村，而尚未实施项目的乡村主要是因为地理地形位置不利、现有基础设施十分薄弱、农业生产条件差，乡村集体经济实力薄弱，村级班子战斗力不强，集中连片选项难度大，实施开发项目的难度大，农业综合开发政策没有及时根据开发实际跟进调整。二是随着农村土地的确权登记，高标准农田建设项目中机耕路宽度要求达到4米以上以及两侧植树，占地问题会比较突出；栽植树冠较大的杨柳树种，影响作物的采光，存在林粮争地矛盾；生态综合治理项目中水保生态林一般规划在荒山荒坡和撂荒地中，土地确权后，撂荒地归到农民户下，实施公益水保工程存在阻力。土地治理项目措施设计及占地补偿费没有结合实际进行补充调整。三是项目管理费、工程管护费、工程监理费提取比例相对较低。

土地治理项目节水灌溉

项目管理费，农发工程实行代理机构招标后，招标费用占到管理费的2/3以上；同时，随着公车改革的推进，作为一线的基层农发部门，下乡交通将成为一大难题。工程监理费，由于土地项目实施规模的扩大和农发工程点多、面广、工程分散的实际，按现行比例提取的监理费，仅能聘请1—2名监理人员履行监理，监理人员的待遇与承担的责任不对等，难免出现工程监管顾此失彼、存在缺位的现象。工程管护费，由于大多数项目村村集体相对薄弱，工程移交到项目村后虽都制定了管护制度，落实了管护主体和责任，但由于管护资金不足，公益性工程管护效果较差，影响了工程效益的正常发挥。四是随着新的《中华人民共和国预算法》的颁布实施以及国库集中支付的管理要求，农

发地方配套资金在市、县财政预算编制前不能确定，造成财政配套资金不能准确列入预算，加之当前县级财政资金紧张，已在一定程度上影响到农发资金的支出拨付。五是产业化经营财政补助项目立项条件严、扶持门槛高。从多年扶持的企业或合作社来看，优中选优基本上是符合条件的总是符合条件，而其他合作社或企业因条件不具备总是得不到扶持。

（四）农业综合开发面临内外环境的深刻变化

一是随着"两个责任"的落实和权力的下放，人员不足，责任较大，成为当前各项工作推进的难点。农业综合开发以"综合"措施为主，县级农发办加上联合办公人员也只有5—8人，专业人才达不到工作要求，往往一人分担多种角

土地治理项目路桥配套工程

色，既要管好资金又要实施好项目，项目越多责任越大，工作积极性下降。二是机构设置逐渐不适应工作需要。随着各项改革的不断深入，为全面推进"简政放权"，山西省财政厅正在研究制订所有省级财力涉及项目的资金全部切块下达，项目不再实行申报制，资金将由县级政府根据县域发展规划统筹安排，财政部门只负责资金的监管，农业综合开发资金及项目管理面临"挑战"。三是县级农业综合开发机构直接面对项目村，村级班子的换届选举和稳定团结正日益成为影响农业综合开发正常工作的关键因素。特别是在土地确权后，在每亩所有权归属明确的土地上统一改造施工，将成为农业综合开发面临的重大课题。四是农业综合开发机构在市、县的归口管理的问题一直存在，

致使农业综合开发常常游离于财政和农业之间，特别是县级工作在资金和项目优势不再明显的情况下，外围环境正悄然发生转变。

三、进一步提升农业综合开发政策实施效果的意见建议

当前，我国农业和农村经济正面临着新一轮的发展机遇。党中央、国务院连续出台了一系列扶持粮食生产、促进农民增收的政策措施。农业综合开发对于确保粮食安全、促进农业和农村经济发展、推进农业现代化进程具有十分重要的意义，必须常抓不懈。面对新形势新任务，必须要着眼体制机制创新、优化科学管理、提高开发质量效益，保障农业综合开发事业健康蓬勃发展。

市农发办组织观摩验收高标准农田项目

项目区田林路综合治理

第一，进一步加强农业综合开发国家层面的立法工作，提升农业综合开发地方法律法规层次。适应当前新常态下依法开发的形势要求，全面理顺机构设置，加强人员队伍建设，为市、县农业综合开发工作顺利开展营造内外环境。

第二，进一步跟进完善农业综合开发政策设计。一是进一步完善项目管理机制。积极落实国家精简行政审批权的精神，调整完善项目管理制度，适当扩大地方权限。在项目申报上，简化立项程序，给予地方项目申报一定的弹性空间，改革完善现行上级下达资金指标、下级根据资金规模编报项目的流程，试点实行由下级根据实际情况申报、上级根据立项原则核定立项的机制，确保项目建设更加符合需求。二是提高农业综合开发投资标准。近年来，国家农发办先后三次调整提高了农业综合开发土地

治理项目中低产田改造和高标准农田建设亩投资标准，但由于开发难度的加大和工程建设成本特别是人力成本的明显增加，为满足发展现代农业、建设高标准农田的需要，现行亩投资标准仍然偏低，建议国家进一步提高亩均财政补助标准，确保将中低产田改造真正建设为"旱涝保收、稳产高产、节水高效"的高标准农田。三是合理制定项目建设占田占地和损毁青苗补偿标准。农业综合开发土地治理项目建设像国家其他建设一样，占田占地和损毁青苗要给予补偿，这样就可大大减少和化解与农民群众的矛盾，减少项目实施的阻力。四是取消农民自筹资金。由于村集体经济薄弱，而且村级青壮年大都外出务工，土地治理项目农民筹资投资落实十分困难。同时，按照现行农业综合开发管理要求，基本上所有农发实体工程都是通过

公开招投标，由专业施工单位施工建设，不再需要农民投工投劳。因此，建议取消群众自筹资金，减轻农民负担。五是建议提高项目管理费、工程监理费、工程管护费提取比例，从而切实解决基层取消公车后的下乡工作、监理缺位、管护效果不佳等实际问题。六是完善农业综合开发检查验收和绩效评价办法。研究制定能促进农业综合开发专项资金及时到位报账支出的监管制度，适应新的《中华人民共和国预算法》和国库集中支付改革工作实际，确保农业综合开发资金安全。

第三，进一步跟进完善农业综合开发试点项目的经验总结推广。农业综合开发"十二五"期间率先在推进现代农业园区建设扶持新型经营主体、带动农民资产性增长方面进行了试点。这批试点项目投资较大，实际工作中没有经验可循，但在县域范围内，项目的示范带动作用效果明显，应加大在全国范围内的经验总结，及时推广指导，充分发挥农业综合开发在推进现代农业发展中的项目资金优势，使其真正成为新时期农业和农村经济发展的主力军和排头兵。

原载2016年山西《农业综合开发探索与实践》

项目区林路配套工程

开发惠农

1999—2018

平遥县农业综合开发二十年实践与探索

项目综述

pingyao xian nongye zonghe kaifa ershinian shijian yu tansuo

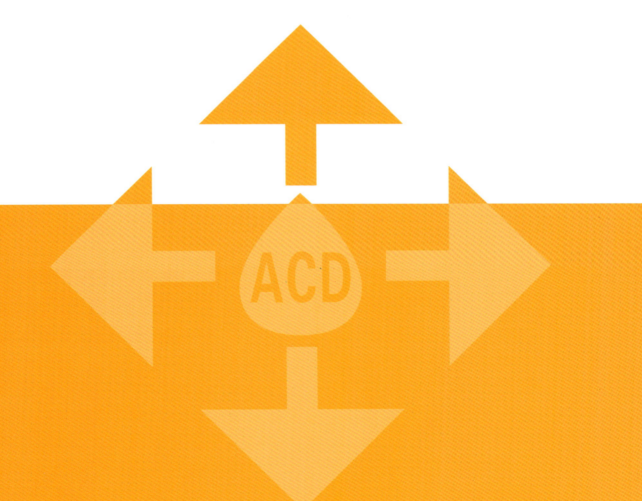

夯实生产基础 培育产业龙头

——二十年农业综合开发项目综述

文/王斌

平遥牛肉集团华春养牛场

　　弹指一挥间，国家农业综合开发已走过30个春秋，作为财政支农的一个重要组成部分，农业综合开发如同涓涓细流，在润物无声中融入农民的生产生活，如一座座绿色的丰碑矗立在希望的田野。

　　平遥县作为晋中市的农业大县，平遥古城是列入世界文化遗产的国家历史文化名城。"九五"期间，平遥县委、县政府立足县情实际，提出了"农业立县、工业富县、商贸活县、旅游兴县"的发展战略。在这一发展战略的指导下，平遥紧紧抓住国家实施农业综合开发这一

契机，从1999年开始，在晋中率先实施农业综合开发项目，精心打造区域特色块状农业经济，全县农业综合开发结出了累累硕果。到2018年，农发项目累计投入资金5.472564亿元，其中财政投资2.72474亿元，乡村及企业自筹2.747824亿元；农发贷款贴息项目累计中央财政贴息881万元，撬动银行贷款3.9618亿元。土地治理项目累计实施各类项目48个，实施完成中低产田改造17.37万亩，建设优势农产品基地1.60万亩，实施高标准农田建设8.44万亩，覆盖了全县12个乡镇的95个行政村；产业化项目累计扶

持11个农业企业和7个合作社，共计48个项目。农发系列项目的实施，为农业增效、农民增收奠定了良好的基础，有力地推进了农村经济的发展。

一、土地治理项目整体推进，现代农业基础得到夯实

平遥农业综合开发土地治理项目先后在洪善、南政、古陶、杜家庄、襄垣、东泉、朱坑、中都等12个乡镇的95个行政村实施，累计投入2.089591亿元，其中上级财政资金1.75487亿元，县级财政资金905.2万元，乡村集体和农民自筹（含投工折资）2442.01万元，实施国立项目24个，省立项目4个，省国土出让金项目6个，市国土出让金项目2个，小型市级项目和省、市奖励项目12个。项目累计完成中低产田改造17.37万亩，建设优势农产品基地1.60万亩，实施高标准农田建设8.44万亩，通过农业、水利、林业、科技等措施的综合配套实施，为项目区农业发展注入强劲活力。

（一）项目实施区域逐步拓宽

2012年以前，国家农业综合开发土地治理项目立项要求立项区域必须集中连片，实施规模在5000亩左右，丘陵区和丘陵山区很难满足立项的要求。随着财政支农力度的加大，省立项目、省市国土出让金项目以及小型省级、市级项目、奖励资金项目相继实施，为丘陵区和丘陵山区迎来了实施农发项目的东风。平遥县农发项目抓住机遇，相继在朱坑乡乔家山、北依涧村，东泉镇遮胡、东源祠、圪塔村，岳壁乡上五村，卜宜乡遐角村等争取实施了省、市项目，改善了立项区域的农业生产条件，为丘陵区和丘陵山区农业的发展发挥了作用。

（二）基础设施得到夯实，生产条件稳步提高

一是水利灌溉条件得到加强。土地项目实施以来，累计新打和维修配套机井655眼，修建提灌站5座，小型蓄排水工程13处，配套农田线路151余千米，项目区累计新增和改善井水灌溉面积13.10万余亩，新增和改善河水、库水灌溉面积8.4万余亩，项目区农田基本实现保浇，既提高了机井的使用效益，又使河水灌区实现了河井双灌。农业灌溉条件的改善，提高了项目区的农业生产能力，粮食亩均增产100千克以上，蔬菜瓜果亩均增产500千克左右，农民人均增收300多元，

土地治理项目输变电工程

项目区中药材种植

农业综合效益比较明显。

二是节水灌溉设施更具完善。项目区增设节水管道966.64千米，修建桥涵2360处，衬砌渠道60.1千米，开挖疏通渠道205.67千米，项目区累计新增节水灌溉面积15.05万亩，亩均节水80立方米以上，既提高了输水效率，增强了灌溉用水的使用效益，又减少了水耗，缩短了轮灌周期，降低了灌溉成本，为实现节约型农业起到了积极的促进作用。

三是项目区交通更加便利，机械作业得以推进。农业要发展，机械化要普及，必须改善项目区的交通状况。项目实施以来，累计硬化田间道路508余千米，共动用土方85.5万立方米、石方3.65万立方米，动用各类机械6500余台次，出动劳力22.3余万个，田间道路的改善为项目区农业机械进出田间作业以及农产品的拉运起到便捷作用，促进了农村经济的发展。项目区推广玉米联合收割机、720拖拉机等动

力机械15台，推广播种机、秸秆还田机、花生脱果机等农机具109台件，新增农机动力0.1万千瓦，农田作业基本实现机械化，降低了农民的劳动强度，提高了项目区的农业生产效率。

（三）调产步伐得以加快，种植结构趋向合理

生产条件的改善，新品种、新技术的引进与典型推广，机械化作业程度的提高，使项目区干群的种植观念得到转变。洪善、古陶项目区利用项目开发，结合当地实际，狠抓农业结构调整，大力推广蔬菜种植，初步形成温室大棚、小拱棚、露天蔬菜三位一体的蔬菜园区，配套建起蔬菜批发市场一处，形成了产供销一体化格局；杜家庄、香乐、洪善等项目区干群抓住实施农业综合开发这一契机，大力发展西红柿、辣椒、瓜果等蔬菜种植，亩均纯收入均在1500元以上，较粮食生产亩均增收500余元；宁固项目区发挥自身优势，大力发展瓜粮、粮

土地治理项目农田林网

菜等立体种植,设施农业正在稳步发展;襄垣、朱坑、东泉等丘陵项目区,立足当地实际,规模发展干鲜果、中药材等产业,其中襄垣项目区的水果产业现已达到1万余亩,年亩均获益5000多元,林下经济药材种植实现规模发展,林果、药材产业现已成为丘陵区农民增收的一项主导产业;南政、香乐项目区也在由传统的玉米种植向特色种植、花生种植、蔬菜种植转化,种植效益正在稳步提高;洪善、古陶项目区针对所处城郊优势,围绕蓬勃发展的平遥旅游业,大力发展旅游观光农业;杜家庄南良庄、卜宜乡遐角村、朱坑乡庞庄村和乔家山村利用所处地理优势,正在发展乡村旅游。

(四)生态环境逐步改善,林业经济效果明显

项目区累计实施以土地复垦、进行玉米秸

秆粉碎还田、平衡施肥等为主的土壤改良7.94万余亩,使土壤有机质含量明显提高,生物化肥、农药得到有效推广应用,降低了土壤污染程度。项目区共栽植速生杨、柳等树木86.4万余株,营造农田防护林面积1.51万亩,建成生态复式农田林网,使项目区的林木覆盖率达到18%,提高了3个百分点;改善了区域内生态环境。项目的实施,带动了项目村村内的园林绿化,涌现出了南良庄、回回堡、桑冀、洪善等绿化示范村,改善了村容村貌,为项目区干群的生产、生活提供了优美凉爽的环境,推进了新农村建设。同时,农田防护林的实施,为林木经营户带来了可观的经济效益,2010年以前栽植的林木,现在普遍进入了审批采伐期,经调查,10年以上的树木胸径均达到20厘米以上,每棵可卖100余元,项目区累计林业收入可

达几万元，涌现出了一批管理效果好的林木经营户，东张赵村村民李中林2003年栽植的林木，现已获益20多万元，杜家庄村的林木经营户武宝平获益也在10万元以上。

（五）科技意识得到增强，农业科技得以推广

在实施项目开发的过程中，大力实施县、乡、村三级科技培训，项目区培训农民累计达到12.43万人次，为提高农民素质培养了示范带头人，进而增加了项目区农业生产的科技含量；利用广播、电视、宣传资料等开展的专题培训，使包括项目区在内的全县广大群众的科技意识得到增强；通过小麦、玉米良种展示、种子高巧包衣、频振杀虫、玉米丰产方、玉米补锌等新技术的推广示范，示范田与非示范田相比，亩均增收250多元；回回堡项目村精确农业灌溉节水科技示范项目的实施，对土壤墒情、地下水、空气温湿度进行实测显示，为项目区不同作物的生长需求，进行适时的灌溉指导，带动了农民群众对科技的投入力度，增强了群众的科技意识，加快了项目区的农业调产步伐。

二、产业化经营稳步提高，新型农业发展得到推进

自1999年项目立项以来，产业化经营财政补助项目（包括部门项目）累计投入3.294873亿元，其中财政资金投入7912.5余万元，企业自筹（含银行贷款）25036.23万元，贴息项目累计投入中央贴息资金881万元，撬动银行贷款3.9618余亿元。20年来，农发项目累计扶持了牛肉集团、龙海公司、国青公司、五阳公司、华春公司等11个农业企业以及晋伟、全根、保林、旺顺、英伟等7个农民合作社共计48个项目，通过一系列农发项目的立项扶持，培育壮大了一批在省内外有影响、有市场、有特色的

龙海公司肉鸡养殖场

农业龙头企业，使我县的传统产业更具优势，特色产业更为突出，农民增收途径更加广阔。

（一）农业产业优势发展壮大，区域特色经济已成支柱

一是企业规模化生产迅速扩大。平遥牛肉集团有限公司是2000年由国有食品公司改制而来的股份制企业。多年来，农发项目累计投入财政资金2342万元，扶持其建成年屠宰3万头肉牛生产线、2万吨牛肉生产线、肉牛养殖基地；贴息项目撬动了公司利用信贷资金拓展经营规模的速度，为公司的长足发展提供了有力的资金保证，标准化规模化养殖基地和牛肉文化博物馆如期建成，牛肉干生产线现已投产，企业形成了由原先单一的牛肉加工，发展到集饲草种植、肉牛繁育育肥、肉牛屠宰分割加工、牛肉系列产品加工、牛肉文化研发、双孢菇种植于一体的现代化企业。

农发项目累计投入资金1380万元，扶持龙海公司相继建成了50万吨饲料生产线，年出栏300万只肉鸡养殖基地，水域面积280亩的水产养殖场；农发贴息项目撬动企业利用信贷资金进行快速发展，公司种鸡场、孵化厂、屠宰厂、加工厂如期建成使用，经营规模逐步扩大，产业链条更具完善，为企业带来良好的经济效益，2017年，公司实现销售收入10.21亿元，跨入全省百强民营企业行列。国青公司在农发项目的多次支持下，蛋鸡养殖规模达到70万只以上，配套完善了鸡蛋分级包装生产线，建成了有机肥厂、淘汰蛋鸡屠宰加工厂，到2017年底，公司总资产达到1.75亿元。

晋伟合作社在农发项目多次立项扶持下，注入资金480余万元，配套建设了中药材种植、加工等设施，使合作社由原先单一药材购销发展为现在的集中药材种植、中药饮片加工、中成药物流派送销售以及中医药文化于一体的生产经营企业；在农发项目的扶持和引领下，保林、旺顺、英伟、祥源辉等合作社的养殖规模均扩大到项目实施前的1.5倍以上。晋伟合作

国青鸡蛋分检流程

社、保林合作社跻身为国家级示范社，旺顺、盛钰也跨入了省级示范社的行列。

二是企业品牌战略稳步提升。牛肉屠宰线的上马生产，提高了牛肉产品的质量，生产的"冠云"牌牛肉获得中国驰名商标称号，2017年公司完成销售收入7亿元，上缴国家税金4581万元，较刚改制的2000年分别增长30.4倍和20.3倍，成为全县的纳税大户，全省的百强民营企业之一；龙海公司生产的"辰宇"牌饲料和鸡肉评为山西省"名牌产品"，"同盈""晋祺瑞""子欣""圆缘"牌鸡蛋陆续进行了无公害认证，五阳公司的"健阳"牌面粉通过绿色认证。晋伟合作社的中药材基地进行了药品GSP认证，长山药生产基地进行了"无公害"产品认证和产地"地理标志"认证。品牌战略的推进，扩大了产品知名度，拓宽了产品的销售渠道，为企业带来了好的经济效益。

三是新型农业技术得以应用。牛肉集团的3万头肉牛屠宰线，引进先进设备，部分关键控制点采用进口设备，从活牛购进、屠宰、分割到排酸等工序均按照标准化生产，满足了市场需求；国青公司引进韩国先进养殖技术，实行全自动化养殖管理，达到省内一流养殖水平；五阳公司引进全自动面粉生产线进行了生产设备技术改造，生产的"健阳"系列面粉质量高、品质优。龙海公司50万吨饲料生产线，生产环节全部采用微机监控和实现机械化，在饲料加工行业中占据领先地位；年出栏300万只肉鸡养殖基地，采用立体式笼养工艺，引进全套自动化系统，保证养殖安全性及鸡肉肉品品质。

（二）打造生态循环经济，发挥龙头带动效应

一是循环经济得以推进。牛肉集团公司在屠宰和加工生产线的基础上，延伸产业链条，

龙海公司肉鸡养殖

新建了肉牛良种繁育基地和育肥养殖基地，填补了企业无肉牛基地的空白；发展饲草、食用菌种植基地，利用牛粪资源种植双孢菇，菌后基料作为有机肥施肥于田，实现了公司集饲草种植、肉牛繁育育肥、肉牛屠宰分割加工、牛肉系列产品加工、双孢菇种植于一体的循环产业发展。国青公司在饲料加工、蛋鸡养殖的基础上，相继建成了沼气站、有机肥厂、淘汰老母鸡屠宰加工生产线，利用鸡粪做原料制取沼气和有机肥，解决养殖园区的废物排放难题，实现了蛋鸡养殖的零污染，开发出的淘汰蛋鸡系列产品，解决了蛋鸡养殖户的后顾之忧。

二是企业带动效应初见成效。在企业自身发展中，我们非常注重与农户的利益联结机制，努力实现农户与企业的"双赢"。龙海公司开辟了"公司+农户"的肉鸡养殖管理模式，通过种植、养殖等形式带动农户3.35万户，养殖基地遍布13县市、36乡镇、105村；国青公司通过采用"供饲料、收鸡蛋"的经营方式，有效推进了全县蛋鸡养殖产业的规模化发展，到2017年底，全县蛋鸡养殖饲养量达到880万只，涌现出了万只以上规模养殖户52户；晋伟中药材合作社按照"合作社+基地+农户"的合作方式实施产前、产中、产后全程跟踪，带动全县及周边1.2万余农户发展药材种植10万余亩，成为我县农业生产中企业、基地、农户三位一体的典范。

（三）继承晋商传统，诚信经营管理

农业综合开发产业化经营项目立项扶持的项目单位法人，继承和发扬了晋商传统文化，在项目申报、工程实施、经营管理方面能够做到诚实守信，规范管理，特别是在产业化经营项目有偿资金偿还环节上更以凸显。在2009年取消了财政有偿资金全部实行无偿投入之前，项目实行有无偿结合的投入方式，2002年开始陆续进入偿还期。1999—2009年项目累计使用各级财政有偿资金1717万元，因项目选项准、实施效果好、企业法人信誉度高，承借的有偿资金基本做到按时足额偿还，赢得了上级财政的好评。

市县农发办考察晋伟合作社

三、项目管理规范有序，资金使用安全有效

在项目实施过程中，县农发办坚持"阳光"操作，在创新机制的同时，坚持用好、用足每一分钱，确保资金安全有效。

（一）实行"一事一议"和项目公示

平遥县农业综合开发土地治理项目从2004年开始实行"一事一议"制度，项目立项中充分尊重农民意愿，以农民要办为前提，因地制宜，量力而行，合理确定工程任务，自筹资金的筹措，实行民主决策，足额配套；自筹资金的使用，坚持取之于民，用之于民，实行专项管理。县农发办在项目和资金管理中，积极履行项目公示，在项目申报、实施和竣工阶段，对工程投资、任务、管护等向项目区干群公示，做到工程竣工、产权移交、落实管护，广泛接受项目区干群的监督，提高农发项目的透明度，确保了项目工程的效益发挥。

（二）规范程序，公开招标

平遥县农业综合开发项目按照市场化运作

机制，公开招标。在项目立项上，建立择优立项机制，土地治理项目的立项，将开发潜力大、群众开发积极性高、集中连片的区域优先纳入开发范围，并采取公开评审机制确定区域进行立项实施；在产业化项目的申报上，选择经济效益高、带动农户强、信誉度高的企业优先推荐申报；在工程实施中，从2002年开始，对重点工程及大宗物资采购实行招标，提高了工程建设的标准和质量，2005年、2010年和2011年，对项目区的水利桥涵工程还采取现场比武的方式确定施工单位，2013年起委托招标代理机构对工程和物资采购公开招标，规范操作，阳光作业。

（三）严把质量，跟踪监理

质量是农业综合开发项目工程的关键，县农发办在工程建设中，严格履行工程监理，狠抓工程标准质量，抽调技术骨干同监理人员深入施工一线，强化巡回检查力度，采取现场记录、旁站管理、巡视等办法，对建筑用料和各道工序严格把关，同时，还强化项目实施乡村的责任，发挥主人翁意识，抽调责任心强的干部对工程施工进行协调配合和监督，做到平时检查与竣工验收相结合，发现问题，限期整改，不达标准不予验收。

项目区林路渠配套工程

（四）严格县级报账，接受资金监督

资金管理是农发项目管理的主要环节，只有用足用好资金，才能发挥农发资金"四两拨千斤"的作用。一是从2002年开始，农发财政资金实行县级报账制管理，履行专账、专户、专人的"三专"管理，实行了会计电算化，严格程序，逐级审批，强化审批监督，确保资金安全有效；二是自觉接受资金监督，每年，项目完成县级验收后，委托县审计部门对竣工项目的资金和项目管理进行专项审计，接受审计部门监督，从2014年开始，委托审计中介对农发项目工程决算进行核查审计，强化了农发资金使用效益；同时，2003年、2014年接受了国家审计署驻太原特派办的农发项目审计，2015年，省审计厅委派运城市审计局对平遥县2010—2014年农发项目的资金筹集、管理及使用进行专项审计，保证了农发资金的专款专用，目前正在接受市审计局委派审计事务所对平遥县2016—2017年农发项目资金的审计。

（五）档案管理，规范有序

档案管理是衡量农发资金和项目内部管理水平的重要方面。县农发办把档案管理作为一项重要工作来抓，将每年申报的项目纳入项目库，实行动态管理，把项目库建设作为一项日常工作积极储备项目，为以后项目申报提供备选项目，项目选报既依赖于项目库，又不局限于项目库，实行择优选项，动态化管理。同时坚持档案管理与立项申报、工程施工、工程验收、资金报账管理"四个同步"的管理机制，随时收集工程、财务、监理资料，保证了农发资料的真实完整；在资料归档上，严格按照省二级档案管理标准合理归档，做到方便可查。

弹指一挥间，平遥农业综合开发将走过20年的历程，20年农发项目的实施，受到了全县农民群众的普遍欢迎以及农业企业普遍青睐，一片片高标准农田有序推进，一批批产业化龙头脱颖而出，促进了全县经济、社会、生态效益的整体提高，加快了农业结构的调整步伐，为农村经济的发展注入强劲活力。展望未来，任重道远，在今后一个时期，平遥县农发办一班人性情满怀，一如既往继续争取资金和项目，为促进乡村振兴战略再创业绩、再做贡献。

高标准农田建设项目工程资料审核

平遥县1999—2018年农业综合开发统计概述

文/霍晶晶 程永青 侯丕信

项目区机井工程

平遥县地处晋中盆地中南部，国土面积1260平方千米，辖5镇9乡3个街道办事处，273个行政村，总人口53万，农业人口就有42万人，耕地76万亩，是一个典型的农业大县。平遥县于1999年被列入国家农业综合开发项目县，在晋中市率先实施农业综合开发项目。

二十年来，平遥县农业综合开发项目累计总投资54725.64万元（包括土地治理项目20895.91万元，产业化经营财政补助（含部门项目）项目32948.73万元，产业化经营贷款贴息项目中央财政贴息881万元），其中财政资金27247.4万元（包括有偿资金2222万元），自筹资金27478.24万元（含银行贷款）。土地治理项目二

十年累计总投资20895.91万元（其中国立项目16961.5万元，市立项目822.34万元，省立项目3112.07万元），其中财政资金18453.9万元（包括有偿资金475万元），自筹资金2442.01万元（含银行贷款），完成中低产田改造17.37万亩，建设优势农产品基地1.6万亩，高标准农田建设8.44万亩。

二十年来，土地治理项目先后在洪善、南政、古陶、杜家庄、香乐、襄垣、朱坑、东泉等12个乡镇的95个行政村实施；产业化经营项目扶持了平遥牛肉集团公司、龙海公司、国青公司、五阳公司、华春公司等11个农业龙头企业以及晋伟、保林、盛钰、旺顺、英伟等7个

农民专业合作社的48个农业项目（其中包括27个财政补助项目，1个投资参股项目，15个贴息项目，1个区域生态项目，4个部门项目），涵盖了种植、养殖、流通、仓储、加工等农业领域。

一、土地治理项目实施完成情况

（一）国立项目

土地治理国立项目累计总投资16961.5万元，其中财政资金14769.9万元（包括有偿资金475万元），自筹资金2191.6万元（含银行贷款）。完成中低产田改造15.73万亩，高标准农田建设6.34万亩，建设优势农产品基地1.6万亩，农机项目进行中低产田改造0.1万亩。各项措施完成情况如下：

1.水利措施

新打和修复井595眼，埋设节水管道900.2千米，修建桥涵1838座，输变电线路131.2千米，

衬砌渠道30.38千米，疏竣渠道172.5千米。

2.农业措施

项目区改良土壤6.05万亩，硬化田间道路435.7千米，购置农业机械110台。

3.林业措施

农田林网工程造林1.43万亩，苗圃98亩。

4.科技措施

农业科技实用技术培训12.24万余人次，示范推广面积4.08万亩。

（二）省立项目

土地治理省立项目累计总投资3112.07万元，其中财政资金3000万元，自筹资金112.07万元。完成中低产田改造0.95万亩，高标准农田建设2.10万亩。各项措施完成情况如下：

1.水利措施

新打和修复井26眼，埋设节水管道49.29千米，修建桥涵411座，输变电线路5.27千米，衬砌

土地治理项目机井智能管理

渠道29.2千米, 疏竣渠道15.7千米。

2.农业措施

项目区改良土壤1.37万亩, 硬化田间道路52.2千米。

3.林业措施

农田林网工程造林0.06万亩。

4.科技措施

农业科技实用技术培训1900人次。

（三）市立项目

土地治理市立项目累计总投资822.34万元, 其中财政资金684万元, 自筹资金138.34万元。完成中低产田改造0.69万亩。各项措施完成情况如下:

1.水利措施

新打和修复井34眼, 埋设节水管道17.15千米, 修建桥涵111座, 输变电线路14.8千米, 衬砌渠道0.52千米, 疏竣渠道17.47千米。

2.农业措施

项目区改良土壤0.52万亩, 硬化田间道路20.57千米。

3.林业措施

农田林网工程造林0.03万亩。

二、产业化经营项目实施完成情况

（1）产业化经营财政补助项目累计总投资33948.73万元, 其中财政资金7912.5万元(包括有偿资金1747万元), 自筹资金25036.23万

高标准农田建设项目防渗渠工程

元（含银行贷款），20年共扶持了8个农产品加工项目、2个种植项目、19个养殖项目；4个部门项目为1个水产养殖项目、1个新型供销合作示范项目、1个区域生态循环农业项目和1个土地托管项目。

（2）产业化经营贷款贴息项目累计扶持牛肉集团公司、龙海公司、国青公司等5个加工企业的15个流动资金贷款贴息项目，累计中央财政贴息881万元，撬动银行贷款3.9618亿元，促进企业利用信贷资金进行规模化发展。

三、科技项目实施完成情况

省立项科技示范项目为杜家庄乡回回堡村精确农业灌溉信息化系统项目，完成总投资30万元，全部为省财政资金，示范推广面积0.2万亩。

四、农业综合开发项目效益分析

项目区经过改造后，农业生产条件得到根本改善，由原来的中低产田转变为优质高产、高效农田，农业综合生产能力得到了稳步提高。二十年累计新增和改善灌溉面积21.5万亩，新增节水灌溉面积15.05万亩。项目区通过实施打井、维修配套旧井、配套完善输变电线路、埋设节水暗管、修建桥涵、疏浚渠道等工程措施，使项目区农田基本得到保浇，汾灌区由过去的单一汾水灌溉变为井汾双灌，井灌区实现了节水灌溉，改变了灌溉模式，丘陵区因地制宜实现了井水、河水、库塘水并举的灌溉。节水措施的配套实施，极大地降低了浇水成本。机耕路的整修硬化为农副产品的拉运起到了便捷作用，增加机耕面积3.55万亩，提高了农田机械化作业面积。新增林网防护面积15.15万亩，改善了区域内的生态环境，20年受益农民纯收入增加总额累计达到8094.52万元。通过开展各类科技培训，增强了农业生产的科技含量，提高了干群的科技意识，促进了农业结构的调整，进一步加快了项目区科技兴农的步伐。

4个部门项目实

省市县领导陪同国家农发办朱铁辉处长一行验收产业化项目

4个部门项目实施完成达产达效后，累计年新增总产值1776万元、新增水产品生产能力12.6万千克、农资供应能力8.02万千克、供种能力19万千克、利税总额120万元，带动农户1700余户。

二十年来11个农业企业和7个专业合作社的48个农业化经营项目的实施，新建土建面积累计13.75万平方米，购置种植、养殖、加工、流通等设备达到10524台，所有项目达产达效后累计年新增果蔬生产能力340万千克、肉制品3983万千克、蛋生产能力363.1万千克、乳品200万千克，年新增总产值将达到462201.33万元、新增利税24058.1万元、新增就业人数6513人；通过"公司+基地+农户"的联结机制带动种植、养殖、运输户累计达10万余户，实现了农户与龙头企业的"双赢"，发挥了产业化经营项目的拉动效应。

祥源辉合作社养羊场

附： 平遥县 1999—2018 年农业综合开发土地治理项目投资汇总表（一）

年度	级别	名称	类型	治理面积 万亩	总投资 万元	中央财政 万元	中央财政 其中有偿	省财政 万元	省财政 其中有偿	市财政 万元	县财政 万元	县财政 其中有偿	自筹资金（万元）小计	自筹资金 现金	自筹资金 投劳	占中央比例	亩投资标准	监理费 万元
1999	国立	平遥县洪善镇、王家庄乡中低产田改造项目	中低产田	1.80	480.00	135.00	35.00	95.00	40.00	20.00	30.00	30.00	200（其中银行贷款60.00）	200.00		100%		
2000	国立	平遥县城关镇、南政乡中低产田改造项目	中低产田	1.23	480.00	180.00	60.00	112.00	46.00	24.00	44.00	44.00	120（其中银行贷款60.00）	120.00		100%		
2001	国立	平遥县洪善镇中低产田改造项目	中低产田	1.13	382.00	163.00	25.00	83.00	14.00	24.00	52.00	52.00	60.00	60.00		100%	不足400元	
2002	国立	平遥县杜家庄乡中低产田改造项目	中低产田	1.30	448.00	178.00	27.00	96.00	15.00	15.00	67.00	67.00	92.00	92.00		100%		
2003	国立	平遥县宁固镇中低产田改造项目	中低产田	0.58	230.00	100.00	10.00	60.00		10.00	10.00	10.00	50.00	50.00		100%		
2003	国立	平遥县家庄乡优质蔬菜基地项目	优势农产品基地	1.60	230.00	100.00	10.00	50.00		7.00	23.00		50.00	50.00		100%		
2004	国立	平遥县宁固镇杜家庄乡中低产田改造项目	中低产田	1.04	453.60	208.00		79.00		7.00	14.00		145.60	72.80	72.80	70%		
2004	国立	平遥县南政乡中低产田改造项目	中低产田	0.85	374.00	170.00		68.00		5.00	12.00		119.00	59.50	59.50			
2005	国立	平遥县春乐乡中低产田改造项目	中低产田	1.50	654.90	300.00		114.90		9.00	21.00		210.00	105.00	105.00	70%	440元	4.90
2006	国立	平遥县杜家庄乡中低产田改造项目	中低产田	1.36	600.00	300.00		120.00		9.00	21.00		150.00	60.00	90.00	50%		4.00
2006	省立	平遥县中都乡北三村中低产田改造项目	中低产田	0.25	26.00			20.00		1.80	4.20							
2007	国立	平遥县杜家庄乡中低产田改造项目	中低产田	1.14	595.00	300.00		115.00		9.00	21.00		150.00	60.00	90.00	50%	530元	4.00

年度	级别	名称	类型	治理面积 万亩	总投资 万元	中央财政 万元	其中有偿	省财政 万元	其中有偿	市财政 万元	县财政 万元	其中有偿	自筹资金（万元）小计	现金	投劳	占中央比例	亩投资标准	监理费 万元
2007	省立	精确农业灌溉信息化系统	中低产田	0.20	50.00			37.00		13								
2008	国立	平遥县宁固镇中低产田改造项目	中低产田	0.89	545.00	270.00		108.00		8.00	19.00		140.00	56.00	84.00	50%	630元	4.00
2009	国立	平遥县春乐乡中低产田改造项目	中低产田	1.00	760.00	400.00		160.00		12.00	28.00		160.00	64.00	96.00	40%	760元	6.00
2009	省土地出让金	平遥县南政乡中低产田改造项目	中低产田	0.30	234.00			180.00					54.00	21.60	32.40		780元	1.00
2010	国立	平遥县南政乡中低产田改造项目	中低产田	0.76	693.50	365.00		146.00		11.00	25.50		146.00	58.40	87.60	40%	910元	5.00
2010	市土地出让金	平遥县宁固镇中低产田改造项目	中低产田	0.26	240.00					200.00			40.00	16.00	24.00			2.00
2011	国立	平遥县宁固镇中低产田改造项目	中低产田	0.70	640.00	400.00		160.00		12.00	28.00		40.00	40.00		10%		5.00
2011	国立	平遥县襄垣乡中低产田改造项目	中低产田	0.35	320.00	200.00		80.00		6.00	14.00		20.00	20.00		10%		3.00
2011	国立	平遥县现代农机化示范区建设项目	中低产田	0.10	153.00	60.00		30.00					63.00	63.00				
2012	国立	平遥县洪善镇高标准农田建设	高标准农田	1.04	1328.00	830.00		332.00		24.90	58.10		83.00	83.00		10%	财政1200元	12.00
2012	省土地出让金	平遥县朱坑乡中低产田改造项目	中低产田	0.21	242.00			220.00					22.00	22.00				2.00
2012	市级项目	平遥县泰合种植专业合作社农业示范园建设项目	专业合作社		16.00			10.00					6.00	6.00				

年度	级别	名称	类型	治理面积 万亩	总投资 万元	中央财政 万元	中央财政 其中有偿	省财政 万元	省财政 其中有偿	市财政 万元	县财政 万元	县财政 其中有偿	自筹资金 小计	自筹资金 现金	自筹资金 投劳	占中央比例	亩投资标准	监理费 万元
2012	市级	平遥县沦庆果品水果储藏技改项目	技改项目		23.76			10.00					13.76	13.76				
	国立	平遥县南政乡高标准农田建设项目	高标准农田	1.00	1387.50	867.00		347.00		26.00	60.50		87.00	87.00		10%	财政1300元	10.00
	市土地出让金	平遥县中都乡中低产田改造项目	中低产田	0.30	330.00					300.00			30.00	30.00				3.00
2013	市级项目	曹冀村机井配套项目	改建项目		13.50			9.00					4.50	4.50				
		机井配套水塔建设项目			20.00			9.00					11.00	11.00				
	国立	平遥县香乐乡高标准农田建设项目	高标准农田	1.00	1388.00	867.00		347.00		26.00	61.00		87.00	87.00		10%	财政1300元	10.00
	省土地出让金	平遥县香乐乡高标准农田建设项目	高标准农田	0.14	198.00			180.00					18.00	18.00				
2014		平遥县襄垣乡冀村机井配套工程项目	机井配套		10.00			8.00					2.00	2.00				2.00
	市级项目	平遥县果桑试验示范基地配套电力设施建设项目	配套建设项目		20.50					10.00	10.50		10.50	10.50				
		平遥县朱坑乡冢山村新打井工程项目	新打井工程项目		22.00					10.00			12.00	12.00				
	市级项目	平遥县嘉昕苗木种植专业合作社果树涌泉灌项目	果树涌泉灌项目		18.00					10.00			8.00	8.00				
2015	国立	平遥县襄垣乡高标准农田建设项目	高标准农田	1.00	1503.99	1000.00		400.00		30.00	70.00		3.99	3.99			财政1500元	12.00

续表

年度	级别	名称	类型	治理面积 万亩	总投资 万元	中央财政 万元	中央财政 其中有偿	省财政 万元	省财政 其中有偿	市财政 万元	县财政 万元	县财政 其中有偿	自筹资金 小计	自筹资金 现金	自筹资金 投劳	占中央比例	亩投资标准	监理费 万元
2015	省土地出让金	平遥县东泉镇高标准农田建设项目	高标准农田	0.24	292.01			290.00					2.01	2.01			财政1500元	3.00
	市级	平遥县岳壁乡上五村农业基础设施配套项目	配套建设项目	0.13	30.00			30.00										
2016	国立	平遥县洪善镇高标准农田建设项目	高标准农田	1.00	1506.36	1000.00		400.00		30.00	70.00		6.36	6.36			财政1500元	12.00
	省立	平遥县朱坑乡高标准农田建设项目	高标准农田	0.20	276.92			250.00		7.50	17.50		1.92	1.92				3.00
	省土地出让金	平遥县古陶镇高标准农田建设项目	高标准农田	0.25	305.94			300.00					5.94	5.94	人均不超过15元			3.00
	省级项目	平遥县东泉镇遮胡村土地冶理水毁工程修复项目	工程修复项目		15.58			15.00					0.58	0.58				
	市级以奖代助项目	平遥县东泉镇坨村市级以奖代助项目	以奖代助		20.00					20.00								
2017	国立	平遥县朱坑乡高标准农田建设项目	高标准农田	0.60	904.00	600.00		240.00		18.00	42.00		4.00	4.00			财政1500元	15.00
	省立	平遥县香乐乡高标准农田建设项目	高标准农田	0.72	796.20			720.00		21.60	50.40		4.20	4.20			财政1100元	
	市级以奖代助项目	平遥县东泉镇坨村市级以奖代助项目	以奖代助		30.00					30.00								
2018	国立	平遥县香乐乡高标准农田建设项目	高标准农田	0.70	904.65	600.00		240.00		18.00	42.00		4.65	4.65			财政1500元	
	省土地出让金	平遥县宁固镇高标准农田建设项目	高标准农田	0.55	704.00			700.00					4.00	4.00			财政1300元	
合计				25.81	20859.91	9593.00	167.00	6970.90	115.00	984.80	905.20	193.00	2442.01	1700.71	741.30		0.00	125.90

备注：2003年平遥县朴家庄乡优质蔬菜基地项目在中低产田改造区域内实施，故治理面积合计中不统计优质蔬菜基地项目面积。

平遥县1999—2018年农业综合开发土地治理项目主要工程汇总表（二）

年度	级别	名称	乡镇 个	村 个	涉及农业人口 万人	排灌站 座	新打和修复井 眼	输变电线路配套 公里	埋设管道 公里	开挖疏浚渠道 公里	村砌渠道 公里	渠系建筑物 座	小型蓄排水工 座	改良土壤 万亩	田间道路 公里	购置农业机械 台、套	造林 万亩	苗圃 苗	技术培训 人次	购置仪器 台	示范推广 万亩
1999	国立	平遥县洪善镇、王家庄乡中低产田改造项目	2	13	2.76		25		145.60							21	0.10		28000		
2000	国立	平遥县城关镇、南政乡中低产田改造项目	2	14	5.01		32		73.00				3			13	0.07		17000		0.02
2001	国立	平遥县洪善镇中低产田改造项目	1	7	0.91		34		72.00					0.2000	30.00	5	0.05		12000		0.02
2002	国立	平遥县杜家庄乡中低产田改造项目	1	4	0.66		55		43.00			197		0.2000	32.00	19	0.08		21000		0.02
2003	国立	平遥县宁固镇中低产田改造项目	2	3	0.43		17		36.40			86		0.0500	15.00	5	0.06		1200		
2003	国立	平遥县杜家庄乡优质蔬菜基地项目	2	7	1.09														2500		
2004	国立	平遥县宁固镇、杜家庄乡中低产田改造项目	2	5	0.72		25		55.00			102		0.2500	25.00	8	0.11		2500		0.04
2004	国立	平遥县南政乡中低产田改造项目	1	4	0.60		21		25.00			47	4	0.1000	20.00	5	0.12		2000		0.04
2005	国立	平遥县香乐乡中低产田改造项目	2	5	0.63		32		40.00			70		0.1000	30.00	6	0.18		2000		0.14
2005	国立	平遥县杜家庄乡中低产田改造项目	1	4	0.71		35		40.00			70		0.1800	25.50	8	0.13		4000		0.14
2006	省立	平遥县中都乡三村中低产田改造项目	1	1	0.23							7	1	0.0300	2.50		0.02		1100		
2007	国立	平遥县杜家庄乡中低产田改造项目	1	4	0.67		23		24.00			64		0.5210	27.00	6	0.13		4500		0.13

年度	级别	名称	类型	治理面积（万亩）	总投资（万元）	中央财政（万元）	中央财政 其中有偿	省财政（万元）	省财政 其中有偿	市财政（万元）	县财政（万元）	县财政 其中有偿	自筹资金 小计	自筹资金 现金	自筹资金 投劳	占中央比例	亩投资标准	监理费（万元）
2007	省立	精确农业灌溉信息化系统	中低产田	0.20	30.00			30.00										
2008	国立	平遥县宁固镇中低产田改造项目	中低产田	0.89	545.00	270.00		108.00		8.00	19.00		140.00	56.00	84.00	50%	630元	4.00
2009	国立	平遥县香乐乡中低产田改造项目	中低产田	1.00	760.00	400.00		160.00		12.00	28.00		160.00	64.00	96.00	40%	760元	6.00
	省土地出让金	平遥县南政乡中低产田改造项目	中低产田	0.30	234.00			180.00					54.00	21.60	32.40		780元	1.00
2010	国立	平遥县南政乡中低产田改造项目	中低产田	0.76	693.50	365.00		146.00		11.00	25.50		146.00	58.40	87.60	40%		5.00
	市土地出让金	平遥县宁固镇中低产田改造项目	中低产田	0.26	240.00					200.00			40.00	16.00	24.00			2.00
	国立	平遥县宁固镇中低产田改造项目	中低产田	0.70	640.00	400.00		160.00		12.00	28.00		40.00	40.00		10%	910元	5.00
2011	国立	平遥县襄垣乡中低产田改造项目	中低产田	0.35	320.00	200.00		80.00		6.00	14.00		20.00	20.00		10%		3.00
	国立	平遥县现代农机化示范区建设项目	中低产田	0.10	153.00	60.00		30.00					63.00	63.00				
	国立	平遥县洪善镇高标准农田建设	高标准农田	1.04	1328.00	830.00		332.00		24.90	58.10		83.00	83.00		10%	财政1200元	12.00
	省土地出让金	平遥县朱坑乡中低产田改造项目	中低产田	0.21	242.00			220.00					22.00	22.00				2.00
2012	市级项目	平遥县秦合种植专业合作社设施农业示范园建设项目	专业合作社		16.00			10.00					6.00	6.00				

平遥县1999—2018年农业综合开发土地治理项目主要工程汇总表（二）

年度	级别	名称	乡镇 个	村 个	涉及农业人口 万人	排灌站 座	新打和修复井 眼	输变电线路配套 公里	埋设管道 公里	开挖疏浚渠道 公里	村砌渠道 公里	渠系建筑物 座	小型蓄排水工 座	改良土壤 万亩	田间道路 公里	购置农业机械 台、套	造林 万亩	苗圃 亩	技术培训 人次	购置仪器 台	示范推广 万亩
1999	国立	平遥县洪善镇、王家庄乡中低产田改造项目	2	13	2.76		25		145.60							21	0.10		28000		
2000	国立	平遥县城关镇、南政乡中低产田改造项目	2	14	5.01		32		73.00				3			13	0.07		17000		0.02
2001	国立	平遥洪善镇中低产田改造项目	1	7	0.91		34		72.00					0.2000	30.00	5	0.05		12000		0.02
2002	国立	平遥县杜家庄乡中低产田改造项目	1	4	0.66		55		43.00			197		0.2000	32.00	19	0.08		21000		0.02
2003	国立	平遥县宁固镇中低产田改造项目	2	3	0.43		17		36.40			86		0.0500	15.00	5	0.06		1200		0.02
	国立	平遥县杜家庄乡优质蔬菜基地项目	2	7	1.09														2500		
2004	国立	平遥县宁固镇、杜家庄乡中低产田改造项目	2	5	0.72		25		55.00			102	4	0.2500	25.00	8	0.11		2500		0.04
	国立	平遥县南政乡中低产田改造项目	1	4	0.60		21		25.00			47		0.1000	20.00	5	0.12		2000		0.04
2005	国立	平遥县香乐乡中低产田改造项目	2	5	0.63		32		40.00			70		0.1000	30.00	6	0.18		2000		0.14
	国立	平遥县杜家庄乡中低产田改造项目	1	4	0.71		35		40.00			70		0.1800	25.50	8	0.13		4000		0.14
2006	省立	平遥县中都乡三村中低产田改造项目	1	1	0.23							7	1	0.0300	2.50		0.02		1100		
2007	国立	平遥县杜家庄乡中低产田改造项目	1	4	0.67		23		24.00			64		0.5210	27.00	6	0.13		4500		0.13

年度	级别	名称	类型	治理面积	总投资	中央财政		省财政		市财政	县财政		自筹资金（万元）			占中央比例	亩投资标准	监理费
				万亩	万元	万元	其中有偿	万元	其中有偿	万元	万元	其中有偿	小计	现金	投劳			万元
2007	省立	精确农业灌溉信息化系统	中低产田	0.20	30.00			30.00										
2008	国立	平遥县宁固镇中低产田改造项目	中低产田	0.89	545.00	270.00		108.00		8.00	19.00		140.00	56.00	84.00	50%	630元	4.00
	国立	平遥县香乐乡中低产田改造项目	中低产田	1.00	760.00	400.00		160.00		12.00	28.00		160.00	64.00	96.00	40%	760元	6.00
2009	省土地出让金	平遥县南政乡中低产田改造项目	中低产田	0.30	234.00			180.00					54.00	21.60	32.40		780元	1.00
	国立	平遥县南政乡中低产田改造项目	中低产田	0.76	693.50	365.00		146.00		11.00	25.50		146.00	58.40	87.60	40%	910元	5.00
2010	市土地出让金	平遥县宁固镇中低产田改造项目	中低产田	0.26	240.00					200.00			40.00	16.00	24.00			2.00
	国立	平遥县宁固镇中低产田改造项目	中低产田	0.70	640.00	400.00		160.00		12.00	28.00		40.00	40.00		10%		5.00
	国立	平遥县襄垣乡中低产田改造项目	中低产田	0.35	320.00	200.00		80.00		6.00	14.00		20.00	20.00		10%		3.00
2011	国立	平遥县现代农机化示范区建设项目	中低产田	0.10	153.00	60.00		30.00					63.00	63.00				
	国立	平遥县洪善镇高标准农田建设	高标准农田	1.04	1328.00	830.00		332.00		24.90	58.10		83.00	83.00		10%	财政1200元	12.00
2012	省土地出让金	平遥县朱坑乡中低产田改造项目	中低产田	0.21	242.00			220.00					22.00	22.00				2.00
	市级项目	平遥县泰合种植专业合作社设施农业示范园建设项目	专业合作社		16.00			10.00					6.00	6.00				

续表

年度	级别	名称	乡镇(个)	村(个)	涉及农业人口(万人)	排灌站(座)	新打和修复井(眼)	输变电线路配套(公里)	埋设管道(公里)	开挖疏浚渠道(公里)	村砌渠道(公里)	渠系建筑物(座)	小型蓄排水工(座)	改良土壤(万亩)	田间道路(公里)	购置农业机械(台、套)	造林(万亩)	苗圃(亩)	技术培训(人次)	购置仪器(台)	示范推广(万亩)
2012	市级	平遥县龙庆果品水果储藏技改项目	1	1	维修10座恒温库																
2013	国立	平遥县南政乡高标准农田建设项目	1	4	0.61		17	7.50	14.80	38.50		143	1	0.5155	23.00		0.04		2500		0.65
2013	市土地出让金	平遥县中都乡中低产田改造项目	1	1	0.21		27	8.00	9.00	10.00		58		0.2600	6.00		0.01				
2013	市级项目	曹霍村机井配套项目	1	1	机井配套1眼，改扩建农机具存放场棚、仓库、办公用房及硬化场地																
2013	市级项目	机井配套水塔建设项目	1	1	修建50吨供水塔1座																
2014	国立	平遥县香乐乡高标准农田建设项目	1	4	0.51		19	10.90	25.00	19.50	3.10	178	1	0.4020	22.70		0.03		2500		0.40
2014	省土地出让金	平遥县香乐乡高标准农田建设项目	1	1	0.12	1	1	0.30	1.50	6.00	0.30	34		0.1000	3.00						
2014		平遥县襄垣乡机井配套工程项目	1	1			1	1	1.50												
2014	市级项目	平遥县枣试验示范基地配套电力设施建设项目	1	1	增容变压器1台，由50kVA扩容为100开挖A，并配套相关附属设施。			4.50													
2014		平遥县朱坑乔家山村新打井工程项目	1	1			1														
2014	市级项目	平遥县襄垣乡种植专业合作社果树涌泉灌项目	1	1	发展涌泉灌200亩，由50kVA... 涌泉器13860个，盲管11100米，PE管33000米，PE毛管960米，并配套相关附属设施。				1.20												
2015	国立	平遥县襄垣乡高标准农田建设项目	1	2	0.27		35	21.50	36.00		16.10	344	1	0.2320	22.70				2500		0.24

年度	级别	名称	乡镇(个)	村(个)	涉及农业人口(万人)	排灌站(座)	新打和修复井(眼)	输变电线路配套(公里)	埋设管道(公里)	开挖疏浚渠道(公里)	衬砌渠道(公里)	渠系建筑物(座)	小型蓄排水工(座)	改良土壤(万亩)	田间道路(公里)	购置农业机械(台、套)	造林(万亩)	苗圃(亩)	技术培训(人次)	购置仪器(台)	示范推广(万亩)
2015	省土地出让金	平遥县东泉镇高标准农田建设项目	1	2	0.13	1	9	0.22	11.70		1.70	20	1		6.80						
	市级项目	平遥县岳壁乡上五村农业基础设施配套项目	1	1					0.45						7.85	配套DN65农用消防带200米。					
2016	国立	平遥县洪善镇高标准农田建设项目	1	3	0.42		60	19.40	72.00	5.20	0.50	14		0.8500	28.30		0.02		1500		0.54
	省立	平遥县朱坑乡高标准农田建设项目	1	1	0.13	1	3	1.35	7.00		3.60	102			2.10				400		
	省土地出让金	平遥县古陶镇高标准农田建设项目	1	2	0.40				17.29			20		0.1500	4.60						
	市级项目	平遥县东泉镇德胡村土地治理水毁工程修复项目	1	1						0.47		9			0.20	配套0.8米*0.8米排水渠110米					
	市级以奖代助项目	平遥县东泉镇挖村水利设施配套项目	1	1												配套50米排水渠盖板。					
2017	国立	平遥县朱坑乡高标准农田建设项目	1	2	0.30		19	7.90	41.50		9.74	75		0.1000	14.20				1000		
	省立	平遥县香乐乡高标准农田建设项目	1	3	0.28		4				0.52	12		0.5185	12.02		0.01		400		
	市级项目	平遥县东泉镇塔村市级以奖代助项目	1	1					2.40						0.52						
2018	国立	平遥县香乐乡高标准农田建设项目	1	3	0.31		1				10.68	78		0.4716	15.30		0.01		300		
	省土地出让金	平遥县宁固镇高标准农田建设项目	1	2	0.27		1		1.30		10.86	89		0.4700	9.58		0.01				
合计			12	95	19.78	5	655	151.27	966.64	205.67	60.10	2360	13	7.9433	508.47	109	1.51	98	124300	1	4.08

平遥县1999—2018年农业综合开发土地治理项目效益汇总表（三）

年度	级别	名称	新增和改善灌溉面积 万亩	新增节水灌溉面积 万亩	新增林网防护农田面积 万亩	增加机排面积 万亩	新增粮食生产能力 万公斤	新增农机总动力 万千瓦	年直接受益人口数 人	年受益农民纯收入增加总额 万元	备注
1999	国立	平遥县洪善镇、王家庄乡中低产田改造项目	1.80	1.80	1.40	0.10	293.00		27600	400	含晋中市12万元(前期费2万)、科技费10万元)和省2万元 洪善镇北营、东山湖、西山湖、兰村、白家庄、新营、洪善村、王家庄东游驾、西游驾、李家桥、道备、西堡、王家庄村
2000	国立	平遥县城关镇、南政乡中低产田改造项目	1.23	1.23	1.11	0.10	184.50		50100	528	前期费5.5万元、科技费21.5万元、余3万 城关东城、西城、北城、南城村、南政乡新南堡、新庄、侯郭、小刘、南北庄、东刘、西刘、里村、娃留、南政村
2001	国立	平遥县洪善镇中低产田改造项目	1.13	1.00	1.00	0.90	108.00		9100	91	洪善镇北营、南长寿、东堡、北长寿、郝村、南营、东堡村
2002	国立	平遥县杜家庄乡中低产田改造项目	1.30	0.30	1.15	0.20	124.20		6600	82.5	杜家庄乡杜家庄、东良庄、南良庄、西良庄村
2003	国立	平遥县宁固镇中低产田改造项目	0.58	0.25	0.58	0.20	57.00		4300	437.1	闫长头村、宁固镇北侯、东张赵村
	国立	平遥县杜家庄乡优质蔬菜基地项目							10900	580	主要措施:建良种仓库100m²、良种晒场3600m²，购设备6台，高效立体蔬菜栽培技术培训2500人次杜家庄乡杜家庄、东良庄、南良庄、西良庄、闫长头村、宁固镇北侯、东张赵村
2004	国立	平遥县宁固镇、杜家庄乡中低产田改造项目	0.72	0.54	0.80	0.20	51.49		7200	84.51	宁固镇任庄、东张赵、南侯村、杜家庄乡闫长头、苏家堡村
	国立	平遥县南政乡中低产田改造项目	0.54	0.39	0.23	0.20	51.50		6000	72.6	南政乡道备、小徐、田家堡、蒋家堡
2005	国立	平遥县香乐乡中低产田改造项目	0.96	0.65	1.10	0.30	84.00		6346	96.83	香乐乡西智、赵堡、三家村、大堡村、三家村、宁固镇品封村
	国立	平遥县杜家庄乡中低产田改造项目	0.75	0.60	0.80	0.40	45.00		7087	243.9	杜家庄乡杜家庄、任庄村、回回堡村、梧桐村
2006	省立	平遥县中都乡北三狼村中低产田改造项目	0.25	0.05	0.20		29.12		2340	24.36	中都乡北三狼村
2007	国立	平遥县杜家庄乡中低产田改造项目	0.53	0.48	0.80	0.60	68.00		6720	118.4	杜家庄乡任庄村、梧桐村、东凤洛村、西凤洛村

续表

年度	级别	名称	新增和改善灌溉面积 万亩	新增节水灌溉面积 万亩	新增林网防护农田面积 万亩	增加机耕面积 万亩	新增粮食生产能力 万公斤	新增农机总动力 万千瓦	年直接受益人口数 人	年受益农民纯收入增加总额 万元	备注
2007	省立	精确农业灌溉信息化系统							787	31.11	回回堡
2008	国立	平遥县宁固镇中低产田改造项目	0.51	0.50	0.30		52.00		5700	135.3	宁固镇宁固、滩头、河西、西张赵村
	国立	平遥县香乐乡中低产田改造项目	0.85	0.78	0.80		90.00		4208	444.73	香乐乡香乐、武坊村
2009	省国土出让金	平遥县南政乡中低产田改造项目	0.22	0.13	0.20		31.80		4070	130.57	南政乡王家庄村
	国立	平遥县南政乡中低产田改造项目	0.76	0.35	0.60		87.30		7290	311.15	南政乡王家庄、西堡、李家桥、贾家庄村
2010	市土地出让金	平遥县宁固镇中低产田改造项目	0.13	0.09	0.20		30.00		2450	135.2	宁固镇油房堡村
	国立	平遥县宁固镇中低产田改造项目	0.27	0.25	0.44	0.10	75.00	0.02	3800	120.66	宁固镇净化村
2011	国立	平遥县襄垣乡中低产田改造项目	0.35	0.26	0.10		45.60		3483	231.93	襄垣乡桑壁、洪善镇洪善村
	国立	平遥县现代机农化示范区建设项目	0.05	0.03	0.07	0.15	15.00	0.08	1230	24.2	宁固镇净化村
	国立	平遥县洪善镇高标准农田建设	0.98	0.58	0.82		73.75		5984	667.48	洪善镇洪善村、新营村、北营村
2012	省立	平遥县朱坑乡中低产田改造项目	0.20	0.10	0.05		18.44		1320	126.34	朱坑乡乔家山村
	市级项目	平遥县秦合种植专业合作社设施农业示范园建设项目									宁固镇净化村

年度	级别	名称	新增和改善灌溉面积 万亩	新增节水灌溉面积 万亩	新增林网防护农田面积 万亩	增加机耕面积 万亩	新增粮食生产能力 万公斤	新增农机总动力 万千瓦	年直接受益人口数 人	年受益农民纯收入增加总额 万元	备注
2012	市级	平遥县龙庆水果品水果储藏技改项目									襄垣乡桑冀村
2013	国立	平遥县南政乡高标准农田建设项目	0.71	0.37	0.81		80.50		6126	699.97	南政乡东刘、西刘、里村、闫家庄
	市土地出让金	平遥县中都乡中低产田改造项目	0.30	0.30	0.26		41.00		2052	199.83	中都乡曹村
	市级项目	曹冀村机井配套项目									襄垣乡曹冀村
	市级项目	机井配套水塔建设项目									香乐乡南薛靳村
	国立	平遥县香乐乡高标准农田建设项目	1.00	0.42	0.82		105.00		5059	378.6	香乐乡南薛靳村、北薛靳村、青洛村、陶屯村
	省土地出让金	平遥县香乐乡高标准农田建设项目	0.14	0.05	0.11		13.50		1168	45.19	香乐乡陶屯村
2014	市级项目	平遥县襄垣乡桑冀村机井配套工程项目									襄垣乡桑冀村
	市级项目	平遥县果桑试验示范基地配套电力设施建设项目									
		平遥县朱坑乔家山村新打井工程项目									朱坑乔家山村
	市级项目	平遥县嘉斯果社种植专业合作社果树涌泉灌项目									东泉镇遇明
2015	国立	平遥县襄垣乡高标准农田建设项目	1.00	0.75	0.03		41.50		2660	401.6	襄垣乡郝开、郝温村

年度	级别	名称	新增和改善灌溉面积 万亩	新增节水灌溉面积 万亩	新增林网防护农田面积 万亩	增加机耕面积 万亩	新增粮食生产能力 万公斤	新增农机总动力 万千瓦	年直接受益人口数 人	年受益农民纯收入增加总额 万元	备注
2015	省土地出让金	平遥县东泉镇高标准农田建设项目	0.22	0.11	0.05		27.50		1340	84	东泉镇遮胡、东源祠村
	市级	平遥县岳壁乡上五村农业基础设施配套项目		0.01							岳壁乡上五村
2016	国立	平遥县洪善镇高标准农田建设项目	1.00	0.80	0.19		129.00		4240	205.9	洪善镇沿村堡、新胜、东大闫村
	省立	平遥县东坑乡高标准农田建设项目	0.20	0.11	0.02		18.00		1280	99.5	东坑乡北依涧村
	省土地出让金	平遥县古陶镇高标准农田建设项目	0.25	0.12	0.03		25.50		3960	102.18	古陶镇北城、新南堡村
	市级项目	平遥县东泉镇遮胡村土地治理水毁工程修复项目									东泉镇遮胡村
	市级以奖代助	平遥县东泉镇圪塔村水利设施配套项目					5.00				东泉镇圪塔村
2017	国立	平遥县东坑乡高标准农田建设项目	0.60	0.45	0.05		44.50		2986	245.92	东坑乡庞庄、汪湛村
	省立	平遥县香乐乡高标准农田建设项目	0.72	0.40	0.01		102.60		2800	166.86	香乐乡郝家庄、薛贤、南官地
	市级项目	平遥县东泉镇圪塔村市级以奖代助项目					5.00				东泉镇圪塔村
2018	国立	平遥县香乐乡高标准农田建设项目	0.70	0.50	0.01		99.75		3100	185.75	香乐乡南官地、中官地、北官地
	省土地出让金	平遥县宁固镇高标准农田建设项目	0.55	0.30	0.01		78.75		2670	161.35	宁固镇岳封、苏封村
合计			21.50	15.05	15.15	3.55	2431.80	0.10	224056	8094.52	

平遥县1999—2018年农业综合开发产业化经营项目投资汇总表（四）

年度	级别	名称	类型	总投资 万元	财政投资 万元	中央财政 万元	其中有偿	省财政 万元	其中有偿	市财政 万元	其中有偿	县财政 万元	其中有偿	自筹资金 小计	自筹	银行贷款	银行贷款(贴息) 贷款	贴息
1999	国立	山西威壮食品有限公司年加工60万公斤长山药扩建项目	加工	320.00	120.00	65	65	15	15			40.00	40.00	200.00	60.00	140.00		
2000	国立	康宝鲜牛幼乳品有限公司年加工200万公斤鲜奶扩建项目	加工	320.00	120.00	60	60	20	20			40.00	40.00	200.00	60.00	140.00		
2001	国立	平遥县花木公司200亩花卉苗木繁育种植项目	种植	344.00	144.00	72	61	40	34			32.00	32.00	200.00	100.00	100.00		
2002	国立	平遥县同康芦笋开发有限公司年加工3000吨芦笋生产线扩建项目	加工	778.60	154.00	77	65	42	36			35.00	35.00	624.60	524.60	100.00		
2003	国立	平遥县牛肉集团有限公司年屠宰3万头肉牛生产线扩建项目	加工	2838.00	635.00	400	320	180	144	9.00		46.00	46.00	2203.00	1555.00	648.00		
2004	国立																	
2005	国立	平遥县龙海实业有限公司年产20万吨饲料加工工生产线项目	加工	3248.36	450.00	300	225	120	90	9.00		21.00	21.00	2798.36	442.42	2355.94		
2006	国立	平遥县国青同盈禽业有限公司年存栏10万只蛋鸡无公害养殖示范小区项目	养殖	698.93	450.00	300	225	120	90	9.00		21.00	21.00	248.93	248.93			
2007	国立	平遥县五阳实业有限公司日加工300吨强筋小麦面粉生产线扩建项目	加工	1440.00	150.00	100	75	40	30	3.00		7.00	7.00	1290.00	1290.00			
2008	国立	平遥牛肉集团有限公司年产2万吨肉制品生产线扩建项目	加工	10371.70	1500.00	1000		500						8871.70	4578.70	4293.00		
	省立	平遥牛肉集团有限公司百头肉牛良种繁育基地扩建项目	养殖	417.45	72.00			60	45	3.60		8.40	8.40	345.45	345.45			
2009	国立	平遥县晋伟中药材合作社2000亩中药材种植基地扩建项目	种植	225.82	60.00	40		16		1.00		3.00	3.00	165.82	50.36	115.46		
	国立贴息	平遥县五阳实业有限公司日加工300吨强筋小麦面粉日加贷款贴息项目	加工														980	58.00

年度	级别	名称	类型	总投资 万元	财政投资 万元	中央财政 万元	其中有偿	省财政 万元	其中有偿	市财政 万元	其中有偿	县财政 万元	其中有偿	小计	自筹资金 自筹	银行贷款	银行贷款（贴息） 贷款	贴息
2009	国立贴息	平遥县国青同盈禽业有限公司购原材料流动资金贷款贴息项目	加工														620	19.00
	部门项目	平遥县龙海实业有限公司水产养殖示范场扩建项目	养殖	450.00	180.00	120		48		3.60		8.40		270.00	270.00			
2010	国立	平遥县国青同盈禽业有限公司年处理800万公斤鸡蛋分级包装生产线扩建项目	加工	1103.83	75.00	50		20		1.50		3.50		1028.83	926.21	102.62		
	国立贴息	平遥县五阳实业有限公司加工300吨强筋小麦面粉生产贷款贴息项目															1960	23.00
	国立	平遥县全根养殖合作社年存栏15万只蛋鸡标准化养殖示范园扩建项目	养殖	156.85	45.00	30		12		0.90		2.10		111.85	111.85			
2011		平遥牛肉集团有限公司收购原材料流动资金贷款贴息项目															5900	99.00
	国立贴息	平遥县国青同盈禽业有限公司购原材料流动资金贷款贴息项目															1440	26.00
		平遥县龙海实业有限公司购粮食流动资金贷款贴息项目															5818	99.00
	国立	平遥县全根养殖合作社新增7万只公鸡蛋鸡养殖扩建项目	养殖	560.00	37.50	25		10		0.75		1.75		522.50	522.50			
2012		平遥牛肉集团有限公司收购原材料流动资金贷款贴息项目															4900	63.00
	国立贴息	平遥县五阳实业有限公司购粮食流动资金贷款贴息项目															1000	31.00
		平遥县龙海实业有限公司购粮食流动资金贷款贴息项目															5300	167.00
2013	国立	平遥县晋伟长山药种植基地扩建项目	种植	206.67	45.00	30		12		0.90		2.10		161.67	161.67			

年度	级别	名称	类型	总投资 万元	财政投资 万元	中央财政 万元	中央财政 其中有偿	省财政 万元	省财政 其中有偿	市财政 万元	市财政 其中有偿	县财政 万元	县财政 其中有偿	自筹资金 小计	自筹资金 自筹	自筹资金 银行贷款	银行贷款（贴息）贷款	银行贷款（贴息）贴息
	国立	平遥县全根养殖合作社新增36万羽海兰褐蛋鸡育雏养殖基地扩建项目	养殖	350.12	37.50	25		10		0.75		1.75		312.62	312.62			
2013	一县一特	平遥县龙海实业有限公司年出栏600万只高标准现代化规模肉鸡养殖基地建设项目（一期）	养殖	3190.00	750.00	500		200		15.00		35.00		2440.00	2440.00			
	贴息项目	平遥县牛肉集团有限公司购牛流动资金贷款项目	加工														4700	146.00
		平遥县五阳实业有限公司购进原材料流动资金贷款贴息项目	加工														1000	31.00
		平遥县延虎肉制品有限公司采购原材料流动资金贷款贴息项目	加工														800	34.00
2014	部门项目	平遥县晋伟中药材合作社批发市场流通设施扩建项目	流通	175.00	75.00	50		20		1.50		3.50		100.00	100.00			
	国立	平遥县岳保林养殖合作社年存栏15万只蛋鸡标准化养殖示范园扩建项目	养殖	122.65	75.00	50		20		1.50		3.50		47.65	47.65			
2015		平遥县旺顺养殖合作社年存栏2600头肉牛标准化养殖基地改建项目	养殖	137.44	75.00	50		20		1.50		3.50		62.44	62.44			
		平遥县国青同盈禽业有限公司年存栏20万只蛋鸡无公害养殖基地扩建项目	养殖	272.24	135.00	90		36		2.70		6.30		137.24	137.24			
		平遥县岳保林养殖合作社年存栏15万只蛋鸡标准化养殖仓储建设项目	仓储	120.70	60.00	40		16		1.20		2.80		60.70	60.70			
2016	国立	平遥县旺顺养殖合作社年出栏5500头肉牛标准化养殖基地扩建项目	养殖	121.23	60.00	40		16		1.20		2.80		61.23	61.23			
		平遥县盛钰蛋鸡合作社年存栏9.6万只蛋鸡标准化养殖基地改建项目	养殖	93.96	45.00	30		12		0.90		2.10		48.96	48.96			

年度	级别	名称	类型	总投资 万元	财政投资 万元	中央财政 万元	中央财政 其中有偿	省财政 万元	省财政 其中有偿	市财政 万元	市财政 其中有偿	县财政 万元	县财政 其中有偿	自筹资金 小计	自筹资金 自筹	银行贷款	银行贷款（贴息）贷款	银行贷款（贴息）贴息
2016	国立	平遥县东戈山村荚伟养殖合作社年出栏3500头商品猪养殖基地扩建项目	养殖	61.13	30.00	20		8		0.60		1.40		31.13	31.13			
2017	国立	平遥县华春肉牛养殖有限公司新增存栏220头能繁母牛标准化养殖基地扩建项目	养殖	330.60	135.00	90		36		2.70		6.30		195.60	195.60			
	国立	平遥县岳保林养殖合作社年新增3万只蛋鸡养殖设施改造项目	养殖	120.76	60.00	40		16		1.20		2.80		60.76	60.76			
	国立	平遥县盛钰养殖合作社年存栏9.6万只蛋鸡养殖场改扩建项目	养殖	121.91	60.00	40		16		1.20		2.80		61.91	61.91			
	部门项目	平遥县区域生态循环农业项目	种植加工	3069.35	1500.00	1000		400		30.00		70.00		1569.35	1569.35			
2018	国立	平遥县国青同盈禽业有限公司年存栏24.5万只蛋鸡养殖基地扩建项目	养殖	311.47	150.00	100		40		3.00		7.00		161.47	161.47			
	国立	平遥县东戈山村荚伟养殖合作社年出栏4900头商品猪标准化养殖基地扩建项目	养殖	92.76	45.00	30		12		0.90		2.10		47.76	47.76			
	国立	平遥县旺顺养殖合作社年出栏6000头肉牛标准化养殖基地改建项目	养殖	76.05	37.50	25		10		0.75		1.75		38.55	38.55			
	国立	平遥县祥源辉养殖合作社年出栏6000只肉羊养殖基地扩建项目	养殖	91.15	45.00	30		12		0.90		2.10		46.15	46.15			
	国立贴息	平遥县龙海实业有限公司购粮食流动资金贷款贴息															5200	85.00
	部门项目	平遥县晋伟中药材合作社土地托管项目	种植	610.00	300.00	200		80		6.00		14.00		310.00	310.00			
合 计				32948.73	7912.50	5119	1096	2235	504	115.75		442.75	147.00	25036.23	17041.21	7995.02	39618	881.00

平遥县1999—2018年农业综合开发产业化经营项目基本情况、主要工程汇总表（五）

年度	级别	名称	主要工程基本情况
1999	国立	山西威壮食品有限公司年加工60万公斤长山药扩建项目	新增土建面积1000平方米、新增设备24台
2000	国立	康宝鲜牛奶乳品有限公司年加工200万公斤鲜奶扩建项目	新增土建1000平方米、新增设备8台、冷藏车1辆
2001	国立	平遥县花木公司200亩花卉苗木繁育种植项目	新建温室4座、安装钢炉1台、新建阴阳棚3600平方米、新打深井1眼、蓄水池2个
2002	国立	平遥县同康芦笋开发有限公司年加工3000吨芦笋生产线扩建项目	100亩芦笋苗圃，土建面积7000平方米、新增设备8台
2003	国立	平遥县康芦牛肉集团有限公司年屠宰3万头肉牛生产线扩建项目	新建建筑面积6990平方米、新增设备1332台、新增车辆5辆
2004	国立		
2005	国立	平遥县龙海实业有限公司年产20万吨饲料加工生产线项目	新增土建面积5800平方米、新增设备1120台
2006	国立贴息	平遥县国青同盈禽业有限公司年存栏10万只蛋鸡无公害养殖示范小区扩建项目	新增建筑面积6968平方米、新增设备2245台
2007	国立	平遥县五阳实业有限公司日加工300吨强筋小麦面粉生产线扩建项目	新增建筑工程面积365平方米、购置155台
2008	国立	平遥牛肉集团有限公司年产2万吨肉制品生产线扩建项目	新增建筑面积30526平方米、新增设备794台
	省立	平遥牛肉集团有限公司百头肉牛良种繁育基地扩建项目	新增建筑面积9012平方米、新增设备22台
2009	国立贴息	平遥县晋伟中药材合作社2000亩中药材种植基地扩建项目	建设中药材基地2000亩、购置设备12台
	国立贴息	平遥县五阳实业有限公司日加工300吨强筋小麦面粉生产贷款贴息项目	

年度	级别	名　称	主要工程基本情况
2009	国立贴息	平遥县国青同盈禽业有限公司购原材料流动资金贷款贴息项目	
	部门项目	平遥县龙海实业有限公司水产养殖示范场扩建项目	新增鱼池 45 个，新增养殖面积 200.9 亩，管理站 2 处
2010	国立	平遥县国青同盈禽业有限公司年处理 800 万公斤鸡蛋分级包装生产线项目	购置设备 44 台，新增建筑面积 2200 平方米
	国立贴息	平遥县五阳实业有限公司日加工 300 吨强筋小麦面粉生产贷款贴息项目	
2011	国立	平遥县全根养殖合作社年存栏 15 万只蛋鸡标准化养殖示范园扩建项目	购置设备 872 台，新增建筑面积 2000 平方米
		平遥县牛肉集团有限公司收购原材料流动资金贷款贴息项目	
	国立贴息	平遥县国青同盈禽业有限公司收购原材料流动资金贷款贴息项目	
		平遥县龙海实业有限公司购粮食流动资金贷款贴息项目	
2012	国立	平遥县全根养殖合作社新增 7 万只无公害蛋鸡养殖扩建项目	购置设备 872 台，新增建筑面积 1782 平方米
	国立贴息	平遥县牛肉集团有限公司收购原材料流动资金贷款贴息项目	
		平遥县五阳实业有限公司收购原材料流动资金贷款贴息项目	
	国立贴息	平遥县龙海实业有限公司购粮食流动资金贷款贴息项目	
2013	国立	平遥县晋伟中药材合作社 1000 亩优质长山药种植基地扩建项目	新增 1030 亩长山药种植基地

年度	级别	名称	主要工程基本情况
	国立	平遥县全稚养殖合作社新增36万湖海兰褐蛋鸡育雏养殖基地扩建项目	新增建筑面积1782平方米、新增设备1169台
2013	一县一特	平遥县龙海实业有限公司年出栏600只高标准现代化规模肉鸡养殖基地建设项目（一期）	新增建筑面积39140平方米、新增设备522台
	贴息项目	平遥县牛肉集团有限公司购牛肉流动资金贷款贴息项目	
		平遥县五阳实业有限公司购进原材料流动资金贷款贴息项目	
		平遥县延虎肉制品有限公司采购原材料流动资金贷款贴息项目	
2014	部门项目	平遥县晋伟中药材合作社批发市场流通设施扩建项目	新增建筑面积1000平方米、20台设备、科技培训4500人次
	国立	平遥县岳封保林合作社年存栏15万只蛋鸡标准化养殖示范园扩建项目	新建1200平米蛋鸡舍合一栋、新增养殖设备314套
2015		平遥县旺顺养殖合作社年存栏2600头肉牛标准化养殖基地改建项目	改造建设4栋牛舍、配套综合防疫室271平方米
		平遥县国青同盈禽业有限公司年存栏20万只蛋鸡无公害养殖基地扩建项目	新建1栋标准化蛋鸡舍面积1315.84平方米、新增蛋鸡成套自动化饲养设备1套
2016	国立	平遥县岳封保林合作社年存栏15万只蛋鸡养殖仓储库建设项目	新增仓储库1座建筑面积1260平方米、新增设备302台
		平遥县旺顺养殖合作社年出栏5500头肉牛标准化养殖基地扩建项目	改建6栋半开放式牛舍2420平方米、更换3栋牛舍顶棚3360平方米
		平遥县盛钰养殖合作社年存栏9.6万只蛋鸡标准化养殖基地改建项目	新增设备24台（套）

年度	级别	名 称	主要工程基本情况
2016	国立	平遥县东戈山村英伟合作社年出栏 3500 头商品猪养殖基地扩建项目	新建育肥舍 1 栋共 325 平方米，新增和更新设备 106 台，引进二元种母猪 70 头
2017	国立	平遥县华春肉牛养殖有限公司新增存栏 220 头能繁母牛标准化养殖基地扩建项目	新增种母牛 220 头
	国立	平遥县岳金封保林合作社年新增 3 万只蛋鸡养殖设施改造项目	新增 3 栋鸡舍养殖设备 122 台
	国立	平遥县盛钰养殖合作社年存栏 9.6 万只蛋鸡养殖场改扩建项目	新增设备 15 台，新增建筑面积 1440 平方米
	部门项目	平遥县区域生态循环农业项目	铺设沼液输送管道 1000 米，建设田间沼液储存池 2000 立方米，共 5 座，每座 400 立方米。购置仪器 103 台
2018	国立	平遥县国菁同盈禽业有限公司年存栏 24.5 万只蛋鸡养殖基地扩建项目	新建 1 栋钢结构及砖混结构的标准化蛋鸡舍，长 102.80 米，宽 12.80 米，面积 1315.84 平方米；配套购置六层层叠式蛋鸡成套饲养设备，鸡舍两侧硬化，硬化面积为 1248 平方米
	国立	平遥县东戈山村英伟合作社年出栏 4900 头商品猪标准化养殖基地扩建项目	新增现代化标准保育产房联体式猪舍 1 栋，配套设备 178 台，引进种猪 20 头
	国立	平遥县旺顺养殖合作社年出栏 6000 头肉牛标准化养殖基地改造项目	改造 5 栋牛舍顶棚，单栋顶棚面积 960 平方米，合计改造面积 4800 平方米
	国立	平遥县祥源养殖合作社新增年出栏 6000 只肉羊养殖基地扩建项目	新建一栋 2200 米的羊舍，配套建设 240 平米饲料棚，40 平米管理用房 190 米围墙，硬化场区面积 360 平米，购置饲料搅拌机 1 台
	国立贴息	平遥县龙海实业有限公司购粮食流动资金贷款贴息项目	
	部门项目	平遥县晋伟中药材合作社土地托管项目	土地托管 3000 亩，新建仓储库房 550 平方米，加工车间 1000 平方米，道路 1500 平方米，晾晒场 500 平方米，购置中药材加工设备 14 台套，检验检测设备 12 套及其他附属设施设备
合 计			

平遥县1999—2018年农业综合开发产业化经营项目效益汇总表（六）

年度	级别	名称	新增果蔬生产能力 万公斤	新增肉生产能力 万公斤	新增蛋生产能力 万公斤	新增奶生产能力 万公斤	年新增总产值 万元	年新增利税 万元	年直接受益人口数 人	年受益农民纯收入增加总额 万元	年新增就业人数 人	备注
1999	国立	山西威壮食品有限公司年加工60万公斤长山药扩建项目	60				1200	252	7500	795	80	
2000	国立	康宝鲜牛奶乳品有限公司年加工200万公斤鲜奶扩建项目				200	1456	291	3600	360	50	
2001	国立	平遥县花木公司200亩花卉苗木繁育种植项目					195	77		62	120	
2002	国立	平遥县康芦芦笋开发有限公司年加工3000吨芦笋生产线扩建项目	280				3705	360	5600	779.1	1000	
2003	国立	平遥县牛肉集团有限公司年屠宰3万头肉牛生产线扩建项目		172			5160	1558	30600	900	100	
2004	国立	平遥县五阳实业有限公司年产20万吨牛肉生产线项目		661			11075	1441	9000	1560	100	
2005	国立	平遥县龙海实业有限公司年产20万吨饲料加工生产线项目					61080	2249	15000	3000	500	
2006	国立贴息	平遥县国青同盛禽业有限公司年存栏10万只蛋鸡无公害养殖示范小区扩建项目			130		1082	198.5	375	200	32	
2007	国立	平遥县五阳实业有限公司年加工300吨强筋小麦面粉生产线扩建项目					15300	921	85000	2089.5	40	
2008	国立	平遥牛肉集团有限公司年产2万吨肉制品生产线扩建项目		2000			97200	1513	15000	1500	1200	投资参股
	省立	平遥县牛肉集团有限公司百头肉牛良种繁育基地扩建项目					1208	70.8	305	305	50	
2009	国立贴息	平遥县晋伟中药材合作社2000亩中药材种植基地扩建项目										
	国立贴息	平遥县五阳实业面粉有限公司日加工300吨强筋小麦面粉生产贷款贴息项目										

年度	级别	名 称	新增果蔬生产能力 万公斤	新增肉生产能力 万公斤	新增蛋生产能力 万公斤	新增奶生产能力 万公斤	年新增总产值 万元	年新增利税 万元	年直接受益人口数 人	年受益农民纯收入增加总额 万元	年新增就业人数 人	备注
2009	国立贴息	平遥县国青同盈禽业有限公司购原材料流动资金贷款贴息项目										
	部门项目	平遥县龙海实业有限公司水产养殖示范场扩建项目					176	70	400			
2010	国立贴息	平遥县国青同盈禽业有限公司年处理800万公斤鸡蛋分级包装生产线扩建项目					5464	162.93	500	100	38	
	国立贴息	平遥县五阳实业有限公司日加工300吨强筋小麦面粉生产贷款贴息项目					5515	35	20000	3600	100	
	国立	平遥县全根养殖合作社存栏15万只蛋鸡标准化养殖示范园扩建项目			119.7		535	50	1500	500	20	
2011		平遥牛肉集团有限公司收购原材料流动资金贷款贴息项目		200			15000	1683	20000	12000	220	
	国立贴息	平遥县国青同盈禽业有限公司收购原材料流动资金贷款贴息项目					2777	79	3500	1300	120	
		平遥县龙海实业有限公司购粮食流动资金贷款贴息项目					63522	1514.64	13200	14388	680	
	国立	平遥县全根养殖合作社新增7万只无公害蛋鸡养殖扩建项目			113.4		900	130	350	100	5	
2012		平遥牛肉集团有限公司收购原材料流动资金贷款贴息项目		200			15000	1683	20000	12000	260	
	国立贴息	平遥县五阳实业有限公司收购原材料流动资金贷款贴息项目					6296	68	20000	3600	100	
		平遥县龙海实业有限公司购粮食流动资金贷款贴息项目					68306.9	1551	132000	14438	680	
2013	国立	平遥县晋伟中药材合作社1000亩优质长山药种植基地扩建项目					824	75.4	195	103	10	

年度	级别	名称	新增果蔬生产能力 万公斤	新增肉生产能力 万公斤	新增蛋生产能力 万公斤	新增奶生产能力 万公斤	年新增总产值 万元	年新增利税 万元	年直接受益人口数 人	年受益农民纯收入增加总额 万元	年新增就业人数 人	备注
	国立	平遥县全根养殖合作社新增新增36万羽海兰褐蛋鸡育雏养殖基地扩建项目					479.8	41.2	283	132	20	
2013	一县一特	平遥县龙海实业有限公司年出栏600万只高标准化规模肉鸡养殖基地建设项目（一期）		750			7948.2	718.11	300	1710	100	
		平遥县牛肉集团有限公司购牛肉流动资金贷款贴息项目					49770	6133	40000	2000	300	
	贴息项目	平遥县五阳实业有限公司购进原材料流动资金贷款贴息项目					5983	85	18000	833	200	
		平遥县延虎肉制品有限公司采购原材料流动资金贷款贴息项目					5870	681	24000	5200	320	
2014	部门项目	平遥县晋伟中药村合作社批发市场流通设施扩建项目					600	50	550	120		新增固定资产150万元
2015	国立	平遥县岳封保林合作社年存栏15万只蛋鸡标准化养殖示范园扩建项目					427.36	23.6	200		5	
		平遥县旺顺养殖合作社年存栏2600头肉牛标准化养殖基地改建项目					898.3	23.6	119	53.3	10	
		平遥县国青同盈禽业有限公司年存栏20万只蛋鸡无公害养殖基地建设项目					790.69	67.47	500	87	10	
2016	国立	平遥县岳封保林合作社年存栏15万只蛋鸡标准化养殖基地扩建项目					100	23.51	400	27.61	3	
		平遥县旺顺养殖合作社年出栏5500头肉牛标准化养殖基地扩建项目					604.48	36.24	119	36.24	5	
		平遥县盛钰养殖合作社年存栏9.6万只蛋鸡标准化养殖基地改建项目					601.01	21.3	32	3.2	5	

年度	级别	名称	新增果蔬生产能力 万公斤	新增肉生产能力 万公斤	新增蛋生产能力 万公斤	新增奶生产能力 万公斤	年新增总产值 万元	年新增利税 万元	年直接受益人口数 人	年受益农民纯收入增加总额 万元	年新增就业人数 人	备注
2016	国立	平遥县东戈山村英伟合作社年出栏3500头商品猪养殖基地扩建项目					154.61	18.17	100	15	5	
2017	国立	平遥县华春肉牛养殖有限公司新增存栏220头能繁母牛标准化养殖基地扩建项目					3026.62	24.75	500	1300	15	
	国立	平遥县岳封保林合作社年新增3万只蛋鸡养殖设施改造项目					426.2	54.66	300	83.59	5	
	国立	平遥县盛钰养殖合作社年存栏9.6万只蛋鸡养殖场改扩建项目					1544.16	23.22	57	92.11	5	
	部门项目	平遥县区域生态循环农业项目										新增固定资产3069.35万元
2018		平遥县国青同盈禽业有限公司年存栏24.5万只蛋鸡养殖基地扩建项目										
	国立	平遥县东戈山村英伟合作社年出栏4900头商品猪标准化养殖基地扩建项目										
		平遥县旺顺养殖合作社年出栏6000头肉牛标准化养殖基地改建项目										
		平遥县祥源辉养殖合作社新增年出栏6000只肉羊标准化养殖基地扩建项目										
	国立贴息	平遥县龙海实业有限公司购粮食流动资金贷款贴息项目										
	部门项目	平遥县晋伟中药材合作社土地托管项目					1000		750			新增固定资产551.65万元
		合计	340	3983	363.1	200	462201.33	24058.1	489085	85372.65	6513	

做好农业综合开发项目的十点启示

文/霍维忠

启示一：项目选项胸怀全局，突出县城经济的特色

县农发办作为县政府直属的直接负责实施国家农业综合开发项目的职能部门，在项目的选择和立项上一定要胸怀全县大局，把握农业产业发展态势，突出县城经济的特色。十年来从土地治理项目到产业化项目的选项立项上，我们做到了一以贯之。土地治理项目针对我县传统粗放农业的现状，优先汾河灌区粮食主产区项目的申报与开发。从2002年始，我们从杜家庄乡开始实行连片开发，集中治理，突显规模效益。通过招标，十年间对粮食主产区12.885

万亩中低产田进行了改造，高标准农田完成了2.04万亩。通过对汾灌农业实施农业基础设施的综合配套建设，实现了井汾双灌的节水农业。渠林路的配套促进了农业耕作的机械化，丰产方和示范田的推广以及对项目区农民的培训带动了高产高效农田的建设。

产业化项目的选项立足于我县农业的支柱产业，我们始终把"扬优势产业、扩基地建设、带农户增收"作为产业化项目开发的出发点和落脚点。平遥牛肉享誉全国，牛肉加工业是我县农业产业化进程中的支柱产业，以平遥牛肉集团为代表的数十家牛肉加工企业传承并壮大

县农发办现场考察项目

了牛肉加工这一行业。对这一支柱产业本着扶大扶强、延伸产业链、扩大（养牛）基地、带动农户规模养牛的原则，我们先后七次（财政补贴和贴息）扶持平遥牛肉集团2515万元，从种牛引进到养殖基地，从屠宰储藏到熟制品生产都给予了扶持，使得牛肉集团跻身为国家级农业产业化龙头企业，"冠云"牌牛肉成为全国驰名品牌。牛肉加工成为全县农产品加工的主导产业，也是主要税源之一，体现了区域经济的特色。平遥又是全市乃至全省的规模养鸡大县，是全省的蛋（肉）鸡养殖基地县，2012年全县年存栏达到1500万只。以龙海实业有限公司为龙头的肉鸡养殖和以国青同盈禽业有限公司为龙头的蛋鸡养殖扛起了我县养鸡产业的大旗。在对龙海公司先后5次（财政补助和贴息）给予项目支持1646万元和4次（财政补贴和贴息）扶持国青同盈公司570万元的财政资金之后，企业双双实现了跨越式的发展。龙海公司、国青公司分别成为国家级农业产业化龙头企业和省级农业产业化龙头企业。全县养鸡业出现了空前喜人的态势，规模养鸡达到500户（5000只/户），使得养鸡业成为全县继牛肉加工产业之后的又一农业支柱产业。牛肉加工与规模养鸡成为全县养殖业的重头戏，同时也成为农民增收的主要来源。

启示二：工程设计因地制宜，突出以人为本理念

县农发办在组织农林水机等相关部门的技术人员参与项目的规划与设计中，始终做到因地制宜解决农业生产中的瓶颈问题，突出以人为本的人性化开发理念。既要从实际出发发现当地农业生产中存在的不利因素，又要提高项目区农业的综合生产能力；既要解决多年来一家一户办不了的事，又要避免因开发带来新的矛盾和问题。如关系到农业命脉的井汾双灌机电井工程，多年来在工程的规划布局与设计上，既要合理开采地下水资源，修复旧井，增加新井，又要尽最大限度地利用地表水完善配套各种渠系建筑物，在解决农田灌溉的同时，引导农民走节水农业之路。在农电线路和变台的设计上，不仅推行了地埋电缆以防丢失，也对变压器安装了太阳能防盗器，全天候实施有效监控。在机电井工程的规划布局上，既要有限地增加

土地项目立项考察

土地治理项目节水管网工程

新井并实行管道节水灌溉，同时又要修复旧有机井，并配套管道节水灌溉，合理有限地利用好农业灌溉资源，满足不同地块农业用水之需要，避免了因顾此失彼而带来新的不和谐隐患。在农田林网工程的规划设计中，既要做到合理规划树种和栽植数量，保证林田网格化的效果，又不与农田机械化作业相冲突。同时，在机井和林网这类能够带来经济效益的工程管护上推行责权利相结合的管护机制，达到了以工程养工程之目的。每个项目都做到了现场勘测、实地规划、施工监理、竣工验收。由于前期工作扎实细致，多年来没有出现变更项目计划的现象，也没有出现无实际效益的工程。

启示三：工程施工严把质量，突出项目建设标准

工程质量与标准是农发项目的生命线，多年来，农发项目在基层干群中之所以有很强的影响力和关注度，源于农发人多年坚持质量就是生命、标准就是形象的理念。没有质量的工程就等于断送项目的生命力，没有标准的项目无异于浪费国家的钱财。如何严把工程质量关呢？一是把好设计关，项目工程的规划设计一是要结合实际需要，因地制宜，体现人性化管理的需要，如机电井及其井房工程既要适应井汾双灌的需求，又要利于机井使用维修的便利。二是把好招标前工程队资质和业绩的审核关，确保有资质和有良好业绩、信誉度高的工程队参与招标。三是把好工程施工前的原材料关，看施工队的原材料质量是否符合工程设计要求，达到要求的可以下发开工许可令，同时监理人员随时实行工程旁站监理和查阅工程施工记录资料，对不符合施工程序和要求的坚决整改。四是严格按照设计标准结合市场行情进行工程预算，预算过低则无疑会影响工程的质量，预算偏高则造成资金的浪费。五是严格按照工程设计进行验收，工程资金做到以实决算。这样不仅保证了单项工程的质量，同时也凸显了同

高标准农田建设项目排退水工程

类工程的标准与形象。桥涵闸、机电井房是我县土地治理项目的一大看点工程，体现了我县土地开发的区域特色。形象蕴含着质量，质量体现着标准。

启示四：实体工程建管并举，突出开发治理长效

农综开发项目从土地治理到产业化项目，85%以上的投入都要形成实体工程，实体工程既是发挥项目（工程）效益的载体，又是彰显农发项目形象的主体。重建轻管是农发项目之大忌。多年来，我们在项目实施中始终坚持建管并举、开发利用并重的原则。工程竣工、管护上马、制度上墙、责任到人。不搞花架子工程，不搞形象工程，做到了有工程必有效益，有建设必有管理。工程竣工实行产权移交（至项目村），项目村随之根据不同工程明晰产权和受益对象，落实工程的管护主体、管护责任和

管护资金来源，实行责权利相结合。机电井、林网等能带来效益的工程通过拍卖、承包等形式落实了责任人，并制定了制度；机耕路、桥涵闸等公益性工程通过集体组织进行适时的维修；工程管护因村而定，因工程而定，不搞一刀切，形式不拘一格，内容必须落实。竣工工程的常态化管理保障了土地开发治理的长效发挥。

启示五：产业化项目重在规范，突出项目的带动效应

农业综合开发产业化经营项目无论是财政补助项目还是贷款贴息项目，无论是产业化龙头企业还是农民专业合作社，在项目申报时既要求申报单位符合申报条件和要求，同时也通过项目的申报进一步规范企业内部管理与制度建设，在此基础上要把申报项目的带动效应放在首位。如在晋伟中药材合作社的立项扶持中，

从项目存入项目库开始到正式申报项目，合作社不断规范自身的管理与建设，做到了在申报中规范、规范中提高。先后两次立项扶持晋伟中药材合作社105万元，合作社中药材种植基地扩大到2万余亩，合作社对当地有种植传统的长山药进行了"地理标志"认证。农户参与合作社的经营活动，已成为合作社及其项目带动农民增收的新的增长点。同时合作社还组织了（农民）资金互助合作社，解决了合作社成员生产活动中资金匮乏的困难。经过几年的努力，晋伟中药材合作社发展为国家级示范合作社。龙海公司的肉鸡养殖，每年放养鸡苗2900万羽，带动了全县乃至周边县市2280户规模养殖户（5000只以上/户），拉动了当地种养业和运输业的发展，大大地提高了养殖业在农民收入中的比例。对全根蛋鸡养殖合作社的连续扶持，拉动了当地鸡蛋销售的市场份额，远销到内蒙古、河南等地，成为全县集蛋鸡养殖、饲料加工、销售为一体的示范合作社。

启示六：项目投入足额配套，突出农民自愿开发

农业综合开发土地治理项目的投入包括各级财政资金和项目村集体或农民的自筹资金。项目村农民自筹资金的足额到位，充分地体现了农民自愿开发的意愿和信心，对此，我们多年来在土地开发中注重尊重农民意愿。对开发积极性高的乡村，在项目立项招标中给予优先，具体做到以下几点：一是在宜申报项目的乡村广泛地宣传农业综合开发的政策规定、建设内容、标准以及具体的做法和要求，通过"一事一议"项目立项公示提高农综开发的透明度。二是在立项申报前农发办组织技术人员做好前期的规划指导工作，根据农民意愿确定开发的建设内容和建设规模。三是在立项招投标中要求参与招投标的乡村要将本次申报土地项目所需的自筹资金足额交到财政农发专户，以确保工程建设之需要。尊重农民意愿、调动农民开发积极性是做好农业综合开发项目的前提条件。采纳农民建议、公开接受农民监督是做好农发工作的基础。

项目村履行"一事一议"村民议事

启示七：有偿资金担保借款，突出资金永续利用

从2002年始，农业综合开发产业化经营项目中有偿资金的使用实行担保借款制，即项目实施单位使用财政有偿资金要由具有法人资格、具有一定经济实力的单位或企业实行担保。十年间，我们先后扶持了6个农业产业化企业，9个有无偿相结合的项目。无论是有无偿结合重点项目还是有无偿结合一般项目，无论是国立项目还是省立项目，我们都在规定的时间内足额回收到期有偿资金及其占用费，并按时偿还上级。从2002年开始申报立项的项目单位没有未按时偿还有偿资金及其占用费的。十年间我们共计回收并偿还上级财政有偿资金及其占用费1727.94万元，使财政资金得到了永续利用。之所以能达到如此效果，与我们在项目申报时认真细致的工作是分不开的，首先是做好三个结合：一是申报企业上年度经营业绩状况与申报项目相结合；二是企业内部管理规范与否与申报项目相结合；三是企业带动农民增收的前景与申报项目相结合。其次是对竣工项目实行严格的验收。再次是对扶持立项的企业跟踪监测，每年度进行二次预警分析，随时掌握企业的经营管理态势。

启示八：农发培训务求实效，突出农业技术推广

对项目区农民及其产业化项目实施企业进行培训是农业综合开发项目的一项重要措施。实施农业综合开发项目培训本着求实效重提高的原则。在进行农业综合开发资金与项目管理培训的同时，突出农业实用技术的示范与推广。对此，我们一贯坚持县乡村三级培训，培训做到针对性、实用性，把项目区农民容易领会、愿意接受的农业技术以及农产品市场信息作为培训的重点。这些年，我县农业综合开发培训

副县长雷新平出席农业综合开发培训会

除了乡村各自组织的培训之外，我们每年组织前后三年项目实施村的两委成员、科技示范户、种粮大户以及农业产业化龙头企业、农民专业合作社的相关人员实施集中培训。或购买或印发农田实用技术资料。如蔬菜田频振灯防虫技术、玉米田二次包衣使用高巧技术、丰产方综合配套技术以及规模养殖（鸡猪羊）技术对项目区农民增产增收都起到了显著的效果，提高了社会影响力，同时也有效地凝聚了项目村两委干部的人心，激发了他们做好项目工程的信心和决心，奠定了做好项目的群众基础，为全县的科技兴农起到了示范推广效应。

启示九：资金拨付严格程序，突出项目资金安全

农业综合开发项目资金有着一套严格而有序的管理制度。在执行县级报账制这一框架下，土地治理项目的资金严格按照报账流程操作，实行农发财政双审制。无论是土地治理项目资金还是产业化经营项目资金，必须按照项目计划批复使用，不得擅自变更项目计划，不得随意改变工程资金额度和使用范围。在财政无偿资金的使用中，土地项目单项工程完工要组织验收核实，工程款以实决算。集中采购货物款要以入库清单为依据，验收质量合格后拨付资金。产业化项目工程完工后财政资金的使用要逐项核实，做到账实相符，并建立项目辅助账。财政资金的支出严格按进度拨付使用，县级验收后要接受项目资金专项审计。工程决算后预留10%的工程质量保证金，充分体现建管并重的项目管理机制。财政有偿资金的支出实行用款单位担保借款制。土地治理项目中项目村自筹资金的使用同财政资金一并管理。总之，在项目资金的使用与管理中做到了资金的安全有效。重程序严防工程与资金脱节，抓细节堵住资金的跑冒滴漏。

启示十：工程资料及时准确，突出项目档案完整

农业综合开发当年申报的项目都要从上年项目库中提取，项目实行动态管理是农发项目管理的一大特色。农发项目从申报到可研，从计划到批复，从管理到验收，从预算到决算都有详细的文字记载和一套表格数据，各种手续一环套一环，各种工程一项接一项。规范的手续

土地治理项目工程决算培训会

和翔实的资料既体现了农发项目精细化管理的要求，又实实在在地把握住了项目工程的质和量。农发项目工程的决算以及验收要求工程所涉及的资料及时准确、客观全面。项目档案资料形成一个完整翔实的资料库，是农发项目工程软件管理之需要。从资料上不仅要能够全面反映工程项目建设的全貌，同时也要为日后的查阅提供一套科学、规范、方便整洁的档案资料。

为此，要做到几个同步：①档案资料的收集管理要与立项申报同步；②档案资料的收集管理要与工程施工同步；③档案资料的收集管理要与工程验收同步；④档案资料的收集管理要与资金报账同步。

原载2013年《山西农业综合开发》第4期

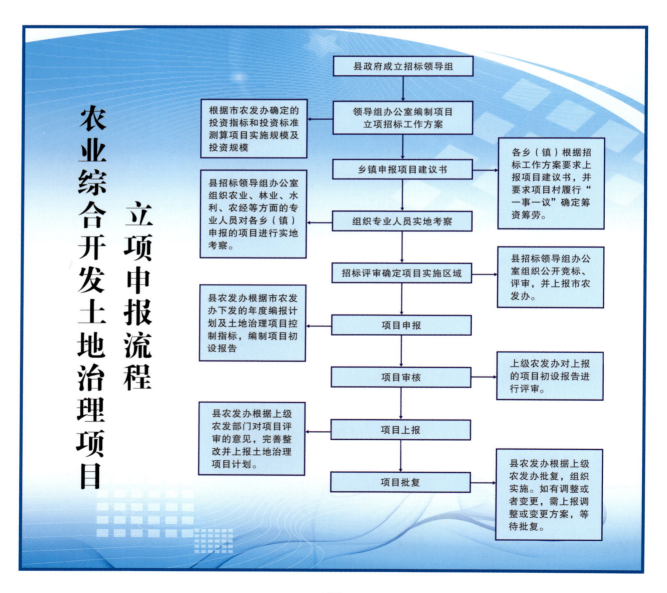

农业综合开发土地治理项目立项申报流程

县政府成立招标领导组

领导组办公室编制项目立项招标工作方案

根据市农发办确定的投资指标和投资标准测算项目实施规模及投资规模

乡镇申报项目建议书

各乡（镇）根据招标工作方案要求上报项目建议书，并要求项目村履行"一事一议"确定筹资筹劳。

县招标领导组办公室组织农业、林业、水利、农经等方面的专业人员对各乡（镇）申报的项目进行实地考察。

组织专业人员实地考察

招标评审确定项目实施区域

县招标领导组办公室组织公开竞标、评审，并上报市农发办。

县农发办根据市农发办下发的年度编报计划及土地治理项目控制指标，编制项目初设报告

项目申报

项目审核

上级农发办对上报的项目初设报告进行评审。

县农发办根据上级农发部门对项目评审的意见，完善整改并上报土地治理项目计划。

项目上报

项目批复

县农发办根据上级农发办批复，组织实施。如有调整或者变更，需上报调整或变更方案，等待批复。

夯实农业基础　助推产业脱贫

文/王斌

平遥县东泉镇圪塔村距县城20千米，有人口1187人，其中贫困户171户，贫困人口385人，耕地1757亩，该村为2016年整村脱贫村。

该村西面500余亩耕地，惠济河常年穿境而过，水源条件优越。近年来，受集体经济薄弱的制约，区域内的洪水干支渠及配套的渠系建筑物因使用年限久现已基本废弃，不能正常使用。区域内仅有100余亩流转用于设施蔬菜种植的耕地能够利用井水灌溉，其余涉及350户的350余亩耕地（有120户贫困户的120亩），不仅浇水成本高而且有的地块得不到适时灌溉，影响了当地农业生产的发展，制约了农民增收。

我们平遥县农发办作为该村扶贫单位之一，立足于该村的区域实际，充分发挥农发项目优势，在实施好常规项目赢得上级认可的基础上，连续2年为该村积极争取奖励资金项目，争取上级财政资金50万元，对该村惠济河两侧的500余亩耕地区域内的水利设施进行了完善配套。为将好事办实、实事办好，平遥县农发办从工程设计到工程验收、从工程预算到资金结算，每个环节都严格管理，保证了工程质量和资金的安全。项目共实施修建梯形渠道980多米，配套桥涵4座、丁字闸7座、节制闸9座、梅花闸1座，修建田间道路500多米。在今年春播以及雨季排退水期间，工程发挥了较好的作用，干群一致认为该项工程是一项脱贫工程、民生工程、惠民工程。

项目工程全部建成后，农业灌溉设施得到完善，农作物将得到适时灌溉，有效促进了区域内干鲜果以及蔬菜产业的发展，增强了农业发展后劲，为产业脱贫和助推乡村振兴战略奠定了基础。同时，该项工程还能够使灌区周边东泉、西坡、坡底、水磨头等村1600多亩农田的灌溉形势得到改善。

扶贫项目防渗引水工程

足迹

——献给建党96周年

文/霍维忠　王斌　侯丕信

古人云"雁过留声，水过地湿"，农发人春夏秋冬不一样的背影在项目区留下了相同的足迹。望着农发人的背影，令人遐想到的是一种公仆精神，传递给百姓的是一种服务与履职的理念，以及更多鲜为人知的奉献与付出。

秋风吹，落叶飘。农发人开始了新一年的项目规划与勘测。常言道，春华秋实，在这收获的季节，农发人并没有沉浸于喜悦之中，而是如同南迁的大雁展开双翅飞向远方一样谋划新的征程。晚秋凛冽的寒风吹着枯萎的秸秆呼呼作响，农发人举着标杆在田野规划、测量，对讲机里时而传来同事的召唤，一组组数据由此产生，一张张工程图纸在风啸霜寒中诞生，项目区农民的所需所愿从此便变成了一幅发展生产、夯实基础的开发蓝图。农发人走田间、到地头，进牛棚、入鸡舍，为的是县域产业的兴旺与发展。农发人懂得：产业兴则百姓富。

冬日里，农发人在简陋而拥挤的办公室精心策划、预算设计——走进陋室看到的是一个个面向电脑的背影，绘图的、列表的，还有伏案测算的，一项项工程预决算将经过农发人之手载入开发史册。紧张有序的工作节奏造就了农发人习以惯之的优秀品质。年复一年，日复一日，农发人在完成各项目标任务的同时，也在忍受着由此而带来的颈肩腰患的痛苦。然而，农发人没有害怕也没有退缩。大自然春秋冬夏有失有获，农发人亦有舍有得，得到的是项目区百姓的口碑，舍去的是忘我的付出。

春暖花开，万物复苏。农发人同自然万物一样充满活力，充满生气，开始了项目的实施。

农发办组织技术人员考察土地项目

宛如春播秋收一样，项目工程始于春、忙于夏、收于秋、藏于冬，真乃春生夏长秋收冬藏之自然之道也。项目因地制宜解决生产发展之瓶颈，因需设计建设高标准之农田。机、电、井、田、林、路、渠的综合配套，体现了夯实农业基础、提高农业综合生产能力的开发目标与宗旨。这一目标既是项目区农民之期盼，更是农发人之作为。

农发人的艰辛与付出换来的不仅仅是甘甜，也有苦涩。酉鸡之春，跃居全省之首的养鸡业遭遇了市场冲击跌入了低谷。面对养鸡人发自心底的呐喊，农发人愿默默地祈祷养鸡业能在酉年酉月走出低谷健步发展。农发项目源于政策、益于百姓，功在农发、利在民生，是党之恩泽、民之福祉。

夏日炎炎，行人避日，项目工地上日出而作，日落而息。滚滚的麦田在微风中传递着滚滚热浪，农发人汗流浃背的身影在工地上不忘初心检点工程，流出的是汗水，得到的却是喜悦。穿行往返于田间地头是履职之举措、监督之践行。农发人时刻铭记两个责任于心中，做到了内化于心、外化于行。

苗田里洒下了指导工程的汗水，养殖工地上留下了例行检查的脚印；果树田里引来了清澈的井水灌溉滋润，大棚蔬菜用上了现代化喷、滴灌水利设施；养殖业规模的扩张，品牌的创建，管理的规范无一例外地得益于农发项目的扶持。平遥"冠云"牛肉从规模扩张、产业延伸到牛肉文化建设以及循环经济的完善，都不失时机地搭乘了农综开发和世界文化遗产两驾马车，实现了牛肉与古城同在、冠云与遗产驰名，这一最佳组合体现了农综开发的善举与冠云人的勤奋。

风雪里有农发人踏下的脚印，烈日下有农发人督导的身影。禾苗在阳光雨露下不再是幼苗，田间小路开发之后不再泥泞不堪。农田变沃土，旱地变水田，今非昔比。农业节水灌溉是农综开发的风采，田间路车水马龙是农综开发的新姿，项目区绿树成荫是农发人回归自然的胸怀，大地五谷丰登是农发人回报社会的夙愿。

农发人如水一般清澈，如水一般滋润，亦如水一般坚韧和守矩。到江送客棹，出岳润民田，再现了上善若水的宽容与厚德；陋室绘蓝图，汗水洒农田，彰显的是农发人甘为公仆、担当为民、勤政节俭、奋发有为的时代精神。沿着时代精神的足迹前行，是农发人不懈的努力！

原载2017年《晋中农发动态》23期

农发人员检查验收土地治理项目工程

开发惠农

1999—2018

平遥县农业综合开发二十年实践与探索

平遥县农业综合开发二十年实践与探索之

项目管理

pingyao xian nongye zonghe kaifa ershinian shijian yu tansuo

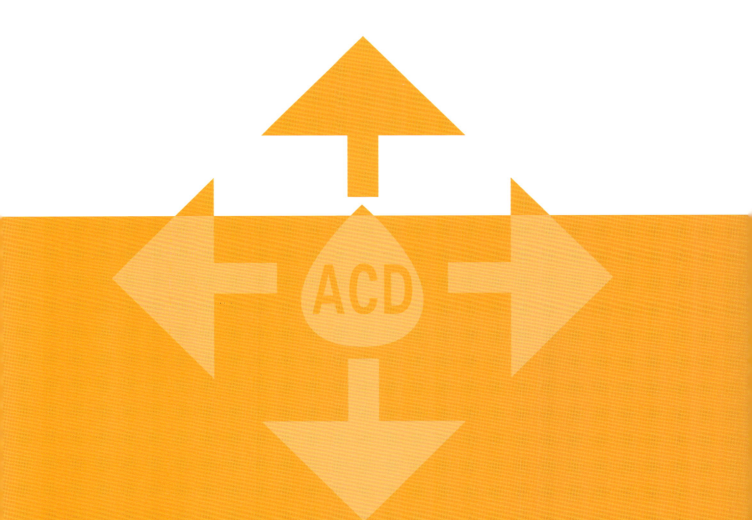

农业综合开发政策变革概述

文/霍维忠

平遥县农业综合开发从1999年开始实施，至2018年历经20年。从农业综合开发20年的财政扶持政策变革过程来看，平遥县农业综合开发的实施历程大致经历了四个阶段：一是国家农业综合开发财政扶持资金实行有无偿结合投入的阶段（即1999—2003年）；二是国家农业综合开发土地治理项目财政扶持资金实行无偿，产业化经营项目继续实行有无偿结合投入阶段（即2004—2008年）；三是国家农业综合开发土地治理项目和产业化经营项目财政资金全部实行无偿投入阶段（即从2009年至今）；四是国家农业综开发土地治理并轨为高标准农田建设项目阶段（即从2012年至今）。

在国家农业综合开发项目财政资金扶持政资金扶持政策调整完善的渐进过程中，其项目管理和资金管理政策也发生了相应的变化，同时项目实施中项目区农村集体和农民自筹资金的筹集管理也随之而变。

一、国家农业综合开发项目财政资金有无偿结合投入阶段

平遥县于1999年开始实施国家农业综合开发项目，是晋中市首家实施国家农业综合开发项目的项目县。当时，正值国家农业综合开发在经历了全面实施开发阶段之后进入战略转变发展阶段时期，农业发展进入了一个新阶段，农产品由"短缺"进入了自给自足、丰年有余的阶段。这时，随着农产品供求矛盾的变化，

项目区大棚蔬菜

国家加大了对优质高效农业的扶持力度。

1999年、2001年召开的国家农业综合开发联席会议上先后提出了"两个转变""两个着力""两个提高"的指导思想，这标志着农业综合开发进入重大战略转型的发展阶段。同时也提出了"一个坚持、四个重点、两项保障"的开发措施。

这一阶段，平遥县国家农业综合开发项目完成了6个土地治理项目和5个多种经营项目。这一阶段，国家农业综合开发实行"国家引导、配套投入、民办公助、滚动开发"的投入机制，以农民为主体，政府引导，社会参与，多层次、多渠道、多形式筹集农业综合开发资金。同时，这一阶段的财政投入资金均执行有偿和无偿相结合的投入机制。土地治理项目财政资金包含国家、省、市、县四级财政资金，自筹资金包含自筹现金（含以物折资）与投工投劳；财政资金中有偿资金的占比逐年降低，到2003年，除中央资金有有偿投入外（有偿资金仅占中央资金的10%），地方财政全部实行无偿投入；这一阶段亩均投资标准440元，1999—2001年农村集体和农民的自筹资金（含以物折资）与投工投劳分别按照与中央财政资金1∶1的比例投入，2002年为减轻农民负担，财政部将配套资金调整为农民自筹资金和投工投劳分别占到中央财政资金投入的50%。多种经营项目的投入资金包括各级财政资金和企业自筹资金（含企业银行贷款），项目建设单位（企业）的自筹资金不低于财政投入资金。

在这一阶段，依据国家农发办的有关规定，平遥县农发项目从2001年开始执行财政无偿资金县级报账制，2002年开启了项目立项和工程施工招投标，并于2002年对前三年竣工项目进行了审计，接受了上级检查验收。

二、国家农业综合开发土地治理项目财政资金实行无偿投入阶段（2004—2008年）

这一阶段是国家农业综合开发政策措施逐步完善阶段。围绕"深化改革、加强管理"的宗旨，农业综合开发坚持实事求是原则，调整完善了一系列重大政策措施，对各项管理制度进行了修订完善。从2004年起，土地治理项目的财政投入全部实行无偿投入，同时国农办重新

财政局长段兆义与农发办主任霍维忠研究项目资金

修订了《土地治理项目农民筹资投劳管理暂行规定》，将中央财政资金与农民筹资投入（含投工投劳）的比例调整为1∶0.7。2005年国农办再次出台新规，进一步降低农民筹资投劳比例，自筹比例由1∶0.7降为1∶0.5；在降低自筹比例的同时，适当提高亩投资标准，2007年亩均投入由440元/亩提高到530元/亩，2008年又提高到630元/亩。这一阶段完成了国立土地治理项目6个，省立土地治理项目1个，省立科技示范项目1个。

从2004年起，国家农业综合开发将"多种经营项目"更名为"产业化经营项目"，并且启动了投资参股经营试点项目，取消了专项科技项目，对土地治理和产业化经营两类项目内容重新整合定位。从2005年开始，中央财政资金给予贷款贴息扶持。这一阶段产业化经营项目的财政资金投入仍执行有无偿相结合的投入机制。本阶段平遥县共完成国家农业综合开发产业化经营项目5个，包括1个投资参股经营项目（平遥牛肉集团有限公司年产2万吨肉制品生产线扩建项目，国家和省财政参股1500万元），4个产业化经营财政补助项目。

在这一阶段，依据国家农发办规定，从2004年开始，农发项目开始实行项目和资金公示制度，2005年土地项目开始履行工程监理制度。

副县长牛起虎同省市领导在龙海考察

三、国家农业综合开发项目财政资金全部实行无偿投入阶段（2009—2011年）

从2009年起国农办采取了一系列深化改革措施，强调集中资金办大事，资金和项目进一步向粮食主产区集中，提出了"资金要向高标准农田聚集，项目布局要向粮食主产区聚集"的要求。相继出台了一批新规，取消了产业化经营项目中的财政有偿资金，财政资金全部实行无偿投入，并取消了投资参股项目扶持方式，土地项目启动了高标准农田示范工程建设项目；2009年土地项目亩均投入提高到了760元/亩，农村集体和农民自筹资金降到占中央财政资金的40%，2010年亩均投入又提高到910元/亩；2011年农民自筹配套比例降为中央财政资金投入的10%。这一期间共完成土地治理项目7个，其中国立项目5个，省市土地出让金用于农业综合开发中低产田改造项目各1个；完成产业化经营项目10个，其中财政资金无偿扶持项目

高标准农田建设项目林路工程

3个，财政资金贴息项目6个，省立项有无偿结合项目1个。

2009年6月4日山西省第十一届人民代表大会常务委员会第十一次会议通过了《山西省农业综合开发条例》，以法律法规的形式规范和加强了农业综合开发工作，该条例从2009年10月1日时起施行。

这一阶段依据国农办和省市农发办的规定要求，平遥县农发办进一步完善和健全了各项规章制度。

四、国家农业综合开发土地治理并轨为高标准农田建设项目（2012年至今）

平遥县国家农业综合开发土地治理项目从2012年开始实施高标准农田示范工程建设项目，

高标准农田建设项目亩均财政资金投入1200元/亩，其中，中央、省、市、县投入资金比为1：0.4：0.03：0.07。农民自筹资金占中央财政资金投入的10%。2013年高标准农田示范工程建设项目亩均财政投资提高到1300元/亩；2014年将高标准示范工程建设项目更名为高标准农田建设项目，2015年高标准农田建设项目亩均财政投资提高到1500元/亩；2017年省立项高标准农田建设项目亩均财政投资1100元/亩，2018年高标准农田建设项目亩均财政投资1300元/亩。从2015年起农民自筹（含折资）的比例没有硬性要求，只按项目区受益人口人均不超过15元进行筹集。这一阶段共完成15个土地治理项目。其中，国立项高标准农田项目7个，省立项高标准农田项目2个，省土地出让金项目5个（中低产田改造项目1个，高标准农项目4个），市土地出让金用于中低产田改造项目1个。

在这一个阶段，国农办为了加快构建新型农业经营体系，推进现代农业发展。2013—2015年立项扶持龙头企业带动产业发展试点和"一县一特"产业发展试点，明确从2016年起，农业综合开发产业化经营项目集中支持区域农业优势特色产业，重点实现扶持定位从项目向产业，实施主体从单一化向多元化，项目资金从主导向引导的"三个转变"。这一期间平遥县的特色产业确定为养殖业和林果业。该阶段共完成了28个产业化经营项目，其中国立农业产业化龙头企业项目12个（包含贴息项目7个）农民专业合作社项目16个。

各个阶段的部门项目和省市年终奖励项目都参照各阶段的投资规模、建设标准以及规范要求实施。

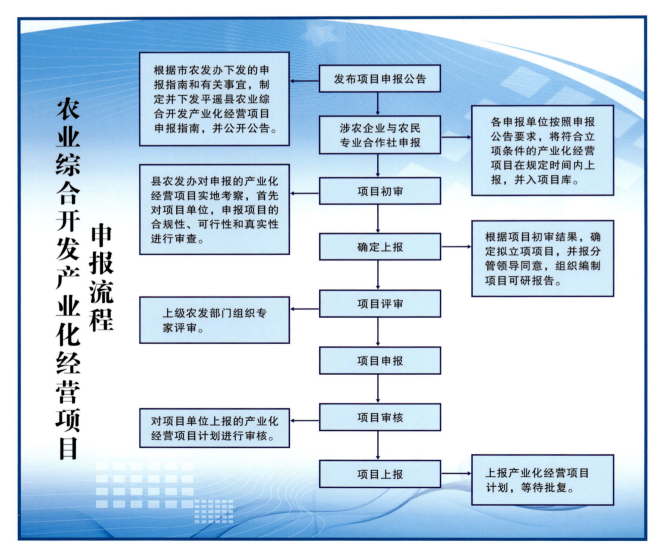

农业综合开发产业化经营项目 申报流程

根据市农发办下发的申报指南和有关事宜，制定并下发平遥县农业综合开发产业化经营项目申报指南，并公开公告。

县农发办对申报的产业化经营项目实地考察，首先对项目单位，申报项目的合规性、可行性和真实性进行审查。

上级农发部门组织专家评审。

对项目单位上报的产业化经营项目计划进行审核。

发布项目申报公告

涉农企业与农民专业合作社申报

项目初审

确定上报

项目评审

项目申报

项目审核

项目上报

各申报单位按照申报公告要求，将符合立项条件的产业化经营项目在规定时间内上报，并入项目库。

根据项目初审结果，确定拟立项项目，并报分管领导同意，组织编制项目可研报告。

上报产业化经营项目计划，等待批复。

改善水利灌溉设施 夯实农业生产基础

文/侯建国 侯丕信

水利是农业的命脉，农业的发展离不开水利灌溉设施的支撑。农业综合开发作为国家保障粮食生产和安全的一项重要支持举措，需要狠抓农业基础设施建设，始终将农田水利条件的改善作为项目实施的主要任务，加大投入、持续推进，着力提高农业生产条件，为农业的发展注入活力。平遥县作为全省的农业大县、产粮大县，县委、县政府抓住国家实施农业综合开发的历史性机遇，不遗余力，于1999年争取成为国家农业综合开发项目县，自此，农业综合开发项目开始在全县境内开花结果，硕果累累。

二十年来农业综合开发土地治理项目累计投资20895.91万元，其中财政资金18453.9万元（包括有偿资金475万元），自筹资金2442.01万元（含银行贷款120万元）。共计完成中低产田改造17.37万亩，高标准农田建设8.44万亩，建设优势农产品基地1.6万亩，农机项目0.1万亩。先后在洪善、南政、古陶、杜家庄、宁固、香乐、中都、襄垣、朱坑、东泉、卜宜、岳壁12个乡镇的95个行政村实施了48个土地治理项目。

通过实施农综开发，取得了显著的经济、社会和生态效益，农综开发项目区特别是近年来的项目区，基本达到了田成方、林成网、渠

项目区桥闸工程

相通、路相连、旱能灌、涝能排、效益高、能致富的治理效果。

农业综合开发项目的实施，有力地改善了农业生产条件，促进了产业结构调整，培育壮大了主导产业，推动了农业增效、农民增收和农村经济的又好又快发展。初步建成了一批优质、高产、稳产、节水、高效农田，项目区开发效益明显。为加快实施乡村振兴战略，县农发办大力改善农业生产条件，夯实农业基础，努力促进"产业新、农民富、农村美"的乡村振兴目标实现。

二十年来平遥县农综开发土地治理项目水利工程措施新建及配套改造排灌站（小型水库、塘坝提水、河道引水）5处，小型蓄排水工程13座，累计新打和修复旧井655眼，新修井房井台655处，埋设节水管道966.64千米，架设输变电线路151.27千米，开挖疏浚渠道205.67千米，衬砌渠道60.1千米，新修渠系建筑物2360座，新增和改善灌溉面积21.5万亩，其中新增节水灌溉面积15.05万亩，极大地改善了项目区农业基本生产条件，提高了农业综合生产能力。

综合二十年来的实际运行情况，平遥县农综开发水利基础设施建设工程根据不同区域的水资源配置情况，从设计角度出发进行水土平衡，从工程布局角度出发进行水源、渠系、节水管网的综合配套，大力推行节水，确保农田灌溉。按不同的灌溉模式可分为三个类型项目区：井汾双灌项目区、平川井灌项目区、丘陵山区井灌项目区。

一、平原区井汾双灌项目区

汾河灌区乡镇一直是平遥县的粮食主产乡镇。多年来，平遥县农业综合开发项目按照国家农业综合开发的战略指导思想，将粮食主产区作为实施农业综合开发项目的主战场，规模开发，持续推进。根据区域实际，采取充分利用地表水、合理开采地下水的开发理念，完善配套汾灌渠系，强化井用灌溉实施建设，走河井双灌之路，即在充分利用河水灌溉的前提下，因地制宜地利用现有水利设施，充分挖掘潜力，

项目区井汾双灌工程

进行水土平衡、大搞节水灌溉，先后完成洪善镇2个、南政乡4个、杜家庄乡6个、宁固镇7个、香乐乡7个、中都乡2个，共计6个乡镇62村28个项目区，共计配套完善渠系桥涵闸1799座，适量更新配套及完善旧井453眼、输变电线路88.7千米、增设节水管网540.9千米，开挖疏浚渠道200千米，衬砌渠道34.68千米，新建排灌站2处，小型蓄排水6处。项目实施后，区域内由过去单一河水灌溉变为河井双灌，改变了灌溉模式，项目区农田可以得到保浇，农民积极调产、增产增收的效益明显，促进了区域内高效经济作物的规模化发展。井汾双灌区共计新增和改善灌溉面积14.65万亩，其中新增节水灌溉面积9.31万亩。

二、平原区井水灌溉项目区

区域地理条件的不同带来了农田灌溉方式的差异，平原区受立地条件的影响，农田灌溉主要依靠开采地下水。井灌区项目涉及洪善镇2个、古陶镇2个、襄垣乡5个、朱坑乡1个，共计4个乡镇41个村10个项目区。在此区域走开源节流、机井智能节水管理之路，即因地制宜地利用现有水利设施，充分挖掘机井水源的潜力，完善渠系，

增设管网，扩大保浇面积，共计配套完善渠系桥涵闸378座，更新配套及完善旧井188眼，并根据村级机井管理实际，对项目区内的机井实施了智能化管理，增设输变电线路55.6千米、节水管网402.89千米，开挖疏浚渠道5.2千米，衬砌渠道16.6千米，新建排灌站1处，小型蓄排水工程4处。这些工程措施的实施，彻底改变了区域内的农业灌溉条件，使项目区农田得到保浇，为区域内粮食增产和蔬菜、水果等产业的规模化发展起到了积极的作用。井灌区新增和改善灌溉面积6.23万亩，其中新增节水灌溉面积5.41万亩。

三、丘陵山区灌溉项目区

库水、河水、井水三措并举，打造丘陵山区农业经济。丘陵山区的农业发展历来是县委、县政府关注的热点和难点，因受地理条件的制约，基础设施滞后，农业经济发展不快。随着国家对贫困丘陵山区以及贫困人口的倾力关注，

土地治理项目输变电工程

土地治理项目提灌工程

为丘陵山区农业的发展带来了福音。农业综合开发作为一项惠农举措，在脱贫攻坚战略中也不掉队。

丘陵区灌溉项目区涉及东泉乡5个、岳壁乡1个，朱坑乡3个，卜宜乡1个，共计4个乡7个村10个项目区。在此区域因地制宜地利用现有水库、塘坝等水利设施完善配套提灌站，配备提水设施，利用地形高差蓄积水源，配备蓄水池，适量挖掘机井水源潜力，配套输变电线路、增设节水管网、完善渠系配套等措施，丘陵山区灌溉项目区共计配套完善渠系桥涵闸174座，更新配套及完善旧井14眼、输变电线路6.97公里、增设节水管网22.85公里，衬砌渠道8.82公里，新建排灌站2处，小型蓄排水工程3处，项目实施后，项目区农田基本得到

保浇，改善了靠天吃饭的历史现状。共计新增和改善灌溉面积0.62万亩，其中新增节水灌溉面积0.32万亩。为丘陵山区干鲜果产业以及中药材产业的发展创造了较好的条件，为山区贫困人口脱贫打下了扎实的基础。

2012年朱坑乡乔家山项目区新打基岩井1眼，引用源神庙库水新建提灌站1处和修建高位蓄水池1处，配套管道2.5公里，线路0.9公里，防渗渠道3.0公里，进地桥涵40处，彻底改善了当地的农田灌溉难题，得到区域内干群的赞同认可；2015年东泉镇遮胡、东源祠项目区完善机井9眼，利用塘坝水新建提灌站1处、蓄水池1座，完善管网11.7公里，衬砌渠道1.7公里，修建进地管涵20处，保障了项目区农田基本得到保浇。2015—2017年连续3年的市级

奖励资金项目为贫困村岳壁乡上五村和东泉镇圪塔村实施了农业基础设施配套项目，在上五村项目区实施面积1300亩，投资30万元，新增节水管道450米，配套DN65农用消防带200米，新开田间道路7.85公里；在圪塔村项目区，充分利用河流水，投资50余万元，修建梯形渠道985米，配套桥涵4座，节制闸17处，整修田间道路520米，覆盖全村1100多人500余亩的耕地。3个奖励项目的实施，为区域内贫困户的农业经济发展起到了一定的作用，提高了农民的收入，为两个村的整村脱贫发挥了积极的作用。

往事回首，平遥的农业综合开发，既有成功的喜悦，也有管理不足带来的深刻影响。在二十年的农发项目实施历程中，平遥县农发办经历了从1999—2001年的起步摸索阶段、2002—2010年的逐步规范管理探索阶段和从2011至今的精细化管理实践阶段，一步一个脚印，赢得了上级农发部门和县委、县政府的肯定。雄关漫道真如铁，而今迈步从头越，平遥县农业综合开发将在今后的农业发展中再创业绩，做出更大的贡献。

副县长阎丰琴在项目区检查工程

农林科三措并举 提高农业综合生产能力

文/霍维忠 董海冰

项目区林路机井配套工程

农业综合开发的指导思想是不断适应新阶段农业发展的要求，以粮食主产区为重点，着力加强农业基础设施建设，改善农业生产条件，提高农业综合生产能力，保护农业生态环境，提高农业综合效益，增加农民收入。其目标任务是坚持把中低产田改造成高标准农田，通过加强农田水利基本建设，培土施肥、品种改良、生态治理、科技渗透，建设优质、高产、稳产、节水、高效农田，从而增强农业抵御自然灾害的能力。农业综合开发土地治理从当初的改造中低产田到现在的高标准农田建设都离不开夯实农田水利设施，离不开土壤的改良、品种的优化、生态的治理以及农民科技意

识的提高。农业综合开发正是在夯实水利设施的基础上，采取农业、林业、科技三措并举的配套措施，使农田在综合开发之后综合生产能力得以提高。

一、适应现代农业发展，提升土地产出能力

土壤是农业生产的基础，水利灌溉条件再好，如果没有好的农田土壤做支撑，农业生产也会受到影响。农业综合开发土地治理项目就是通过农业、林业、水利、科技的组装配套，采取适用的农业技术，既能改善水利条件、田间交通、生态环境，又能培育地力，提高农业

农业科技推广示范田

生物肥料，减少了化肥的施用量，为农产品安全发挥了作用。

为适应现代农业机械化的发展，我们将田间道路的拓宽硬化与农业机械的推广配套作为一项重要的工程内容。20年来投资将近5200万元，硬化了田间道路500余公里，有效改变项目区内田间道路交通状况，为农业机械作业通行及农产品拉运起到便捷作用；1999年到2011年，农发项目累计购置农业机械109台（套），有效提高了农业机械化作业程度，减轻了农民群众的劳动强度。从2011年之后，农机的补贴实行并轨，农发土地项目不再对农机购置进行补助。

为支持种子繁育产业，农业综合开发项目为县种子公司累计投资428多万元，新增良种仓库700平方米，建设良种基地4500亩，新增良种晒场3600平方米，配套种子加工、精选、烘干等设备25台（套），为当时种子繁育产业发展奠定了一定的基础。

20年来，项目区引进、示范、推广了一批先进适用技术，形成了一套成熟的技术体系和开发模式，项目区农业科技水平明显提高，区域优势农产品市场竞争力显著增强，农业效益和农民收入水平得到新的提升。土地治理项目

综合生产条件。农发土地项目中的农业措施，通过农艺技术来改良土壤，增强保土、保水、保肥能力。1999—2018年，平遥县农发土地项目共计投入2.089591亿元，其中用于农业措施的投入达到6792多万元，项目累计实施改良土壤7.94万余亩，硬化田间道路508余公里，购置农业机械109台（套），新增机耕面积3.55万亩。

为有效利用土地资源，在项目开发实施中，针对区域实际，对一些废弃的砖场、退水渠道以及荒草地、荒坡地进行了土地复垦，既改善了项目区的整体面貌，又增加了作物种植面积，累计增加作物种植面积2150余亩；通过实施以秸秆还田、深耕为主的改良措施，提高了土壤的疏松程度及土壤中的有机质含量，降低了土壤污染程度，又变废为宝，减少了人为焚烧秸秆给环境带来的污染；同时我们还积极引导项目区农民推广平衡施肥，合理施用有机肥以及

有效保护和改善了生态环境，促进了农业的可持续发展。

二、创新营林机制、优化农业生态环境

农发项目实施20年来，投入资金1513.4万元，植树86.4万余株，折合农田防护林1.51万亩，新增林网防护面积15.15万亩，项目区基本实现了田成方、林成网、渠相通、路相连、旱能浇、涝能排的农业新格局。

农田林网建设作为土地治理项目的一项具体措施，既是项目实施的重点，又是难点。针对林网建设中存在的重建轻管、产权不明、责任不实、机制不全、经费不足的现状，平遥县农发办积极创新机制，实行权责明晰的统一管理机制。

（一）产权明晰，实行责权利的统一

围绕林网建设中的职责权利，平遥县农发办积极探索林网栽植管护机制，不拘泥于一种体制，不绝限于一种做法，做到因村而宜，扬长避短，充分发挥其最佳效果，最大限度地调动林网经营户的责任性。

一是集体统管，保障经费，落实责任。回回堡、南良庄、闫家庄项目村两委班子战斗力强，群众护林意识强，村集体组建专职管护队伍，常年对项目区的树木实行动态监测。回回堡项目村创新苗木管理办法，对不耐寒的当年栽植的苗木实行薄膜塑料缠干的办法保证苗木越冬；南良庄项目村对管护队伍经常性地监督检查，对管护不到位的进行责任追究，除辞退外扣减管护工资，对管护效果良好、责任心强的予以奖励；闫家庄村的林木管护用村规民约进行约束和监管，目前林木保存率90%以上。

二是实行承包、拍卖、股份制经营，明晰产权，落实管护。东凤落、洪善村等项目村将项目区的路、渠经营权分段作价进行承包或拍卖，集体放权，让有经营能力的农户自主经营，既减轻了村集体的自筹压力，节省了集体的林网建管费，又提高了林网建设标准；2007年项目区东凤落村将区域内的路、渠全部拍卖，让经营户栽植管理，栽植的3万余株树木当年成活率达到95%以上；2004年项目区南侯村实行集体统一栽植，

土地治理项目林路工程

项目区葡萄种植

大户承包管护，成材后比例分成的股份制经营模式，栽植标准不仅高，管理效益好，目前林木多数成材，作价均在百元以上；2012年洪善村项目区栽植的林木验收合格移交到村集体后进行公开拍卖，实行大户经营管理，目前保存率达到85%以上。

三是培育大户，典型示范，规模经营。农田林网的效益要靠规模经营才能予以显现。2003年东张赵项目村村干部带头实行区域承包经营，林网标准高，效益明显，尤其是经营户李中林承包了3条路、1条渠，树木2万余株，现已进入盈利期；杜家庄项目村推行产业化经营，经营大户武宝平以林木为纽带，实行栽植—管理—更新—采伐—加工一条龙的运作模式，既实现了农田林网化，又获得好的经济效益。

（二）经济效益与生态效益双赢

农发项目农田防护林的高效实施，使项目区的林木覆盖率达到18%以上，改善了区域内生态环境，项目的实施，带动了项目村内的园林绿化，涌现出了南良庄、回回堡、桑冀、洪善等绿化示范村，改善了村容村貌，为项目区干群的生产、生活提供了优美凉爽的环境，推进了新农村建设；同时，农田防护林的实施，为林木经营户带来了可观的经济效益，据不完全统计，项目区栽植的速生系列杨柳树十年生长期后即可采伐更新，每株杨柳树年均增值10—15元，正常管理好的10年以上树龄的均在百元以上，项目区累计林业收入可达数千万元，涌现出了一批管理效果好的林木经营户，如东张赵村村民李中林2003年栽植的林木，现已获益20多万元，杜家庄村的林木经营户武宝平获益也在10万元以上，这对于经营管理者来说是一笔可观的收入。

三、强化科技引领，助推项目建设效益

科技推广措施作为农发土地治理项目的一项措施，20年来，累计投入690多万元，开展培训12.43万人次，示范推广4.08万亩，实施科技项目1个。通过项目的实施，农业实用技术在项目区得以应用推广，提高了项目区的农业科技含量。同时，在产业化经营项目的实施中，注重科技投入力度，引进先进的经营理念、物质装备、生产技术等要素来改变传统的经营模式，一批现代化的养殖、加工项目相继实施，企业的养殖、加工水平在全市乃至全省都位于领先地位。

（一）抓好技术培训，增强科技意识

一是开展政策宣传，利用各种培训，对农业综合开发政策、农发资金和项目管理等进行了宣传培训，提高了农发项目的知名度；二是依据项目区实际，针对性地开展实用技术培训，开展了蔬菜、瓜果种植管理技术、果树田间管理技术、病虫草害防治技术等实用技术培训；三是开展实地技术指导培训，聘请专业技术人员深入田间地头，对果树修剪

嫁接、种子包衣补锌、平衡施肥、玉米宽窄行种植管理等技术手把手地进行指导培训；四是利用广播、发放技术宣传资料和观看专题片进行培训。通过培训，项目区的农民素质得到提高，农民对科技的重视程度得到提高。

（二）注重试验示范，提高科技含量

项目实施以来，累计示范推广新品种、新技术4.08万亩。主要示范推广了小麦、玉米等新品种展示，无公害蔬菜频振杀虫技术、平衡施肥技术、玉米丰产方技术、玉米病虫草害综合防治、玉米保护性耕作等技术的应用推广，示范效果比较明显。试验示范的玉米丰产方技术，通过对种子采用"高巧"进行二次包衣，起到防治蚜虫、地下害虫、扩大根系的效果，同时依据玉米喜锌的特点，推广玉米田补锌技术，达到籽多粒饱的目的，实现玉米增产的示范效益，示范户反应亩均增产10%以上。回回堡村实施的精确农业灌溉节水科技示范项目，

农发办副主任组织项目村科技培训

通过对土壤墒情、地下水、空气温湿度进行实测显示，为项目区的不同作物生长需求进行适时的灌溉指导，带动了农民群众对科技的投入力度，增强了群众科学种田意识，使得农民对农业科技的认识得到进一步强化。

（三）、强化典型带动，注重示范引领

产业化经营项目实施中，平遥牛肉集团的3万头肉牛屠宰线，引进先进设备，开发出了冷鲜肉和分割肉系列产品，扩展了经营范围，满足了市场需求；国青公司引进韩国先进养殖技术，实行全自动化养殖管理，达到省内一流养殖水平，引进荷兰设备的鸡蛋分级包装生产线，实现从养殖到产品包装的机械一体化；全根、盛钰、保林合作社的饲喂及粪便清除全部实现机械化，减少了疫病的传播，提高了养殖效益；五阳公司引进全自动面粉生产线，生产的"健阳"系列面粉质量高、品质优。龙海公司50万吨饲料生产线，生产环节全部采用微机监控和实现机械化，生产效率高，劳动强度低，在饲料加工行业中占据领先地位，年出栏300万只肉鸡养殖基地，采用立体式笼养工艺，养殖技术达到全省乃至全国一流水平。通过一系列农发项目的立项扶持，培育壮大了一批在省内外有影响、有市场、有特色的农业龙头企业，使我县的传统产业更具优势，特色产业更为突出，农民增收途径更加广阔。

项目区芦笋种植基地

培育特色产业龙头 助推农业经济发展

文/王斌

平遥牛肉集团生产厂区

20世纪90年代，随着工业经济快速发展，农业收入占农民人均收入的比例逐年下滑，在此情况下，推进农业产业化经营已成为实现传统农业向现代农业转变，提高农业生产率、增加农民收入的必由之路。农业要发展，需要用工业的理念引领农业，走工业化之路，农业龙头企业作为上联市场下接农户的中间纽带，在推进农业产业化经营中将居主导地位，这就需要培育企业经营典型，注重示范引领，走循环农业、绿色农业、健康农业之路，实现由粗放经营向集约经营、循环经营迈进。

一、农业综合开发产业化经营项目扶持概况

平遥是农业大县、养殖强县，畜禽养殖总量位居全省前列，肉蛋鸡、生猪、肉牛、肉羊等传统养殖逐步向规模化、标准化养殖迈进，以平遥牛肉集团、龙海公司、五阳公司、国青公司为代表的农业加工龙头企业脱颖而出；中药材作为一项朝阳特色产业，产业发展也迈出了实质性步伐。农业综合开发作为财政扶持"三农"发展的一项重要举措，从立项之初，我

们就抓住平遥的优势传统特色产业，将畜禽养殖加工、中药材种植加工作为立项扶持重点产业，倾力关注。

平遥县从1999年开始，至今产业化经营财政补助项目（包括部门项目）累计投入3.294873亿元，其中财政资金投入7912.5（含有偿资金1747万元）万元，企业自筹（含银行贷款）25036.23万元，贴息项目累计投入中央贴息资金881万元，撬动银行贷款3.9618余亿元。20年来，农发项目累计扶持了平遥牛肉集团、龙海公司、国青公司、五阳公司、华春公司等11个农业企业以及晋伟、全根、保林、旺顺、英伟等7个农民合作社共计48个项目，通过一系列农发项目的立项扶持，培育壮大了一批在省内外有影响、有市场、有特色的农业龙头企业，使我县的传统产业更具优势，特色产业更为突出，农民增收途径更加广阔。

二、农业产业优势发展壮大 区域特色经济已成支柱

多年来，我县把培育农业龙头作为实施产业化开发的首要工程，精心打造，倾力推进。通过政策倾斜、信息服务、项目扶持，一批农副产品龙头脱颖而出，为全县的农业产业化进程发挥了作用。

（一）企业规模化生产迅速扩大

平遥牛肉集团公司是2000年由国有食品公司改制而来的股份制企业。改制之初，因资金瓶颈，发展缓慢，年销售收入仅2300万元。2003—2004年，农发项目注入资金635万元，解决了资金不足的难题，总投资2800多万元的年屠宰3万头肉牛生产线如期建成，解决了生肉外购的难题；2008年，投资参股项目注入资金1500万元，扶持企业上马了2万吨牛肉生产线，扩大了企业的经营规模，使企业步入了发展的快车道；2009年，扶持其新建肉牛养殖基地；2011—2013年，农发项目对企业流动资金累计贴息308万元，撬动了公司利用信贷资金拓展经营规模的速度，为公司的长足发展提供了有力的资金保证，标准化规模化养殖基地和牛肉文化博物馆如期建成，牛肉干生产线现已投产；2017年农发项目再次投入资金135万元，扶持其子公司新引进220头能繁母牛，从

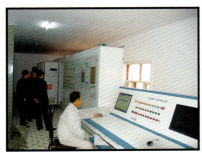

五阳面粉厂生产线

龙海公司肉鸡屠宰线

牛源上保证了牛肉产品的品质。通过多年的立项扶持，企业由原先单一的牛肉加工，发展到集饲草种植、肉牛繁育育肥、肉牛屠宰分割加工、牛肉系列产品加工、牛肉文化研发、双孢菇种植于一体的现代化企业。

龙海公司是一家以肉鸡饲养管理、雏鸡孵化放养、成品鸡回收为龙头，饲料生产为龙身，肉鸡屠宰加工销售为龙尾的企业。2005年，农发项目投入450万元扶持公司扩建了50万吨饲料生产线，在项目引领下，公司又建成年屠宰4000万只肉鸡生产线、年出雏4000万羽的孵化厂，生产规模和带动农户的能力扩大了两倍，跃居国内同行业前列；2009年，农发资金投资180万元支持该公司扩建了水产养殖场，2013年又投入财政资金750万元支持公司建成年出栏300万只肉鸡养殖基地；2011—2012年以及

2018年，累计为企业的流动资金贷款进行农发项目贴息351万元，每年撬动信贷资金5000多万元，推进了企业的快速发展。公司现已拥有年存栏42万套的种鸡场、年出雏5000万羽的孵化厂、年产56万吨的饲料厂、年出栏肉鸡300万只的养殖场，年屠宰肉鸡5000万只生产线、年加工鸡肉产品10万吨的肉联厂、年加工3万吨熟肉制品厂和库容2万吨的冷藏库以及水域面积280亩的水产养殖场，同时，内蒙古的肉鸡养殖基地陆续建成并投入使用。经营规模的逐步扩大，产业链条的更具完善，为企业带来良好的经济效益，2017年，公司实现销售收入10.21亿元，跨入全省百强民营企业行列。

国青公司是以蛋鸡养殖、鸡蛋购销为主的省级农业产业化重点龙头企业。2006年，农发项目注入资金450万元，支持企业扩建完成了

年存栏10万只蛋鸡无公害养殖示范园。在项目的带动下，公司又建成了年存栏50万只无公害蛋鸡科技养殖示范园；2010年农发项目扶持企业配套了鸡蛋分级包装生产线，提高了产品的科技含量；2009年、2011年国家农发项目对企业流动资金贷款累计贴息45万元，加快了企业的快速发展，有机肥厂、淘汰蛋鸡屠宰加工厂如期建成；2016年、2018年我们又扶持该企业在朱坑乡朱坑村扩建蛋鸡养殖园区，养殖规模达到24.5万只。到2017年底，公司蛋鸡养殖规模达到70万只以上，总资产达到1.75亿元。

晋伟合作社在农发项目4次立项扶持下，投入财政资金累计达到480万元，配套建设了中药材种植、加工等设施，使合作社由原先单一药材购销发展为现在的集中药材种植、中药饮片加工、中成药物流派送销售以及中医药文化于一体的生产经营企业，走上规范化、规模化发展之路，使药材种植成为全县农业调产、农民增收的典范；在农发项目的扶持和引领下，全根合作社的蛋鸡养殖规模达到40万只以上，跃居全县蛋鸡养殖第二，英伟合作社年出栏商品猪由原先的不足3000头发展到现在的4900头，祥源辉养羊合作社的年出栏肉羊达到1.38万只，较项目实施前翻了一番；旺顺、保林、盛钰等合作社的养殖规模均扩大到项目实施前的1.5倍。晋伟合作社、保林合作社跻身为国家级示范社，旺顺、盛钰也跨入了省级示范社的行列。

（二）企业品牌战略稳步提升

在产业开发过程中，着力注重企业的品牌意识，努力打造知名品牌，增强农产品的市场竞争力。牛肉屠宰线的上马生产，提高了牛肉产品的质量，生产的"冠云"牌牛肉2005年被授予"中华老字号"称号，2006年初又获中国驰名商标称号，品牌战略的推进，扩大了产品知名度，拓展了企业的销售渠道，2017年，

晋伟合作社中药材生产基地

公司完成销售收入7亿元，上缴国家税金4581万元，较刚改制的2000年分别增长30.4倍和20.3倍，成为全县的纳税大户，全省的百强民营企业之一；龙海公司生产的"辰宇"牌饲料评为山西省"名牌产品"，"辰宇"牌清真鸡肉荣获中国(山西)特色农产品交易博览会金奖，连续多年被评为山西省"著名商标"。在牛肉集团、龙海公司品牌战略的引领下，国青公司的"同盈"牌鸡蛋、全根合作社的"晋祺瑞"、保林合作社的"子欣"和盛钰合作社的"圆缘"牌鸡蛋进行了无公害认证，五阳公司的"健阳"牌面粉通过绿色认证。晋伟合作社的中药材基地进行了药品GSP认证，长山药生产基地进行了"无公害"产品认证和产地"地理标志"认证，主导产品长山药获全国农产品博览会金奖，成为山西特色农产品，其以过硬的产品质量赢

得了市场，注册当年，经济效益就实现了翻番，销售收入首次突破千万元大关。

（三）新型农业技术得以应用

在产业开发过程中，企业注重引进先进的经营理念、物质装备、生产技术等要素来改变传统的经营模式，努力提高农业科技的支撑和引领能力，推动传统农业向现代农业转变。牛肉集团的3万头肉牛屠宰线，引进先进设备，部分关键控制点采用进口设备，从活牛购进、屠宰、分割到排酸等工序均按照标准化生产，开发出了冷鲜肉和分割肉系列产品，扩展了经营范围，满足了市场需求。国青公司摒弃传统的养殖模式，引进韩国先进养殖技术，实行全自动化养殖管理，达到省内一流养殖水平，公司新上的鸡蛋分级包装生产线引进韩国先进设备，实现从养殖到产品包装的机械一体化；全

平遥牛肉集团系列产品

根、盛钰、保林合作社改变传统的蛋鸡养殖模式进行机械化标准养殖，饲喂及粪便清除全部实现机械化，减少了疫病的传播，提高了养殖效益。五阳公司引进全自动面粉生产线进行了生产设备技术改造，生产的"健阳"系列面粉质量高、品质优。龙海公司50万吨饲料生产线，生产环节全部采压微机监控和实现机械化，生产效率大幅提高，劳动强度明显降低，在饲料加工行业中占据领先地位；年出栏300万只肉鸡养殖基地，采用立体式笼养工艺，引进全套自动化系统，饲喂、温控、通风、清粪、出鸡全部实行自动化，有效提高肉鸡的成活率、降低养殖成本、增加养殖收益、保证养殖安全性及鸡肉肉品品质。

三、打造生态循环经济　发挥龙头带动效应

牛肉集团公司以绿色、安全、卫生为特色，推进循环经济发展。公司在建成年屠宰3万头肉牛生产线和2万吨牛肉生产线的基础上，因产业规模的不断扩大和产品质量安全和绿色要求，公司延伸产业链条，新建了百头肉牛良种繁育基地和标准化肉牛育肥养殖基地，填补了企业无肉牛基地的空白；为解决畜禽粪便，实现养殖基地零污染，又发展了100亩饲草种植基地，建成了12座食用菌棚，利用牛粪资源种植双孢菇，菌后基料作为有机肥施肥于田，实现了公司集饲草种植、肉牛繁育育肥、肉牛屠宰分割加工、牛肉系列产品加工、双孢菇种植于一体的循环产业发展。可以说，农业综合开发给冠云注入了新鲜的血液，使企业走上了标准化循环经济生产的轨道。

国青公司在饲料加工生产线和蛋鸡规模化养殖的基础上，2007年，建成了沼气集中供气站，利用鸡粪做原料制取沼气，沼液用于农田种植，解决养殖园区的废物排放难题。随着全县蛋鸡养殖规模的扩大，鸡粪处理和淘汰蛋鸡成为蛋鸡养殖企业的难题，为此公司建成有机

国青养殖饲料配送塔

市委书记张璞、县委书记李定武、县长王建忠在龙海公司考察

又建成年屠宰1100万只老母鸡标准化生产线和现代化老母鸡鸡肉食品研发中心，开发出了淘汰蛋鸡系列产品，实现了蛋鸡养殖的零污染。公司完善的"粮食收购、饲料生产、蛋鸡养殖、蛋品加工、老母鸡肉食品加工、肥料生产、种养技术推广与产品检测"的循环全产业链是农业综合开发助推蛋鸡养殖实现新发展的真实写照。

在企业自身发展中，我们非常注重与农户的利益联结机制，努力实现农户与企业的"双赢"。同康公司在原先发展中，按照"公司联基地、基地带农户"的运作方式带动全县3000余农户发展芦笋种植1万余亩，回回堡村民马晓瑞种植芦笋50余亩，亩均效益纯收入最高达到6500元以上；龙海公司开辟了"公司+农户"的肉鸡养殖管理模式，在公司让利于民、承担风险的条件下，通过种植、养殖等形式带动农户3.35万户，带动规模肉鸡养殖农户2200余户，养殖基地遍布13县市、36乡镇、105村，鸡肉

产品销售覆盖全国16个省市，38个区域；国青公司通过采用"供饲料、收鸡蛋"的经营方式，有效推进了全县蛋鸡养殖产业的规模化发展，到2017年底，全县蛋鸡养殖饲养量达到880万只，年产鸡蛋8.85万吨，涌现出了万只以上规模养殖户52户；五阳公司在本县及周边县区发展优质小麦基地5万亩，联结农户2.5万户；晋伟中药材合作社按照"合作社+基地+农户"的合作方式负责提供种苗、服务、收购等，实施产前、产中、产后全程跟踪，带动全县及周边1.2万余农户发展药材种植10万余亩，成为我县农业生产中企业、基地、农户三位一体的典范。

四、发扬晋商传统文化，诚信经营管理

平遥是晋商故里，晋商文化根深蒂固。平遥人民继承了前人诚信为本、守法管理的经营

理念。农业综合开发产业化经营项目立项扶持的项目单位法人，继承和发扬了晋商传统文化，在项目申报、工程实施、经营管理方面能够做到诚实守信，规范管理，特别是在产业化经营项目有偿资金偿还环节上更以凸显。农业综合开发产业化经营项目，从2009年开始取消了财政有偿资金全部实行无偿投入，在此以前实行有无偿结合的投入方式，从2002年开始进入偿还期。1999—2009年产业化经营项目累计使用各级财政有偿资金1747万元，前两年立项扶持的2个企业，匡企业经营管理不善，县级财政垫付偿还有偿资金240万元，以后年度立项实施的项目实施效果好、企业法人信誉度高，承借的有偿资金都能做到按时足额偿还，累计偿还有偿资金1477万元，赢得了各级财政的好评。

弹指一挥间，农发产业化项目已立项实施20年，通过一系列项目的高效实施，推进了全县的农业产业化进程，得到了项目实施企业和农民专业合作社的赞同和认可。今后，我们性情满怀，一如既往继续争取资金和项目，为促进乡村振兴战略再创业绩、再做贡献。

高标准农田建设项目工程报账

全面提升项目档案精细化管理水平

文/郝云琴 郝延芳

档案资料是单位工作的有效载体，是对单位工作开展情况的最有效的印证。其收集管理体现了单位管理工作的绩效。农业综合开发作为国家支持"三农"发展的一项重要举措，无论从农发政策制度的规定、项目的实施管理以及农发资金的筹集使用管理都需要有翔实的档案资料进行辅证。

一、完善设施，强化档案建设管理

平遥县农业综合开发项目从1999年开始实施，前三年，因没有专门的农发机构，农发项目由农、林、水、机等相关部门联合实施，在档案资料的收集整理方面做得不尽到位；随着农发项目的有序推进，引起了县委、县政府的重视，2002年6月成立了农发机构，专门从事农业综合开发管理工作。当年8月，国家农发办对前三年农发竣工项目进行了全面的检查验收，在农发项目档案管理方面指出了不足并提出了具体的指导性意见。对此，平遥县农发办高度重视：一是配备软硬件设施，配备了档案室，完善了档案管理器材和电脑等硬件设施，抽出专人负责档案资料的收集管理；二是规范整档，达标升级，聘请档案部门的专业人员为期1个多月对当时项目档案资料进行了管理指导，

农发人员实地收集工程档案资料

重新分类归档，既符合了档案管理的要求，方便了资料的查阅，又体现出了农发项目档案的管理特色，使我办的档案管理工作顺利通过了省二级档案管理工作的达标验收，为以后的档案管理提供了样本；三是参加专业培训，提升档案管理质量，每年，档案管理员都自觉参加档案管理部门的管理技术培训，提升业务管理水平，同时主动接受档案部门的检查指导，从而使我办的档案管理逐步走向规范化、制度化、科学化。

在实施农发项目管理的同时，狠抓项目档案的管理，对项目资料及时进行收集归档，资料内容涵盖资源调查、工程勘察、立项管理、检查验收、资金审计等业务开展方面形成的各类文书、图表、财务账簿等的内容，也包括人大调研、政协视察以及各级领导的观摩形成的报告资料、声像、电子方面的资料等，并进行分类归档，保证了项目档案的连续性、完整性，档案管理工作也向规范管理发展，由低规格向高标准迈进。

二、及时收集归档，做好档案管理工作

截至2018年，平遥县农业综合开发将走过20年的历程，从档案资料查阅总结，20年来，累计投入资金5.472564亿元，共申报实施了农业综合开发土地治理项目48个，治理面积25.81万亩，覆盖了全县12个乡镇的95个行政村；产业化经营项目累计扶持11个农业企业和7个农民合作社共计48个农业产业化项目（包括4个部门项目）。这些项目形成的档案资料累计整理档案1250卷、858件，其中土地治理目档案920余卷，产业化类档案130余卷，其他类档案200余卷，照片1150余张，录音磁带4盘，并分类有序存放在档案柜中。

三、坚持"四个同步"，有序推进档案管理工作

农发项目档案贯穿着农发管理工作的全过程，项目申报立项、审批实施、竣工验收、建后管护等每个管理环节都有不同类型的档案资料形成，都有时效性。为保证农发项目档案资料的健全、完整、规范，平遥县农发办在实际工作中，切实把农发项目建档工作纳入农发管

项目档案资料整理

理的工作程序，贯穿于农发管理的每个环节，具体做到了"四个同步"。

一是档案管理与项目立项申报同步。从项目立项着手抓好资料的收集，对土地项目立项的招标方案、招标文件、项目建议书、现状规划图、村级"一事一议"以及产业化项目的申报书、可研报告进行及时收集、归档。全程跟踪项目立项资料的形成，从源头上防止项目资料的流失，对未中标的土地项目资料及未批准立项的产业化项目作为备报项目全部纳入项目库，为以后项目申报提供参考，在下一年项目申报时，从项目库中调出备报项目，优先考虑，择优选项，实行动态化管理。

二是档案管理与项目工程施工同步。项目批复下达后，及时了解掌握项目实施的各项工程，并积极参与项目工程的检查，协调工程监理员及工程负责人掌握项目工程的实施进度，对项目建设每个阶段形成的工程资料进行督查收集，确保项目工程资料的真实、准确，做到项目一立项就建档，材料一形成就收集，任务一完成材料就齐全。

三是档案管理与项目验收同步。项目竣工后，参与农发项目的竣工验收，了解掌握竣工工程的数量及质量，对建设或施工单位提供的自验报告、竣工报告、工程管护等相关资料的真实性进行审核，对材料不规范、不齐全的要求建设或施工单位进行完善，以提高归档材料的真实完整，并对形成的验收资料全部进行收集整理归档。

四是档案管理与资金报账同步。项目竣工验收合格后，对资金报账进行全程跟踪，对建设或施工单位提供的工程预决算、工程发票的真实性严格审核，对实物领料单、工程验收单、预决算、用款计划、报账单、支付申请等报账资料中的工程量、报账资金的一致性进行审核把关，及时收集归档，同时对项目村的自筹资金凭证、自筹台账和投工折资台账进行审验归档，保证了财务资料的规范、真实、完整。

四、发挥档案功能，搞好开发利用

农发项目档案管理工作就是要完整、准确、客观地反映农业综合开发资金和项目管理的真实面貌，以便日后的检查和查阅。近年来，我们制定了档案查借阅制度，建立了查借阅登记表、利用效果登记表，编制了全宗介绍、案卷目录、全引目录等检索工具，为档案资源的开发利用打好了基础，为项目科学实施等提供了全方位的服务。

土地治理项目立项考察

公开建设标准 公平竞争立项

文/成志芳 霍维忠

平遥县农业综合开发土地治理项目及产业化经营项目经过两个多月的积极筹备，于2004年12月17日在党政办公大楼五楼会议室通过公开竞标，确定了2005年度土地治理项目和产业化经营项目。

这次公开招标农业综合开发2005年度项目，严格按照《国家农业综合开发项目招投标暂行办法》之规定进行程序化操作，专门成立了由分管农发工作的政府副县长担任组长的招标领导组，并聘请农业、水利、林业、财政专业技术人员及其监委担任评标委员会成员，在公开项目建设内容、标准、申报条件的基础上，组织评委分别到土地治理申报项目区及产业化经营企业单位进行了认真的考察调研，对申报项目的建设内容、规划设计、组织措施、资金筹措以及效益分析等项目内容进行了分析研究。在各申报项目单位陈述的基础上，评标委员会成员根据评分细则逐项进行评分。土地治理项目香乐乡西王智项目区以595分位居三家投标单位榜首，获准申报立项，对产业化经营项目的投标企业单位龙海实业有限公司、绿珍保鲜中心、国青饲料有限公司进行了打分排队。

这次公开招标立项自始至终坚持了公开、公平、公正的原则，立足平遥客观实际，注重项目建设效益。体现了三方面的特点：一是公开招标条件，公平竞争立项，避免了项目确定上的人情网、关系户，有利于公平竞争，实行"阳光作业"，有利于接受社会的监督，有利于今后项目工程的实施。二是通过公开招标立项，大大地提高了项目建设单位的积极性和责任性，提高了项目区广大干群的参与意识，有利于自筹资金的落实。三是公开项目建设的标准和要求，对于提高项目工程的建设质量标准和工程建设进度起着十分重要的作用，为建后工程项目效益的发挥和管护奠定坚实的基础。

摘自2005年《山西农业综合开发简报》第11期

农发办主任霍维忠考察产业化经营项目

平遥县围绕春耕开展工程项目

文/王斌

　　平遥县2007年中低产田改造项目在杜家庄乡的东凤落、西凤落、梧桐、仁庄四个项目村实施，计划改造中低产田1.136万亩。县农发办紧跟农时，围绕春耕生产，采取先干后补机制，在项目区积极开展工程项目。

　　一是抓住春季植树的有利时机，搞好项目区的林网植树工程，积极为项目区组织调运优质速生杨苗木4.5万余株，植树工作正在抓紧实施。二是督促项目村，进行旧井维修配套，保证工程在春耕生产中及时发挥作用。三是围绕春浇工作，为项目区赊回地埋线4500米、地下节水管道6000米等物资，解决了项目区春浇配套问题。四是结合春播，与县种子公司达成供种协议，为项目区订购优质玉米种子6000公斤。五是结合春耕生产，开展科技推广工程，委托县农业局技术部门针对项目区的种植实际，为其提供农业生产技术资料，并聘请农业技术人员深入项目区开展科技培训，实地指导农业生产，从而提高项目区的农业科技含量。

原载2007年《山西农业综合开发简报》第6期

项目区种植经济林

浅谈育苗植树成活的有效做法

文/霍维忠　王斌

农综开发是一项机、电、井、渠、田、林、路综合配套工程，是由传统农业向现代农业发展的一项战略性举措，也是增加农民收入，建设社会主义新农村的支柱力量。它持续时间长，需要在科学发展观的指导下，真抓实干，积极探索与完善。现就林业植树谈一下我们近几年来摸索到的一点成功经验和办法，供领导参考。

植树，成活是基础，管理是关键，效益是核心。那么怎样才能保证育好苗、植好树呢？

一、更新观念 科学植树

在我们汾河区，传统的植树方式，仅选择在春季，且惯厌俗套"栽树没巧深挖实倒"，不浇或只浇一水，不治虫，少管护，导致植树不见树，效益无几，劳民伤财，损失浪费不可估量。尤其是改革开放实行家庭联产承包责任制后，由于传统杨树、柳树品种旧、生长期长，对农作物影响时间长，林业的效益也短时间不为鲜见，眼光现实的人们甚至将树木毁于一旦。近年来，各项目区乘农综开发的东风，打破陈规陋俗，从基础工程抓起，经整修，使渠路畅通无阻，形成了路笔直、树成行、品种新、见效快的林网新格局，极大地增强了项目区干群植树护林的积极性，为增加农民收入营造了绿色银行；同时，在管护措施上实行了与受益人直接挂钩等多种营林机制，各项目村均取得了不同程度的效益，为绿化环境、保持生态平衡、营造农田小气候发挥了积极的作用。然而，美中不足的是，由于近年来当地苗源不足，外调苗木失水较严重（有些个人育苗在苗圃里就已缺水），加之村民以及部分村干部栽植经验缺乏，浇水、治虫、管护不够及时到位，成活率

土地治理项目苗圃农田整地

土地治理项目苗圃基地

不高，致使部分村民甚至村干部对林网植树产生了消极情绪，认为速生杨不适合当地栽植，不顾生长势强弱，效益高低，一面之词地说速生杨不如老杨树、老柳树，于是出现植树不管护、秋后少见树等现象。殊不知，科学时代，苗木的树种更新、栽植管理需要一定的科技含量，观念必须更新。在林业及农发部门指导下的平遥县跨世纪苗圃基地，建立五年来，经过不断实践，探索出了一套适合汾河地区育苗、植树较为行之有效的好办法。

二、精心管理　育好苗植好树植树

（一）育苗

1.对育苗的时间的要求：最好选择春季，在每年3月15日—4月15日一个月内进行，秋季育苗则成活率相对较低。

2.对土壤的要求，最好选择中上等地为宜，这样更有利于保全苗、出壮苗、育好苗。耕地前每亩撒施20—25公斤硝酸磷钾肥，有条件的可上5000—10000斤左右农家肥。还应喷打150毫升左右的氟乐灵除草剂；耕地1—2次，先盖塑料后插秧，速生杨株行距以30×60厘米为宜，亩出苗率可达80%，合2966株，出圃率85%，合2521株（合格苗2000—2200株）。

3.对插条的要求：亩用无病1.5米以上插条550—600根，每根可截木质化插秧（18—22厘米）5—6截，最好用木工电锯截，以防插条破裂，影响出苗，为适应不同类型地块用苗，插条要选用品种多、品种优，并且在地内将不失水的现苗分类分片培育。插条截好后，要及时装进编织袋在水池内浸泡24小时以上，再进行人工扦插，插好后用铁锹顺行溜土覆盖插条拢眼。

4.对水肥的要求：浇水追肥插条插好必须及时浇足低墒水，这是保证出好全苗的关键。出苗后，人工用小铲逐株淤土去掉步根草，待苗木长到25—30厘米左右时，每窝留一株好苗，其余新长出树枝全部除去，并中耕除草，6月底、7月初结合伏浇每亩可追25—50公斤尿素，10月底、11月初亩追尿素或复合肥15—25公斤，同时，浇第三次秋冬水，来年春季割插条时不会失水，也有利于冬季壮根，春季缓苗生长。

5.育苗第二年割插条后，与上年管理办法大致类同，只增加一两次夏季抹芽修剪插枝即可。

另外，充分利用水肥条件较好、前茬塑料基本损坏不大的地块，第二年春季可免耕，育苗效果也较好，这样省工、省钱，能抢早插树秧。

（二）植树

1.植树时间，最好结合秋浇，在10月底、11月初栽植，有利于冬季扎根和第二年春季提高成活率，改变过去仅在春季植树的旧规矩，个别树种落叶迟，打掉叶子也可栽活。无秋浇条件的只好春栽，一般在3月15日—4月初进行。

2.对土壤的要求，不怕薄地只怕碱地。不少渠道是多年的老渠道，经过整修更新，重植新品种树，土地瘠薄是经常遇到的，但只要不是重盐碱地就行。我们可以结合开发区平面示意图标明土壤的类型、土壤化验，然后，选择对路树种，有利于提高成活率。挖坑可根据苗木根系的大小来定，一般胸径3厘米以上的大苗，挖50—70厘米的坑穴，以便浇树蓄水保墒。

土地治理项目苗圃基地

3. 对苗木的要求，无虫蛀圪塔病苗，力求粗细、高度整齐一致，特别要选择在苗床内苗木吃水趋于保和，而且，要挖好坑后起苗，苗木要求须根、主茎达到20厘米左右，即起即栽；如遇工程量大现起苗木供不应栽，需提前起好备用苗或当日栽剩的余苗，但须将苗木在水坑内浸泡12—24小时，确保苗木不失水分，保证树木成活。3.5厘米（胸径）以上的大苗最好采取3.5米高左右进行截杆，这样便于成活，因地制宜选择不同树种也是有利成活的一大举措，如中等好地采用中荷2号，搭配107号速生杨，效益非常明显；中下等地采用108号、速生杨、国槐、柏乐；轻碱地用群众杨、小黑杨、北京杨、优胜杨、沙毛杨、漳河柳、椿树、垂柳、枣槐为宜。在苗木紧缺的情况下，可少量采用现起现栽的苗高2.5米且不失水的当年树苗，这样也能栽活。

4. 水利是农业的命脉，也是植树的关键，即挖即栽即浇是林网植树的系列工程，栽植后必须及时浇足底墒水，如遇天旱还需在短时间内连浇二水。此外，每年伏浇很重要，冬浇、来年春浇不能少，速生杨生长最快，受效快，因而需水量也大，千万不可忽视水的作用，没条件的拉水也要浇。

5. 治虫。传统植树，认为只要当年长出新枝叶就为成活了，而速生杨是引进南方或国外树种，属长势强的嫩枝叶树种，必须在前一、二年治虫，主要是俗称"蚂害害"的绿翅膀小飞虫，又叫"浮尘子"或"叶蝉"，它会爬在树1—2米高以下将树皮划破进行排卵，会使树木被来年早春风吹致死，杂草多处危害越重，严重的可形成大面积毁灭性侵害。因此，我们必须抓住9月28日—10月5日这一星期的时间，采用"敌氧乳油"或直接将敌敌畏和氧化乐果混合按照常规说明剂量搭配，全部将近两年新植速生杨2米以下周围普遍喷打1—2次。抓住治理黄金时间，要细喷打，绝不能不治，治了的树木第二年春季能够按时缓苗，成活好且生长旺，不治的有可能前功尽弃。

在总结经验、吸取教训的基础上，苗圃的同志们以科学发展观为指导，艰苦奋斗，不断进取，先后在近500亩基地上，成功地栽植速生丰产林树木30000余株，仅3年时间苗木胸径均在3—8厘米；育成1—2年生速生杨等苗木150余亩，苗全苗壮，长势十分喜人，为我县及周边各县农综开发林网植树提供了保障。

项目区林路工程

三、强化领导 合理规划

要想使有限的植树资金发挥最大的经济效益，我们认为，在树木栽植前必须对项目区进行合理规划，计算出各项目村所需苗木的品种、规格、数量，再实地考察苗圃所出苗木的质量，做到现起现栽，同时要落实好管护责任；第二年补植要按上年应植量的20%—30%的树苗进行补助（不足部分由栽树受益人自行购苗补齐），第二年底或第三年验收不达成活率标准要求的，保质金不予兑现。当然，配套措施也是十分必要的，可采用激励机制，对一线干部或利益挂钩户按成活率奖惩，还可试用划定区域中标栽植，按成活率分期付款；又可由苗圃基地整渠整道栽植承包栽植，树形象摆样板，增强说服力，真正让项目区的林木能够栽得上、栽得活。

总之，我们经过不断实践，能够保证育苗成活达到90%，植树成活率达到80%。我们建议，在今后农业综合开发的林网工程建设上，应注意参照上述办法要求，着手培育自己的苗木基地，搞好项目区林网规划，多环节落实配套措施，实行责权利相统一，确保农田林网建设取得实效。

原载2007年《山西省农业综合开发简报》40期

土地治理项目农田林网

围绕县域经济发展 助推产业升级

文/霍维忠

产业化经营是农业专业化、规模化、标准化生产的载体，是构筑现代农业产业体系的重要环节，也是带动农民增收的有效途径。近年来，平遥县农发办紧紧围绕"县域经济发展、提升产业品位"这一主线，积极培育农业主导产业，壮大农业产业化龙头，2009—2012年，累计投入3500万元，其中财政资金1054万元，先后扶持了平遥牛肉集团、龙海公司、国青公司、五阳公司、晋伟合作社、全根等6个企业的20个项目。通过项目扶持，建成了一批有规模、有特色、有市场、有效益的优势产业，涌现出了"冠云"牛肉、"同盈"鸡蛋、"晋伟"中药材及长山药、"辰宇"牌饲料等一批知名产品，初步形成了从传统农业向现代农业发展的良好态势，促进了全县农业和农村经济的发展，为农业增效、农民增收发挥了积极的作用。

一、夯实前期工作，择优申报项目

平遥县农发办把壮大农业龙头作为发展县域特色经济、提升农业产业化品位的出发点和落脚点，精心打造，倾力推进。在产业化经营项目申报中，履行"四个程序"，坚持"四项原则"，公开选项，择优申报。履行四个程序：一是前期深入企业调查摸底。项目申报前，

牛肉集团华春养牛基地

保林蛋鸡养鸡场

县农发办先行一步，深入企业及合作社等经济组织对其经营状况、项目储备、信用等级以及基地建设等进行调查了解，掌握企业的第一手资料；二是公开申报条件，多渠道选择项目。每年申报项目之前，要通过电视、报纸等媒体在全县公开申报条件、扶持范围、扶持重点。拓宽项目申报领域，并精心指导企业进行申报，做到有的放矢；三是实地考察，严格把关。在企业自愿申报的基础上，组织专业人员对其经营管理、基地建设、选项前景等进行实地考察，并对申报材料的真实性进行核查，对申报不实的实行一票否决制；四是精心筛选，择优申报。对符合条件的项目，认真分析其可行性和必要性。项目选择既要考虑在县域经济中的带动性，也要考虑在全行业中的竞争力，做到知己知彼，不搞人情项目，不报关系项目，好中选优，优

中选强。坚持"四项原则"：一是坚持选区域特色明显、技术含量高的产业，不选盲目效仿的项目；二是坚持选市场前景广阔、实施效益高的项目，不选缺乏产业开发潜力的项目；三是坚持选企业经济实力强，示范带动性好的项目，不选对县域经济贡献率低得项目；四是坚持选经营管理体制健全的项目，不选内部管理机制先天不足的项目。多年来，平遥县在产业化经营项目上始终坚持从大局出发，严把选项条件，严格选项程序，坚持选项原则，因而，历年选报的项目都得到了上级部门的立项扶持。

二、围绕县域经济发展，培育农业主导产业

牛肉产业是平遥的传统产业，2000年以前，由于产品单一，原料靠外购市场波动大，加之

资金相对紧缺，使得企业发展空间小，经济效益不高，对当地农民的贡献率低，没有真正形成主导产业。针对牛肉产业发展较慢的现状，县农发办围绕县域经济发展，抓住平遥牛肉集团这一加工牛肉产业龙头，重点扶持，延伸产业链条，拓展加工规模，提升产品品质。农发项目在连续扶持企业肉牛屠宰生产线、冷藏设备，扩大到2万吨肉制品生产线的基础上，2009年又支持该公司新建了百头肉牛良种繁育基地，弥补了企业无肉牛基地的空白，使企业形成了从肉牛良种繁育—肉牛养殖—肉牛屠宰—传统肉制品加工—冠云品牌的产业化经营链条，促进了全县肉牛养殖及其牛肉加工产业的规模化发展，到2012年上半年，全县肉牛养殖涌现出云青、建光等300头以上的规模养殖户35户。连续两年扶持的产业化经营贷款贴息项目，对企业生产收购农产品所需的流动资金贷款予以贴息，加快了企业利用信贷资金自我完善发展的进程。

养鸡业是我县农村经济发展的一项新型主导产业，前些年，由于养殖规模小，标准化程度低，养殖风险大，经济效益低，影响了养鸡业的规模化发展。针对这一发展现状，县农发办审时度势，本着扶

持农业产业化就是扶持农民的经营理念，注重培育农业龙头企业，引领企业建立基地连接农户，通过龙头企业竞争力的提高来提升企业的带动效应。平遥龙海公司是以雏鸡孵化、成品鸡回收为龙头，饲料生产为龙身，肉鸡屠宰加工为龙尾的农业企业，国家农发项目在扶持该公司新建饲料生产线的基础上，2009年部门产业化项目扶持企业扩建了水产养殖示范场，2011年、2012年农发项目又对企业饲料生产所购玉米发生的流动资金贷款予以贴息，保证了企业饲料生产的正常运行，满足了市场供应，促进了企业利用信贷资金进行上档升级。在生产经营过程中，公司开辟了"公司+农户"的养殖经营模式，带动了一批靠肉鸡养殖增收致富的养殖户，全县放养量达到2000万只，万只以上的规模养殖户发展到100户，在农发项目的引领下，公司的生产规模和带动农户的能力扩大了两倍，跃居省内同行业前列，到2011年底

国青集蛋车间

销售收入达到7.34亿元，实现利润1551余万元。平遥国青公司是以生产蛋鸡饲料、蛋鸡养殖、鸡蛋购销为主的农业龙头企业，2006年扶持该公司新建了10万只无公害蛋鸡养殖小区，提升了企业蛋鸡标准化养殖水平，2009年、2011年对公司饲料生产所需原材料收购贷款予以贴息，保证了基地养殖户的饲料供应，2010年又扶持该公司新上了年处理800万公斤鸡蛋分级包装生产线，提高了蛋品的商品值，解决了基地农户鸡蛋销售这一难题。目前，"同盈"牌鸡蛋已在太原、阳泉、榆次等城市的大中型超市成为热销品牌。2011年、2012年连续两年扶持全根合作社的无公害蛋鸡养殖，使其改变传统的养殖模式进行标准化养殖，饲喂及粪便清除全部实现机械化，减少了疫病的传播，提高了养殖效益。在项目引领下，国青公司、全根合作社采取供饲料、供技术、回收蛋的运作管理模式，积极与农户协作，降低农户的养殖风险，

带动全县蛋鸡的规模化养殖。龙海、国青、全根已成为全县养鸡业的旗舰，在其带动下，养鸡业成为我县农业经济发展的一大主导产业，全县鸡的饲养量达到975万只，在全省名列前茅。

中药材种植是近几年我县发展起来的新型产业，由于缺乏龙头企业的带动，种植分散，组织化、规模化程度较低，种植效益还不突出。为积极培育这一朝阳产业，2009年农发项目扶持晋伟合作社建起了中药材种植示范基地和中药材初加工设施，一改过去纯粹的中药材经销商为与农户签订购销合同建立自己的中药材种植基地，形成"合作社+基地+农户"的经济联合体，辐射带动了当地及周边地区的规模化发展，种植规模迅速扩大，2011年达到2.0万亩，亩均增收3000元以上，带动农户1100余户。药材种植现已成为我县农业调产、农民增收的典范。目前，该合作社拥有中药材种植示范基地、中西药经销批发市场，社员资金互助社，围绕建

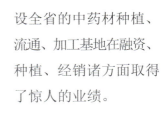

设全省的中药材种植、流通、加工基地在融资、种植、经销诸方面取得了惊人的业绩。

三、打造品牌战略，提升市场竞争力

在产业化经营过程中，平遥县农发办积极引导企业树立标准化意识、品牌意识，努力打造知名品牌，提高市场

市农发办主任武景林一行检查国青养鸡场

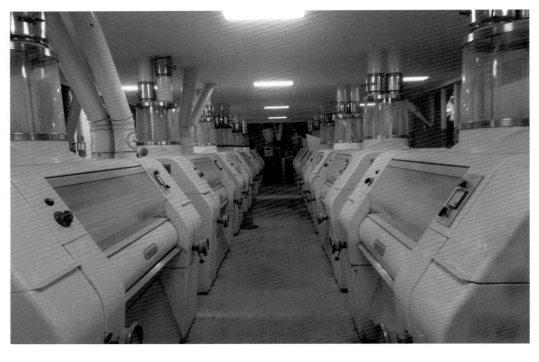

五阳实业公司面粉生产车间

竞争力。平遥牛肉集团肉牛屠宰生产线上马后，实现了从活牛购进、屠宰、分割到排酸等工序的标准化生产，从肉源上为牛肉产品提供了保障，提升了产品质量，在项目带动下，公司加强自身管理，努力打造知名品牌，注册的"冠云"牛肉被认定为"中国驰名商标"。"冠云"品牌得提升，提高了其市场竞争力，销售网络迅速扩展，省内市场辐射率达到100%，省外辐射到全国各大城市，经济效益成倍增长，到2011年底销售收入达到4.4亿元，纳税2750万元，位居全县纳税第三；国青公司、全根合作社的无公害蛋鸡养殖示范小区，配套了微机监控监测，饲喂及粪便清除全部实现机械化，达到省内一流养殖水平，生产的"同盈"牌、"晋祺瑞"鸡蛋通过了无公害农产品认证；龙海公司生产的"辰宇"牌饲料，评为山西省名

牌产品，"辰宇"牌清真鸡肉荣获山西省著名商标，"辰宇"牌鲢鱼被农业部审定为无公害农产品，五阳公司生产的"健阳"牌小麦面粉通过绿色产品认证，产品畅销全省23个市区；平遥晋伟合作社进行了药品GSP认证，长山药生产基地进行"无公害"产品认证和产地"地理标志"认证，产品靠过硬的质量打入市场，经济效益实现翻番，2010年销售收入首次突破千万元大关。

四、跟踪监管，搞好服务

为充分利用好国家惠农政策，促进企业发展，带动农民增收，平遥县农发办从项目立项申报到提升企业管理水平，从项目实施到有偿资金的回收等方面，做到了全程监管，跟踪服务，保证了产业化经营项目的较好实施，确保

了农发项目资金的安全高效。项目实施前，精心指导龙头企业搞好项目申报，并对项目申报单位及申报材料的完整性、真实性严格审查，严把立项关，做到项目选项准，实施效益高，带动农户强；项目实施中，积极引导企业采用先进的管理理念、生产技术等提高农业科技含量，推进企业由传统农业向现代农业转变，并积极引领企业培育和完善与农户的利益联结机制，实现农户与龙头企业的"双赢"，做到了前期考查、中期检查和竣工验收三结合，确保项目按计划建设，按设计达效；项目建成后，定期对项目进行跟踪管理，及时掌握企业财务、项目运营状况及其效益，对有偿资金的使用进行预警分析，平遥牛肉集团、龙海公司、国青公司、五阳公司到期有偿资金都能做到按期偿还，保证了我县每年到期有偿资金的按时足额回收。

总之，通过多年来对农业龙头企业的扶持，不仅扩大了企业的生产规模，同时也提升了企业的产品质量；不仅使企业产品的市场占有额得到提高，同时也培育出了企业的品牌；不仅使企业的经济稳步增长，同时也使全县的肉牛、蛋鸡、肉鸡等规模养殖得到了空前的发展，成为全县农业增效、农民增收的主导产业，实现了从肉牛养殖到牛肉产品加工，从饲料生产到肉鸡屠宰加工、鸡蛋购销等农业产业化经营格局，促进了全县农业经济的发展，为新农村建设发挥了积极的作用。

原载2012年《山西农业综合开发》第4期

市县农发办检查晋伟中药材合作社

立足三个瞄准 奋力进位争先

文/王斌

在全市围绕"保住第二方阵前列，挺进第一方阵"目标的基础上，平遥县委武晓花书记在平遥县第十四次党代会上提出了"立足三个瞄准，奋力进位争先"，即瞄准全市第一方阵、瞄准全省B类县(市)前十、瞄准国际旅游城市，厚植优势，补齐短板，精准发力，转型跨越的行动目标。要求我们吃透县情，客观分析优势与短板，厚植优势，确定目标，建立机制，责任倒逼的主导意见。结合武书记就农业方面提出的目标、路径、产业发展扶持、引导政策等方面的要求和意见，就我们农业综合开发工作来讲，要本着站前列、树形象的工作理念，多立项，多投入，力争在全市乃至全省排位靠前。

一、高起点规划、高标准实施项目工程

工程建设的好坏直接影响着下年度农发项目的任务与投资，因此，高起点规划、高标准实施好当年工程至关重要。为将项目实施好，树立良好的农发项目形象，赢得上级的肯定。在项目规划上，要立足于区域实际，做实做细项目前期工作，以农民要干为前提，深入实地进行勘察规划，进行典型设计，要保证工程既符合项目政策又满足项目区的实际，减少项目调整与变更；在项目实施中，以初步设计的工程标准为依据，坚持标准、严把工程质量，强化工程验收，落实好工程管护，保证工程能够发挥效益。

高标准农田建设项目田林路桥闸综合配套工程

旺顺养牛合作社牛场

二、强化指导，注重项目库建设

要注重项目库建设，做好农发项目的储备工作。将项目入库储备作为一项经常性工作来抓，土地治理项目要积极指导有条件的乡村申报高标准农田建设项目，并引导它们为项目立项积极创造条件；产业化项目，引导农业龙头企业和农民专业合作社，规范管理，完善条件，及早谋划，积极储备项目。每年项目申报时，土地项目择优招标确定开发区域，提高项目选项质量；产业化项目坚持扶大、扶优、扶强原则，从储备项目中择优申报，把能否立项作为选项的出发点和落脚点。

三是强化管理，落实"两个责任"

要以《山西省农业综合开发条例》为依据，进一步落实"两个责任"，健全和完善各项管理制度，按照政策制度办事。工程招标要严格程序，规范运作；工程监理要实施全程跟踪监督，严把质量；履行好项目和资金公示，以提高工程建设的透明度；严格把关落实好县级报账制，强化审批程序，实行工程结算审计机制，做到专款专用，以提高资金使用效益；要规范档案管理，保证工程、监理、财务资料真实完整；同时，按照"六权治本"的要求依法行政、廉洁行政，保证项目、资金和农发队伍的安全。

原载2016年《晋中农发动态》第27期

开发惠农

1999—2018

平遥县农业综合开发二十年实践与探索

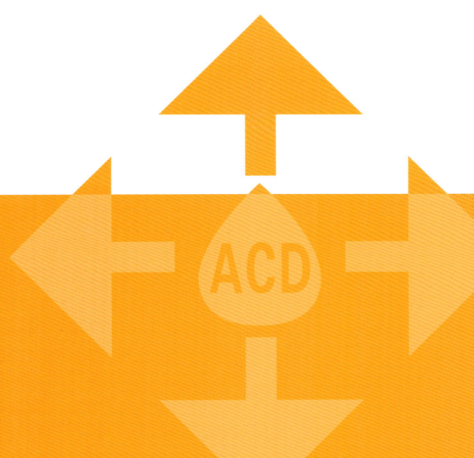

情系"三农" 依法理财
提升农业综合开发资金管理水平

文/霍维忠　王斌

县农发办检查验收竣工工程

　　农业综合开发是国家设立专项资金支持和保护"三农"发展的一项惠农举措，是加强农业基础地位、提高农业综合生产能力的一条重要途径，是促进农业可持续发展的一项重要推动力量。作为实施国家农业综合项目的基层农发部门，平遥县农发办自成立以来，以服务"三农"为宗旨，认真开展各项工作，严格的执行国家农业综合开发资金和项目管理办法的各项政策规定，强化农业基础设施建设，积极培育农业产业龙头，创新机制，规范管理；以《山西省农业综合开发条例》为准绳，强化农发资金管理，将有限的资金花在刀刃上，突出农发资金使用效益，可以说农业综合开发项目为

"三农"发展注入了强劲活力。到2018年底，平遥县农发项目累计投入资金5.472564亿元，其中财政投资达到2.72474亿元；产业化贴息项目中央财政累计贴息881万元，撬动银行贷款3.9618亿元。改善并提高了17.37万亩中低产田的综合生产能力，建成了8.44万亩高标准农田，惠及了全县12个乡镇的95个行政村，培育壮大了11家农业龙头企业和7个农民合作经济组织。农发系列项目的实施，有效地改善了农田基础设施，对粮食增产、农业产业结构调整发挥了积极的作用，为农业增效、农民增收奠定了良好的基础；培育了一批有特色、有市场、前景广的农业龙头项目，有力地推进了农村经济的发展。

一、项目建设 资金到位是基础

资金是项目建设的前提，项目建设离不开资金的有效支撑，而资金到位又是项目顺利实施的保障。财政部《关于进一步加强农业综合开发资金管理的若干意见》明确规定："除中央财政专项安排农业综合开发资金外，地方各级财政要相应落实配套资金，农民筹资投劳要符合有关政策规定。"按照政策规定，平遥县农发办认真落实。一是认真落实配套措施，每年年初，与县财政部门积极沟通协调，把配套资金全部纳入年初预算，并合理调度预算外资金，项目批复以后，按照比例全部落实，到2018年，县财政累计配套农发项目资金1347.95万元，同时，年度上级资金到位后，县财政连同配套资金实行专户储存、专账核算、专人管理的三专管理，杜绝了挤占挪用，做到专款专用。二是在自筹资金落实上，土地项目严格履行"一事一议"，进行民主决策，按照取之于民、用之于民的管理办法，充分调动项目村干

群的主观能动性。采取有效举措进行合理筹集，特别是2012—2014年实施的高标准农田建设项目，因实施规模扩大及投资标准的提高，每年项目所需自筹资金额度达到87万元，由于项目区干群对实施项目的积极性较高，都能够在项目立项前，想方设法通过多种渠道筹得所需的自筹资金，并全部按时上缴财政农发专户，将与财政资金一起捆绑使用，保证项目的高效实施。在产业化财政补助项目自筹资金落实上，平遥县农发办在项目实地考察时，就将项目的补助标准、自筹要求讲解透彻，让项目单位做到心中有底，不让企业盲目申报项目，有效预防因实施项目造成资金紧张带来的经营困难，同时还对企业经营状况、经济实力进行实地考察，并合理界定项目实施规模和投资额度，要求企业从银行账中划出一定资金专项用于项目建设之需。多年来，平遥县开展的农业综合开发项目，不论是土地项目还是产业化项目，不论是财政资金还是自筹资金，项目资金全部足额到位，有效保证了项目的高效实施。

二、资金安全 县级报账是核心

资金安全是项目安全、干部安全的关键环节，而依法理财是确保资金安全的有效渠道。《山西省农业综合开发条例》第24条明确要求农业综合开发专项资金的使用实行县级报账制，抓住县

土地治理项目竣工工程决算报账

级报账就意味着项目资金纳入了依法理财的轨道，因而县级报账是资金安全的核心，多年来，我们始终把资金管理作为农发项目管理的重要环节，严格履行县级报账管理，常抓不懈。一是强化项目工程检查验收，工程建设是工程资金报账的前提，为此，在项目工程建设环节上，狠抓工程建设标准质量，工程完成后，强化验收，严格核查项目工程数量及质量，为资金报账提供翔实的依据，强化资金使用效益；二是规范报账手续，严格按照省办印制的"一书六表六单"规范工程报账手续，做到实物、档案、财务手续相互一致，规范齐全；三是严格按照上级批复计划严格审核，履行县级报账。土地治理项目，将财政资金与自筹资金一同计入工程成本，按照县级报账流程严格审查；产业化经营财政补助、贷款贴息项目资金管理上，按照项目批复的任务和财政资金使用计划对项目严格验收，对企业的项目专账、财务原始票据严格审查并加盖农业综合开发财政补助专章，预防项目实施单位多头报账来套取国家资金。同时，强化审批程序，逐级把关，实行农发、财政两支笔签字，执行国库统一支付管理，提高农发资金使用效益。四是专项审计，接受监督，年度项目实施完成后，主动接受县审计部门对农发项目资金的专项审计，同时接受上级农发、审计部门的检查，保证了农发项目安全、资金安全、干部安全，特别是

2015年，省审计厅委派运城市审计组对平遥县2010—2014年农业综合开发竣工项目为期两个月进行了专项审计，进一步强化了全体农发干部的责任意识和廉洁从政的意识。

三、民主管理 科学核算是关键

科学核算、实行电算化管理是农发财务管理的重要环节，是实行科学化、精细化管理的必然要求，实行会计电算化有效提高了财务记账管理的精准性和时效性。一是按照国家农业综合开发财务管理系统分年度、分种类设立账套，每个项目自成一个体系，从批复预算指标到每项资金具体走向都能得到体现，资金管理更加清楚具体。二是细化会计核算科目，土地项目会计核算到4级科目，产业化项目核算到3级科目，从项目种类一直核算到项目村每项措施的具体工程，每笔资金的支出使用都公开透明，既反映了农发财务管理的精细化、科学化，又方便了监督检查。三是科学核算，以实决算，

项目工程资金审计

在核实工程量的基础上，以中标价为依据，进行科学核算，对工程决算严格审查，挤出水分，在2008年的机耕路工程决算中，以实进行审核，核减资金5万余元，核减资金又为项目区新修了0.5公里机耕路；为进一步强化项目资金管理，2014年开始，引入第三方对工程决算进行造价核查审计，在此基础上进行工程结算报账，保证农发工程项目资金的严肃性，做到工程、财务、档案相统一，提高了资金使用效益。

四、有偿使用 担保借款是前提

2009年以前，国家农业综合开发产业化经营项目实行有无偿结合的投资管理政策，财政有偿资金的使用管理一直是农发资金管理的热点和难点，为强化财政有偿资金的使用管理，平遥县实行了有偿资金使用担保借款机制。2002年产业化经营项目有偿资金借款时，由第三方平遥县南政建筑公司出具担保手续，为平遥县同康芦笋公司担保借款101万元。从2002年开始扶持的同康芦笋公司的芦笋种植与加工项目到2009年扶持牛肉集团的肉牛良种繁育基地建设项目都执行了第三方有偿资金使用担保借款机制，累计发放借款1440万元，全部实行具有法律效力的经济担保（第三方必须与县财政有经济往来的实体进行担保）借款机制，通过采取担保借款机制，既强化了担保单位督促还款的连带责任，又提高了使用单位的还款责任意识，有效化解了有偿资金使用风险。

五、到期还款 监督检查是根本

到期财政有偿资金能否足额偿还决定着财政资金的安全运行，同时也会影响到下年度农发项目投资计划，对此，我们把到期财政有偿资金回收偿还作为一项全年的工作重点时刻抓在手上。使用财政有偿资金的产业化经营企业项目立项之后，作为主管部门的县农发办肩负着有偿资金到期还款的监管责任。因此，平遥县农发办既要对项目的实施高度负责，强化项目的检查验收，保证项目实施不打折扣，又要对完成项目进行跟踪问效，经常性地深入企业

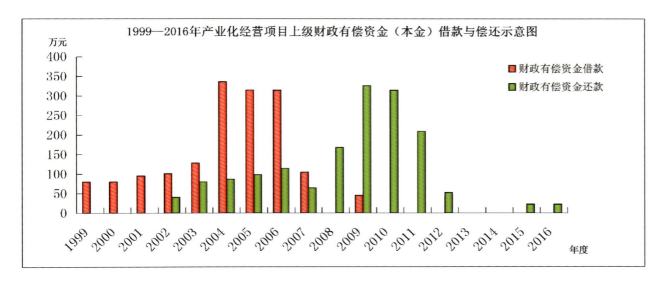

1999—2016年产业化经营项目上级财政有偿资金（本金）借款与偿还示意图

或项目一线进行跟踪监督检查，每季度对企业财务进行预警分析，随时了解掌握企业的经营状况和扶持项目带来的经济效益和拉动当地经济发展、农民增收的社会效应。同时，每年年初给项目单位、担保单位下发当年应偿还有偿资金的还款通知，及早谋划，让担保单位进行督促，强化企业还款责任，并深入企业进行落实。到2014年年底，累计偿还到期财政有偿资金1477万元，实现了历年财政有偿资金本金及其占用费无一例外欠还的目标，既保证了财政资金的安全运行，又赢得了各级财政的好评。

六、发挥长效 经费落实是保障

《山西省农业综合开发条例》第18条明确规定："土地治理项目工程的管护主体应当健全各项管护制度，建立管护经费筹集机制，保证项目工程长期发挥效益。"后续工程管理是项目发挥长效的关键，管护经费是工程常态化管理的核心。为使管护经费能够足额落实，保证工程随时得到维修，发挥正常效益。一是在工程验收决算报账时，预留10%的工程质量保证金，如果验收后一年内，工程无破损等质量问题，工程质保金予以兑现；如果出现工程局部破损或苗木自然死亡现象，施工企业必须按标准进行整理维修，否则，工程质保金不予兑现。二是创新工程管护机制，对有经济效益的工程实体，采取"谁受益、谁管护，以工程养工程"的管理机制，合理筹集管护经费，落实工程管护主体，强化工程管护责任。2011年桑冀村、2015年郝温村、2017年庞庄村将区域内的机电井全部发包，由承包方负责机井以及配套设施的管理，既明确了管护主体，又落实了管护经费；2009年香乐村、2012年洪善村将区域内渠、路两侧的树木进行了拍卖，由林木经营户自主经营，既落实了管护主体和管护经费，又保证了树木的成活率和保存率。三是从2009年开始，从项目资金中提取的1%的工程管护费专项用于公益性工程维修管理，实行奖优罚劣

市级检查项目竣工工程

机制进行补助，激励项目管护主体对工程管护的积极性。多年来，平遥县农发办始终坚持建管并举、开发利用并重的原则，多渠道、多途径筹集管护经费，强化工程后续监管，工程竣工、管护上马、责任到人，做到了有工程必有效益，有建设必有管理。

农发项目自实施以来，平遥县农发办一直以服务"三农"为宗旨。坚持依法理财，强化项目建设，得到了农民群众的普遍欢迎，极大地调动了农民生产的积极性，促进了项目区经济、社会、生态效益的提高，为农村经济的发展注入了活力，为现代农业发展奠定了坚实基础。展望未来，任重道远，在今后一个时期，平遥县农发办将围绕发展现代农业总体要求，牢牢把握农业综合开发这一历史机遇，强化服务，严格理财，夯实基础，与时俱进，求真务实，为全县农业和农村经济的发展谱写新章。

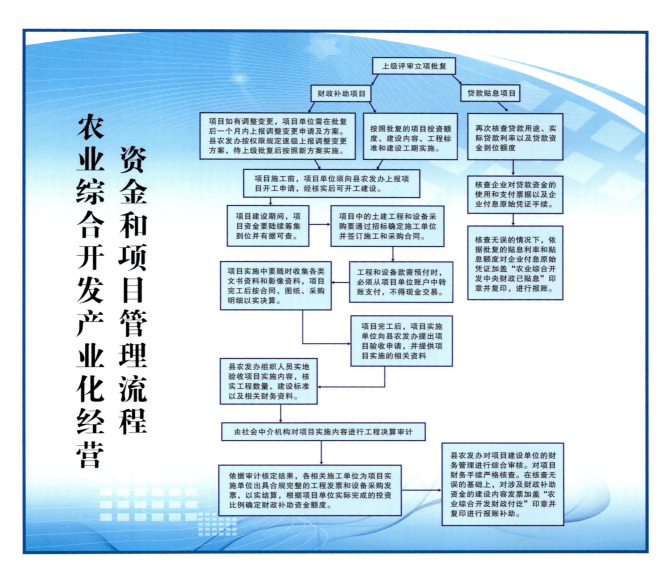

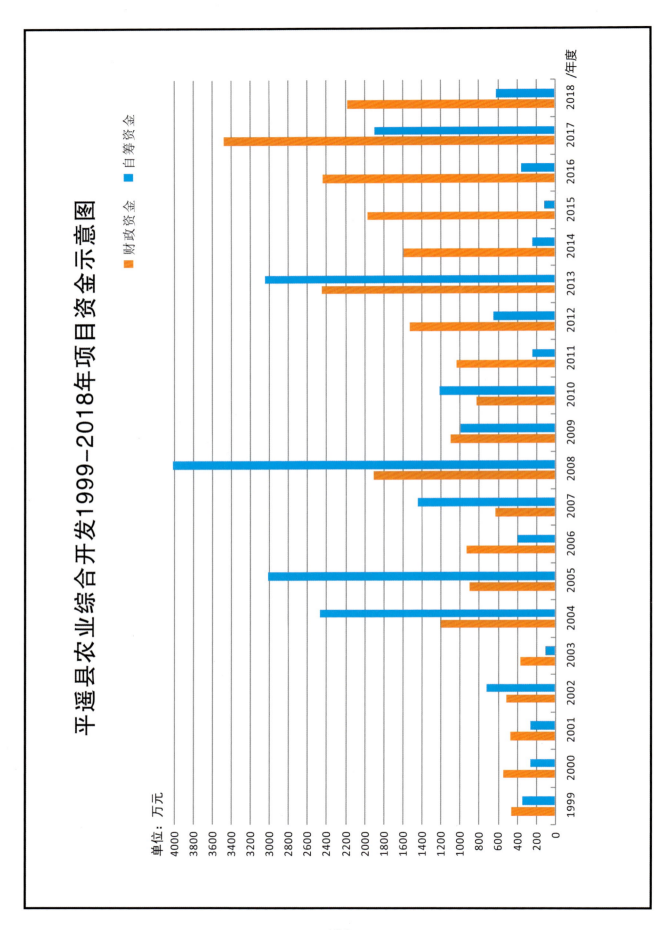

平遥县农业综合开发1999-2018年项目资金示意图

单位：万元

■ 财政资金　■ 自筹资金

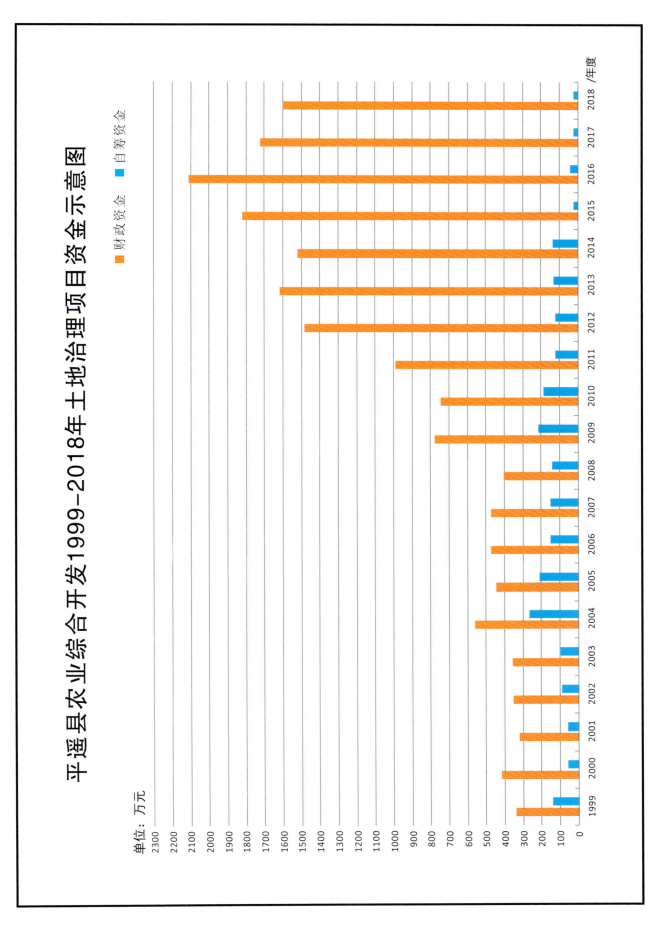

平遥县农业综合开发1999-2018年土地治理项目资金示意图

单位：万元

■ 财政资金　■ 自筹资金

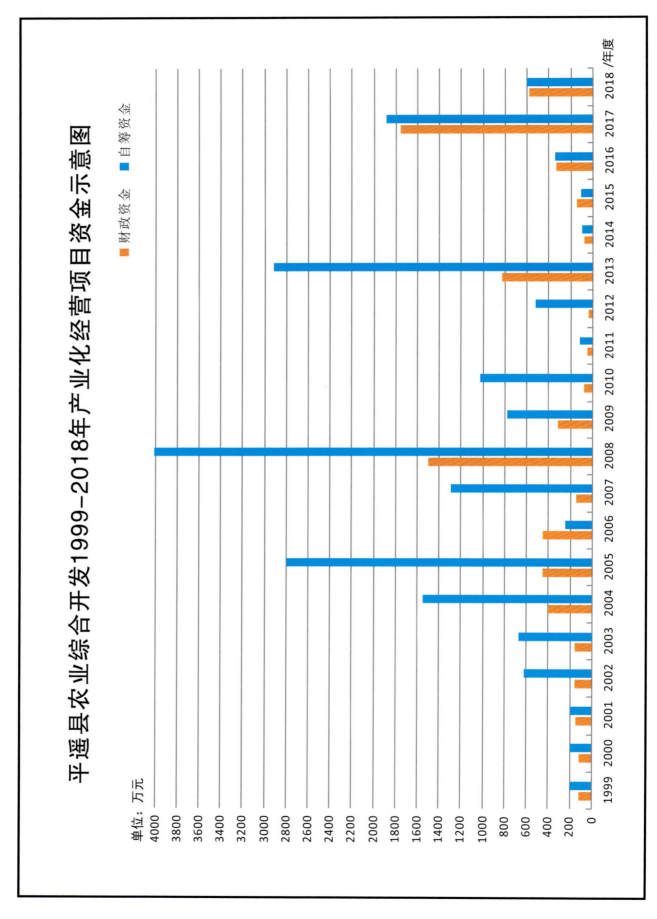

平遥县农业综合开发1999-2018年产业化经营项目资金示意图

单位：万元

■ 财政资金 ■ 自筹资金

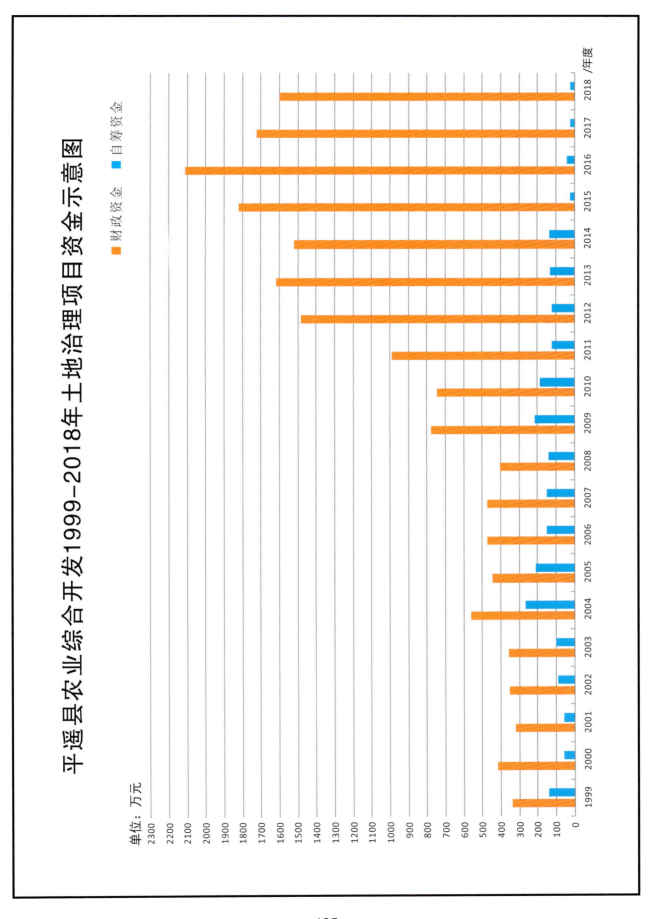

平遥县农业综合开发1999-2018年土地治理项目资金示意图

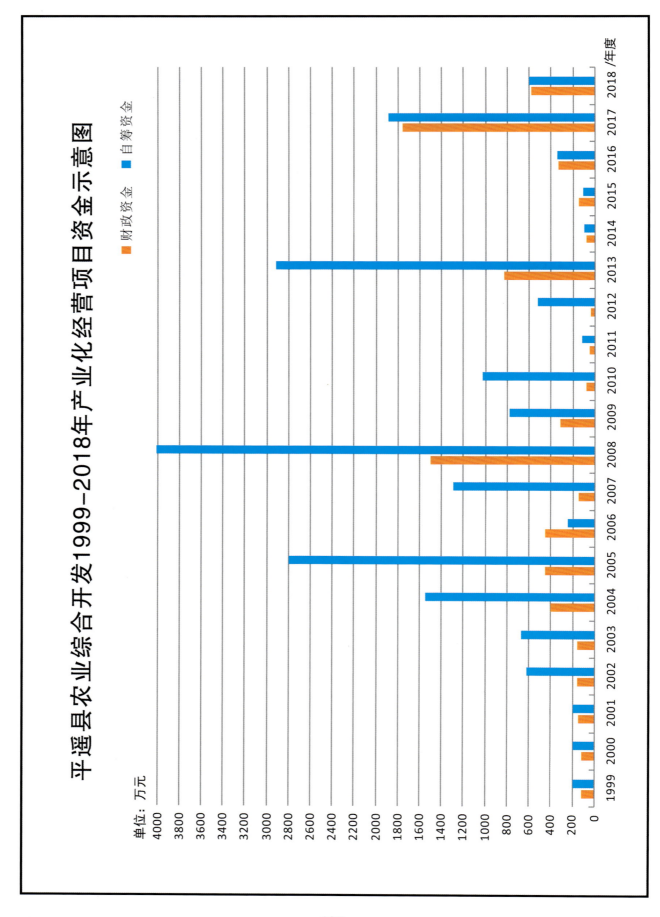

平遥县农业综合开发1999–2018年产业化经营项目资金示意图

单位：万元

■ 财政资金　■ 自筹资金

实行县级报账重在规范管理

文/霍维忠　成志芳

一、实行县级报账制的主要做法

（一）报账资金实行"三专"管理

从2002年起，农业综合开发财政无偿资金实行专人、专户、专账管理。由平遥县财政委派年富力强、熟悉业务、从事多年财会工作的骨干人员，对农业综合开发财政资金实行专人管理、专户储存、专账核算。实行"三专制度"的管理，有效地防止和避免了对农发资金挪用、截留现象的发生，从而确保了项目工程资金的足额到位。

（二）职责分明，公开监督

平遥县农业综合开发项目设有专门独立的农发办事机构。根据财政部《农业综合开发资金报账实施办法》规定，县农发办与县财政密切配合，精诚合作，由县农发办具体负责项目计划的编报、项目工程的实施、项目工程预决算的编制；财政部门负责财政资金的配套、会计核算与监督管理；农发办同县财政组织有关人员对竣工项目进行验收。验收合格的项目工程，方可进行报账拨付。这一分工，不仅使农业综合开发项目工程接受公开的检查、监督，同时还使农业综合开发项目资金得到有效的监督，在很大程度上提高了财政资金报账的透明度，从而对农业综合开发财政资金的安全使用起到了有益的保障作用。

（三）严格程序，规范手续

农发办在实施项目工程之前，组织建设单位（或施工单位）进行单项项目工程的预算及工程成本核算；在此基础上，由建设单位同施工单位（中标单位）签订合同。在工程施工期间，农发办组织建设单位及其有关人员进行现场施工监理。对单项工程变更部分要进行磋商并做好记录。单项工程完工后由施工单位提交竣工报告，建设单位接到报告后进行自验；在自验的基础上，由农发办、县

农发人员指导审查报账资料

财政组织有关人员进行全面验收，并出具验收单，作为该项工程竣工报账的依据。建设单位（或施工单位）在工程验收合格后，向农发办提出单项工程决算及其用款计划，再根据农发办填报的单项工程报账单，进一步审核其相关手续、票据（税票）后，有关责任人签字予以转账拨付。严格有序的资

土地项目竣工工程管护会

金拨付，有效地控制了人情工程、不合格工程套取财政资金现象的发生。实施县级报账制以来，除个别工程的人工费采取现金支付以外，所有工程资金的拨付都实行转账结算，无一例白条入账现象。

（四）集中培训，定期报账

实行县级报账对于初涉农业综合开发项目的建设单位和施工单位的财会人员来讲，不仅缺乏对农业综合开发项目和资金管理政策法规的了解，而且也不熟悉农业综合开发财务会计制度。因此，对其进行相关业务的培训是十分必要的。2002年以来，平遥县一直注重对报账人员的政策法规和财会业务的培训，采用报账例会的形式，先培训后报账，使之做到知其然的同时，也知其所以然。

（五）明晰产权，落实管护

在县级报账的过程中，平遥县对竣工项目都因地制宜，进行了产权移交（或拍卖、或承包、或租赁），办理产权移交手续，从而落实了管护主体，明确了管护责任，制定了可行的

管护制度。通过置换产权，落实管护责任，使竣工项目工程（水利工程、机耕路工程）的完好率达到了95%以上，农田林网的存活率达到85%以上。同时毁损的一些工程能够得到适时的修整，使其得以发挥长效。

（六）加强管理，科学归档

为便于今后对竣工项目工程的检查验收以及查阅资料和跟踪监督，平遥县报账手续采取统一规格、统一要求、规范填制的作法，继而对其进行科学规范的整理，形成一套完整的项目资料文库和财政资金拨付凭证依据。

二、实行县级报账制应立足于规范项目管理

（一）县级报账要总揽全局，解决重大问题

实行财政资金县级报账，把有限的财政资金集中管理，因而有利于统揽项目建设的全局，把涉及面大、关乎全局的不便于分散建设的工程进行集中施工，其效果是十分明显的。2002年平遥县在实施项目计划工程时，针对项目区

（汾河灌区）机耕路遇雨不能行走，严重影响农产品拉运的突出问题，在项目工程实施中，将计划批复的用于机耕路建设的工程资金没有分解到各个项目村，而是对项目区机耕路的砂砾硬化，集中统一施工，使得村与村之间通过项目区互相连通，项目区与公路相互连通。这一举措，深得当地村民的欢迎，彻底解决了农产品采收和外运的难题。避免了各乡村分散实施带来的各自为政的弊端，达到了统一规划、集中连片治理的目的。

（二）县级报账要有利于公开竞标，节约资金

由于县级报账，使资金集中管理，这对项目建设中同类项目工程能够做到统一施工、统一标准质量、统一施工期限，因而能够实行统一招投标，达到标准高、见效快之目的。近年来我们在机耕路硬化工程、水利工程中的渠系建筑物以及部分原材料的采购进行全县范围的公开招标。招标既达到了统一开发治理的要求，又相对节省了资金投入，提高了工程质量标准。

（三）县级报账要严把工程质量，防患于未然

县级报账制要求项目工程必须采取招投标确定施工队，这就把工程质量放在了第一位。由于采取招标施工，规定了施工期限、工程建设标准、原材料规格，设计了工程图纸、工程预算等，因而便于农发办、县财政组织有关人员跟踪监理，

对不按工程设计施工的或不符合设计原材料规格的当场阻止施工，对擅自变更工程设计的即时予以纠正，对偷工减料的劣质工程坚决拆除重新施工。从而确保项目工程按计划施工，按标准建设，确保竣工工程达到规定的质量标准，防患于未然。2004年春季农田林网的建设中，农发办组织有关人员对不符合林网建设质量要求的路段，全部进行了返工，由于严把质量，使得当年林网植树成活率达到了85%以上。

（四）县级报账要确保项目资金安全有效

实行县级报账，要求农发工作人员要善于调研，勤于审查。要求报账手续必须具备真实性、合法性、有效性和完整性。因而在资金的拨付上才能避免虚假工程、劣质工程虚报冒领财政资金的发生；防止虚假配套、资金空转现象的出现；杜绝大额现金支付，因而才能有效地遏制项目资金管理上的违规违纪。

摘自2004年《中国农业综合开发》第9期

农发人员研究项目工程措施

农业综合开发资金助推平遥农业发展

文/赵家强 王斌

国青禽业蛋鸡养殖场

　　阎建魁是平遥东大闫村的一位普通农民，他从2002年开始芦笋种植，一年一个台阶，今年更是喜获丰收；他种植的8亩白笋，亩均收入6000余元。老阎高兴地逢人就说："国家的产业政策好呀，种地也能致富了。还不用愁卖，人家同康芦笋公司上门就买走了。"这是平遥县大力实施农业综合项目开发，引导农副产品加工企业在农业发展中发挥龙头作用的一个缩影。

　　平遥是一个农业大县，全县48.5万人，其中农业人口就达41.8万人，耕地面积71.7万亩。为改善农业基本生产条件，增强农业发展后劲，从1999年以来，平遥县紧紧围绕"农业增效、农民增收"这一主线，积极定项目争资金，加大对农业龙头企业的扶持力度，精心构筑"农

户+基地+企业+市场"的产业化经营链条，发挥国家农业产业开发项目的拉动效应。2002年他们扶持平遥同康芦笋公司上马芦笋加工生产线，使全县的芦笋种植发展到5000余亩，惠及农民近2000户。2003年、2004年连续两年他们扶持平遥牛肉集团上马总投资2838万元的肉牛屠宰线工程，项目建成后，年屠宰牛可达3万头，实现税金800万元。今年该公司设立了冠云肉业公司，进一步扩张经营领域，带动小杂粮、蔬菜、油料、肉猪等相关产业的发展，加快了集团化、多元化经营发展步伐。2005年，他们争取国家开发项目资金450万元，扶持龙海公司启动了50万吨饲料生产线扩建项目，目前该公司已发展成为集孵化、种禽养殖、饲料

生产、肉鸡屠宰加工销售和水产渔业养殖为一体的省级农业产业化重点龙头企业，直接辐射养殖户2200余户，同时带动种植、包装、运输等农户1.6万余户。平遥国青同盈公司年存栏10万只蛋鸡养殖示范小区扩建项目是2006年农业综合开发项目，11栋鸡舍及配套设施现已完成并投入使用，存栏蛋鸡已达8万余只，产蛋率达到70%以上，"同盈"鸡蛋已通过无公害认证。五阳公司是一家集基地、种植、收购、储藏、加工、销售于一体的农业龙头企业。2007年3月，在县农发办的支持下，该公司投资1439.9万元进行生产设备技术改造，引进了日产300吨年产9万吨的全自动面粉生产线，并于6月下旬投入使用。预计2007年生产总值达1.5亿元，实现利税450万元。近年来，平遥县农业产业化开发资金累计投入达到1839万元，真正成为平遥农业产业化的"新推手"。

在此基础上，平遥县以抓水改土为重点，主攻中低产田改造，大力调整农业种植结构，集中连片实施农业综合开发项目，取得了显著成效。到目前，全县改善灌溉面积4.09万亩，新增节水灌溉面积5.15万亩，使11.85万亩中低产田变成了旱涝保收、高产稳产的农田，大大提高了土地的产出率和抗风险能力，使项目区粮食产量明显增加，亩均增产粮食80公斤以上，农民人均纯收入增加320元。杜家庄乡是连续5年的项目区，通过项目开发，该乡大力发展了以西红柿、辣椒为主的蔬菜生产1.6万亩，引进红椒988、美国大红、合作903等新优品种，亩均纯收入达到1000—1500元，较粮食生产亩均增收500多元。

原载 2007年12月3日《晋中日报》

平遥牛肉集团屠宰生产线奠基仪式

平遥县强化农发资金和项目管理

文/霍维忠　王斌

省农发办主任赵建生、县财政局长乔金国在龙海公司调研

平遥县农业综合开发工作认真贯彻国家和省农业综合开发资金和项目管理制度，紧紧围绕构建社会主义新农村这一目标，积极创新项目运营管理机制，取得明显成效。

一是建章立制，规范管理。在项目立项上，土地治理项目严格履行"一事一议"，建立择优立项机制，通过招标确定具体实施区域；产业化经营项目要在新闻媒体发布申报指南，本着扶优、扶强、扶大的原则，对经济效益好、带动农户强、信誉度高的企业优先立项。在项目管理上，认真履行资金和项目管理的各项制度，创新机制，规范管理。在工程建设上，实行项目法人制，限定工期，保证质量。在竣工

项目管护上，明晰产权，制定管护制度，强化管护责任，实行建管并举。同时，积极规范档案管理，在项目库建设上，将基层报送的项目纳入项目库，公开择优选择申报项目，实行动态管理；在规划设计、工程监理、工程档案、竣工验收、财务票据等一系列档案资料管理上，严格按照省二级档案管理标准合理归档，做到方便可查。

二是狠抓监督工作，确保工作质量。在施工队、供货商选择上，坚持市场化运作机制，对重点工程及大宗物资面向社会公开招标，既节约了资金，又保证了工期和质量，杜绝了长官意识和人情工程。在工程建设上，严格履行

工程监理，县农发办工程负责人及监理人员深入施工一线，持续加强巡回检察力度，督促进度，跟踪监理。在项目申报、实施和竣工阶段，对项目工程投资、任务等通过公示牌、版面等媒体进行公示，接受项目区群众的监督，增强农发项目的透明度。工程验收上，对单项工程采取"竣工一项，验收一项"的原则，对验收不达标的，绝不迁就，要限期整改，否则国补资金不予兑现。在竣工工程上，严把管护关，做到工程竣工，管护上马，实行建管并举。

三是强化财务管理，规范资金使用。强化资金管理是项目管理的重要环节，只有用足用好资金，才能发挥农发资金"四两拨千斤"的作用。为此，平遥县强化落实，狠抓管理。在资金配套上，县财政将配套资金及农发事业费全部纳入财政预算，用足用好财政政策，保证资金的足额落实。在农发财务管理上，制定出台了《农业综合开发财务管理细则》，实行"三专"制度，进行会计电算化管理。并严格审批程序，履行县级报账，制作了项目资金报账程序流程及报账审批程序，逐级审批，各级把关，实行农发、财政两支笔签字，做到项目实施前有预算，竣工后有决算。在有偿资金投放上，采取与财政有经济往来的单位或个人作担保，签订合同，确保回收。同时，县财政加大农发资金监督力度，定期对开发账目进行审计、检查，保证资金专款专用。

原载2008年《山西农业综合开发简报》12期

县审计局项目资金审计

开发惠农

1999—2018

平遥县农业综合开发二十年实践与探索

平遥县农业综合开发二十年实践与探索之

项目监管

pingyao xian nongye zonghe kaifa ershinian shijian yu tansuo

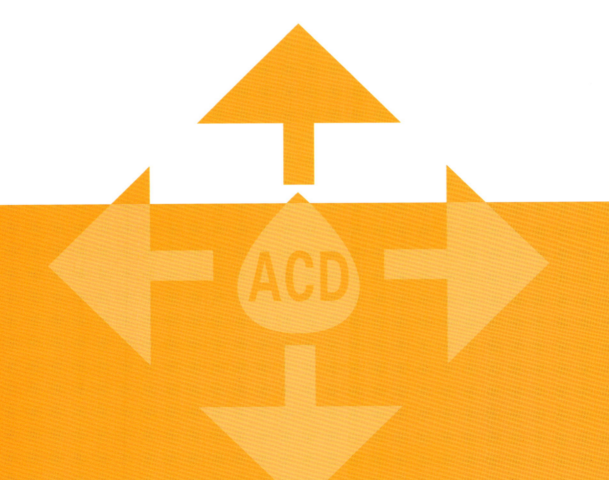

农业综合开发项目管理制度运行

文/霍维忠

《国家农业综合开发资金和项目管理暂行办法》明确规定了农业综合开发项目推行项目法人制、招投标制、工程监理制、资金和项目公示制，明确规定竣工项目要落实工程管护制度，资金和项目工程档案资料的规范化管理制。《国家农业综合开发财务管理办法》还明确规定了农业综合开发财务管理原则，以项目定资金、专款专用、专账核算、专人管理的财务管理办法，严格实行县级报账制。

一、推行项目法人制

平遥县国家农业综合开发项目主要包括土地治理和产业化经营两大类项目。土地治理年度项目是根据资金确定开发治理区域和工程建设内容，实行项目区域的法人负责制；产业化经营项目实行承担项目建设的法人负责制；农发项目的编制、组织实施、竣工验收、报账以及项目工程档案资料的收集整理实行农发办法人负责制。

二、实行项目招投标制

根据《国家农业综合开发招投标管理暂行办法》（国农办〔2001〕224号）规定：国家农业综合开发项目招投标，受国家法律保护和约束，应遵循公开、公平、公正和诚实守信原则。

平遥县国家农业综合开发项目招投标制度始于2002年度的项目工程施工招投标，2003年开启了项目立项招投标和项目工程施工招投标。

土地治理项目的立项招投标，主要是对要开发治理的区域通过招投标的方式确定，这项工作首先是县政府成立招标领导组并下设办公室（农发办兼），领导组办公室根据有关规定依照程序依次进行。一是申报的项目由乡（镇）政府组织申报，规划区域内的村参与；二是在项目招标之前，领导组办公室组织涉农专业技术人员对乡（镇）申报的项目进行实地考察；三是在申报村委和农民积极要求并参与开发的前提下，积极筹集项目所需自筹资金，并在正式开标之前将项目村所需的自筹现金交到县财政农发专户；四是通过公开竞标确定项目立项区域，未立项区域作为后备项目存入项目库以备来年选取。

每年度的项目立项招标都是在市农发办、省财政厅驻市财监处、县纪委监委、审计、财政部门的参与监督下开展，并例行公开报道。

平遥县土地项目工程施工招投标从2002年开始，招标工程范围主要是财政资金集中投资形成的实体工程和物资采购。为提升项目工程建设

质量标准，平遥县农业综合开发项目分别在2005年、2010年、2011年项目采取了投标施工单位现场施工（桥涵工程）比武方式进行，将样板工程作为评标依据之一。从2013年起土地治理项目工程施工招标委托中介组织招标实施，并统一进入晋中市公共交易平台公开招标。

产业化经营项目的立项扶持对象是针对全县的涉农企业以及农民专业合作社。每年平遥农发办都要根据《申报指南》，在新闻媒体《平遥古城报》公告项目申报事项。项目立项主要依据国家农业综合开发产业化经营项目申报指南的各项指标要求，在实地考察中与涉农企业和农民合作社经济组织进行对接，对符合各项硬性指标要求的前提下，再考察具体申报的项目建设内容，二者都具备的条件下进行择优申报，未选中的项目则存入项目库以备后用。产业化经营项目在项目批复之后由申报单位自行组织招标施工以及设备采购。

监理人员检查节水管材

三、推行工程施工监理制

《国家农业综合开发土地治理项目工程建设监理办法》（试行）（国农办〔2004〕49号）规定：对农业综合开发土地治理项目工程建设实施监理管理。农业综合开发土地治理项目工程建设的监理必须依据国家有关工程建设的法律、法规、规章，按照批准后的项目计划、审定的项目初步设计和施工设计图、工程建设合同以及建设监理合同的相关规定进行，要由有监理资质的单位通过招标方式确定。平遥县农业综合开发土地治理项目工程监理始于2005年，从2006年起，省农发办依据《国家农业综合开发土地治理项目工程建设监理办法（试行）》的补充规定，在全省范围内通过公开招标的方式确定有资质的监理单位。晋中市农业综合开发土地治理项目工程建设监理由山西北龙监理公司履行监理职责，该公司委派专人驻地监理平遥县土地治理项目工程建设，监理费用由省农发办在下达资金指标时核留，从2017年开始高标准农田建设项目的工程监理费用随项目资金指标一同下放到县级财政。

四、履行资金和项目公示制

《国家农业综合开发土地治理项目和资金公示制暂行规定》规定：县农发办和项目实施村要在项目区设立公示栏或公示碑公布土地治理项目和资金的有关内容，以接受项目区农民群众和社会的监督。公示遵循真实、及时、公开的原则，并在项目申报前、项目实施中、项农民筹资投劳的使用计划情况等。目竣工验收后三个阶段进行公示，公示期限要在10天以上，竣工公示要保留三年以上，每次公示的内容都要入档备案。

1. 项目申报前，项目村要向农民群众公示项目的建设地点、规划方案、需农民筹资投劳方案等内容，以广泛听取农民意见，优化项目设计，确保农民筹资投劳的落实。

2. 项目实施阶段，以项目村为单位向农民群众公示项目的建设内容、主要工程及数量、财政资金及在主要单项工程实施地点，向农民群

土地项目建设内容公示

众公示所建工程的标准、投资和施工、监理单位等情况。

3.项目竣工验收后，以项目区为单位向农民群众公示项目的名称、投资完成情况（包括农民筹资投劳使用情况）、建设内容、主要工程及数量、项目预期效益、运行管护（包括管护范围、内容、责任单位或责任人等）。

五、执行项目资金县级报账制

根据《国家农业综合财务管理办法》《国家农业综合开发资金报账实施办法》《山西省农业综合开发资金报账方法实施细则》之规定。平遥县农业综合开发项目财政无偿资金和交入财政农发专户的自筹资金，从2001年开始实施县财政报账制，财政设立农发资金专户，实行专人管理，专账核算的"三专"管理机制，具体报账流程如图：

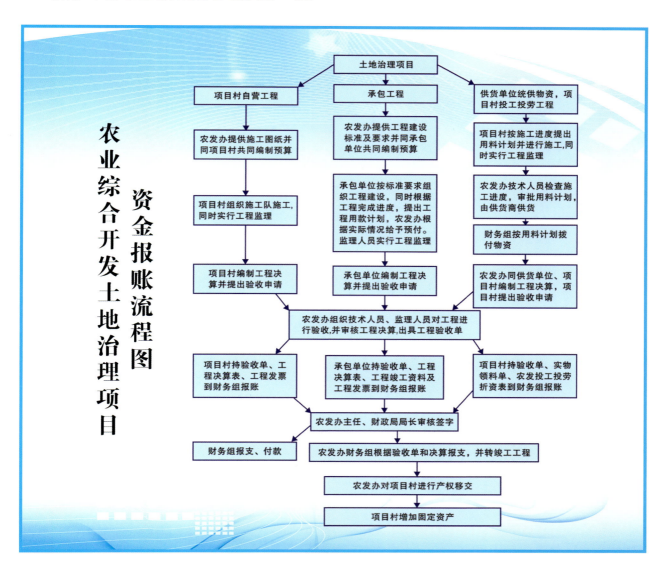

六、实行项目档案规范化管理

平遥县农业综合开发项目资料档案从2002年起实行规范化管理，在县档案局专人指导下，当年达到省二级标准化档案管理标准。平遥县农发项目档案管理工作贯穿于农发项目管理的全过程，具体做到了"四个同步"，即档案管理与立项申报同步；档案管理与工程建设同步；档案管理与工程竣工验收同步；档案管理与工程决算资金报账同步。项目档案资料做到了全面、完整、详实一致。

七、落实竣工工程的管护责任

《国家农业综合开发土地治理项目工程管护暂行办法》明确规定：农发工程管护按照"建管并重""谁受益、谁负责""以工程养工程"以及"市场手段与政府补助相结合"的原则进行运行管护，明确规定了受益范围和受益对象是农发工程管护的主体。2009年开始，从土地治理财政资金中提取1%的工程管护费专项用于农发工程后继管护。县农发办对每年竣工项目中形成的实体工程，在验收以后，及时移交到项目受益主体（项目村），并要求项目村明确管护主体职责，落实管护责任人，确定管护的对象、范围以及管护的具体措施，并落实一定的管护经费，多数项目村在项目竣工后对形成实体的工程通过承包、租赁、拍卖、股份合作等市场手段落实了管护主体。县农发办从项目财政资金中抽取的1%的管护费通过以奖代补的方式对管护责任落实、管护成效明显的管护主体给予一定的工程费用补助。

项目区林路管护

平遥县林业专家现场把脉

文/霍维忠 王斌

为保证2012年高标准农田项目区林网植树的成活率，平遥县农发办于4月中旬对各条路、渠两旁栽植的苗木进行了详细的检查，发现区域内个别路段苗木发生干腐病，存在苗木干枯或已接近干枯现象。对此，平遥县农发办聘请林业部门总工、省级林业技术专家深入项目区对病害原因进行现场把脉，通过对苗木根系和枝干研究分析。针对病因，专家们提出了今后在农田防护林建设上的建议：一是栽植品种上要尽量选用抗病性强的北京杨、毛白杨等系列品种；二是苗木选购上，要选用生地出圃苗木；三是要强化苗木栽植管珲，及时进行浇水、除草、病虫害防治，保证项目区防护林的成活率和保存率；四是针对本区域发生病害现象，结合当前时节气候条件，发生苗木干枯死亡现象严重的路段，可栽植柳树系列品种，而成活率较高的区域，项目村要强化工程管护责任，保证林木免遭机械、人为破坏和牲畜的啃食，保证苗木的保存率。

原载2013年《山西农业综合开发》第2期

林业专家检查苗木病害

全面推行工程监理 提高资金使用效益

文/侯建国

农业综合开发土地治理项目实施工程建设监理制,是国家对农发项目全面推行"五制管理"的重要环节、提升项目整体质量水平的重要举措、使农综开发项目建设和管理走向法制化的基础工程。

纵观平遥县农发工作二十年来,农发工程监理工作受传统建设管理体制的影响,在经历了初步试点实施阶段、逐步完善监理阶段以后,如今已初步建立了监理机制,监理工作逐步走向专业化、规范化。工程监理在"守法、诚信、公正、科学"的原则下,确保项目建设和施工合同在新的程序下顺利实施,客观公正地对项目建设做出评价。监理工作在工程建设中控制工程质量、造价、工期的效果日益显著,并对节约工程投资和按期或提前发挥工程效益发挥着重要作用。

一、农发工程建设监理实施的发展历程

平遥县农业综合开发自1999年国家立项建设以来,在项目工程建设监理工作上大致分为三个阶段。农发工程监理管理体制逐步开始向社会化、专业化、规范化的管理模式转变。

第一阶段:(1999—2001年)初步试点实施监理阶段,主要工程建设监理由县农发部门

工程、监理人员施工检查

实施，监理的范围主要重点是水利工程，水利、农业、林业工程建设的资金及任务量由归口部门具体组织实施，以当地专业施工队伍和村级组织有经验的施工人员进行施工。监理资料以实施过程中的原始存档记录为依据。这一阶段存在的问题是监理不规范，资料不全，监理范围和内容不全面。

第二阶段：（2002—2004年）为逐步完善监理阶段。主要工程建设监理由县农发部门聘请农、林、水等部门专业技术人员或招聘有资质的单位实施，监理范围由水利工程拓展到农田防护林网、田间道路工程建设等。自营工程由农发部门技术人员实施监理。对投资规模大、技术含量高的水利、农业、林业工程则聘请有关技术人员实行旁站和巡查监理。对投资规模大的桥涵闸、田间道路工程聘用有监理资质的单位跟踪监理。这一阶段的监理工作聘请农、林、水专业技术人员和有监理资质的单位实施

监理后，提升了农业综合开发水平。加之工程实行了招投标，工程质量及资料整理明显好于前阶段。

第三阶段：（2005年至今）为全面规范监理阶段，山西北龙工程咨询有限公司是省农发办以招标方式确定的专业监理公司，监理公司在晋中市设立了农综开发工程监理项目部，并在平遥县派驻了监理工程师、监理员，县农发办还确定了联络员协调监理工作。工程建设监理内容为"小型水库、拦河坝、排灌站、机电井、防渗渠道、田间道路、桥涵闸、造林"等八大单项工程，监理工作按"质量、进度、投资控制、合同、信息管理和组织协调"即"三控两管一协调"的要求，农发办与监理单位签订合同，监理人员对实施工程进行旁站和巡查，按期提交监理报告。这一阶段特征是技术资料全面归档，工程建设质量稳步提高，资金使用效益明显提升。

工程、监理人员检查机井工程

二、工程建设监理逐步走向专业化、规范化

随着平遥县二十年来农发项目工程建设监理工作的发展，结合农综开发土地治理项目工程建设类型多、数量大、单项工程造价低、建设地点分散等特点，在吸取第一、二阶段工程监理工作经验不足的基础上，在第三阶段探索出了一套适合平遥县农综开发的工程监理机制。即农发部门监管，专业监理公司监理，项目区干群监督，在工程建设中，充分发挥各方面的优势，共同做好工程监理工作，监理工作逐步走向专业化、规范化。

（一）宏观调控，加强监管

县农发办专门配备了项目工程联络员，主要掌握农综开发项目区内的工程建设进度、项目建设动态，加强信息管理，及时发现和解决工程项目建设过程中存在的问题，协调参建各方的关系，从整体上把握工程建设质量、进度。

项目区凿井施工

（二）严格管控，提高质量

施工阶段的监理是整个农综项目工程建设监理的核心，监理人员按照事前审批、事中监督、事后把关的原则，严格把好工程开工关、材料质量关、施工程序关、施工进度关和质量检验关。对于材料质量，实施材料进场抽验、样品试验和监理师认可制度，从源头堵绝质量隐患；对于施工程序，从土石方开挖、浆砌装配到混凝土浇筑、设备安装等，每一道工序必须严格标准、认真检查，从而保证每一工序建设的高标准、高质量。分部工程以及重要单元工程的质量检验评定必须由建设单位、监理工程师、施工单位负责人共同参加评定，共同签字负责，使整个项目工程建设的质量始终处于多层控制状态。监理单位对项目资金的控制，与县级报账制相结合，并在相应票据签字认可。

监理工作方法采取一般工程巡回监理、重点工程平行检测，关键部位、隐蔽工程进行旁站监理的方法，并采用省农发办统一制定的监理表格，做好监理记录和信息管理。在具体监理工作中，针对不同的单项工程实行不同的监理方法，如防护林工程从苗木的采购、运输、定点、验坑、栽植、浇水等多个工序实施监理；田间道路工程从框架规划、道路整理、土方路基填筑、砂砾料采运铺

设、路缘石砌筑、路肩培
填土方等工序实施监理；
更新机井工程从井位规划、
办理取水许可证、测定井
位井距、审验施工队资质、
开钻施工、成井扩孔、分
层下井壁管、回填滤料、
洗井、抽水试验、合理配
泵、井房井台附属工程配
套、整理成井资料等工序
进行监理，重点部位采取

项目区节水管网工程

旁站监理，工作更加严格规范，专业细致，从
而提高了施工效率，降低了工程成本，有效保
证了项目建设进度，从源头堵绝了质量隐患，
提高了项目建设质量。

（三）多方参与，确保质量

由于农发项目工程类别多，建设地点分散，
在工程建设中单纯依靠农发办和专业监理对所
有工程实施全程跟踪大有力不从心之窘，故而
采用灵活的监理方式，将部分容易监督的施工
程序和工程量依托项目区干群实时监理，即在
项目区村委选择有威望、品行正、责任心强的
老党员、老干部、村民代表参与工程建设质量
管理，尤其是对隐蔽工程和田间道路实行全程
旁站监理，确保了每道工序、每个建筑物构件
的质量标准。

监理机制的推行，有效地调动各方面参与
工程建设的积极性，确保工程建设的质量，加
快工程建设的进度，提高项目资金的使用效益，
真正做到农发工程监理的"三控两管一协调"。

三、强化监督考核，保障安全运行

以考评促管理，从管理要效益，平遥县农
发办始终将农综开发项目资金绩效评价作为一
项重点工作来抓，从农业综合开发资金管理的
实际需要出发，把经常性检查与定期检查结合
起来，对发现的问题及时处理，有力地保证了
项目资金的安全运行及效能的发挥。

通过实施监理工作，加强了农业综合开发
项目的工期、质量、资金管理，从而提高开发
效益。通过监理和管理的有机结合，加强农综
开发管理队伍力量，进一步提高工作效益。平
遥县农发办在市级竣工项目验收及绩效考评工
作的通报中多次名列前茅。

农综开发项目的监理工作，是一项责任重
大的工作，任重道远，要不断进取，加强学习，
创新思维，积极探索，保障农业综合开发这项
关乎国计民生的项目工程顺利推进，努力推动
农发工作再上新台阶。

农业综合开发监督、审计与验收

文/霍维忠

　　农业综合开发机构起步就执行国家农业综合开发第二次联席会议审议通过的《国家农业综合开发项目和资金管理暂行办法》。该办法于2005年8月22日（财政部令第29号）和2010年9月4日（财政部令第60号）进行了两次修改。三次颁布的《国家农业综合开发资金和项目管理办法》中都明确规定了农发项目要接受财政部门和审计监督部门对项目资金的检查、监督和审计。2009年10月1日颁布施行的《山西省农业综合开发条例》也对此做出了明确的规定。这就要求农业综合开发资金和项目管理必须在公开监督和审计之下开展工作，同时还明确规定各级农发机构必须对农业综合开发资金和项目履行项目竣工验收制度。

一、公开监督 提升项目管理

　　平遥县自1999年开始，到2018年历经二十年，农业综合开发资金和项目实施监督管理主要从以下几方面展开。一是项目资金在财政的监督管理下使用，农业综合开发项目资金在财政开设农发专户，对上级批复的农业综合开发项目资金以及项目村集体与农民交入的自筹资金实行专人管理、专户储存、专账核算的"三专"管理，既保障了项目工程建设进度对资金的需求，又起到了县财政对农发资金使用的监控，保证了资金的专款专用。二是每年项目立项考察、评审以及上级的检查验收中，财政都参与其中，发挥着监督作用。三是审计、纪委、监委等部门，在项目立项评审和工程招标中的

农发办检查竣工公示

全程参与。四是土地治理项目从申报到竣工验收期间，对项目的投资概算、建设内容、竣工验收以及管护责任在项目区公开公示三次，广泛接受社会监督；产业化经营项目选项申报之前，在媒体公开公告项目立项条件和要求，坚持公开、公平、公正的选项原则。五是农业综合开发项目无论是土地治理项目还是产业化经营项目上报之后都要经过专家评审，可以说评审的过程也是对项目进行公开监督审核的过程。

平遥县农业综合开发项目在监督管理方面还接受县级四套班子领导的检查评议。2015年10月和2018年11月接受县人大常委会组织的人大代表的视察和评议。于2005年9月和2013年9月先后两次接受县政协组织的政协委员视察；农业综合开发项目作为年度全县的农业重点工程，几乎每年都要接受县委政府组织的四套班子领导及乡（镇）、布局领导的重点工程观摩视察。

二、接受审计，强化资金使用

二十年来，农业综合开发每年竣工项目都接受审计监督。平遥县农业综合开发竣工项目的审计包括土地治理项目和产业化经营项目。审计既审项目工程决算又审项目资金的报账拨款，同时还要审计报账资金和工程实体的一致性。二十年来，平遥县农业综合开发竣工项目接受审计大致分为三个阶段：一是对前三年竣工项目进行审计。县审计局于2002年5月对1999—2001年三年的农业综合开发竣工项目进行了全面审计；2005年9月对2002—2004年三年农业综合开发竣工项目进行了全面审计；2008年7月对2005—2007年三年的农业综合开发竣工项目进行了全面审计。二是对上年度竣工的农业综合开发项目进行逐年审计。从2008年农发项目开始，审计部门每年对上年度的竣工项目进行年度项目综合审计。同时，2005年

和2007年，平遥农业综合开发项目还接受了省、市涉农资金的审计检查，2003年和2014年二次接受了审计署驻太原特派办的涉农资金审计检查，2015年接受了省审计厅历时2个月对2010—2014年竣工项目的专项审计检查，2018年接受市级审计部门对2016—2017年的涉农资金审计检查。三是从2015年开始，在审计部门全面审计之前，开启了农业综合开发竣工工程的决算审计，竣工项目的报账，依据工程决算审计结果以实报账。

三、履行验收，确保工程质量

国家农业综合开发始终执行项目竣工验收制度。农业综合开发竣工项目实行自下而上验收，即县级全面自验并做好竣工验收准备工作，市农发机构全面验收，省级农发机构进行抽验，国家农发办每三年进行一次抽验。2010年之后管理办法中明确规定国家农发办由三年一验改为每年对竣工项目进行综合检查。项目验收依据国家制定的农业综合开发方针政策、规章制度及工程建设标准，项目年度实施计划批复、调整及资金拨借文件以及经批准的项目初步设计开展检查。验收内容包括国家农业综合开发

政策的执行情况，项目建设任务与主要经济技术指标完成情况，主要工程建设的质量情况，资金到位及农民筹资投劳情况、资金使用和回收落实情况，工程运行管理和文档管理情况等。

平遥县农发办实施农业综合开发项目以来，县级每年都要对竣工项目进行全面验收。县级验收是在计划批复后各项工程措施完成以后，施工方上报工程措施竣工报告和监理方出具工程建设监理报告的基础上开展全面验收的。县级验收做到既核实工程数量、更注重检查单项工程质量，对照图纸逐项检查核实，并绘制竣工项目图纸。对发现的问题要求施工方限时整改后二次复验。工程决算要求做到以实决算，账物相符，资料翔实。市级农发办在县级自验并接受审计的基础上进行全面验收并进行通报评优，验收通报结果将与下一年度项目与资金分配进行挂钩，做到了奖优罚劣。平遥县农业综合开发竣工项目于2002年8月接受了国家农发办组织的对1999—2001年三年竣工项目检查验收；于2005年9月接受了省农发办组织的对

市农发办验收竣工机井工程

2002—2004年三年竣工项目的检查验收；于2010年8月接受了省级组织的对2009年竣工项目的检查验收；于2013年7月接受了省农发办组织专家组对平遥县2012年度农业综合开发竣工项目进行绩效考核，这次考核后，平遥县被列为全省20个重点项目县之一。

国家农业综合开发资金和项目管理是一套系统而又完备的政策体系。县级农发办在资金和项目管理过程中接受监督检查、审计评审、验收考核已经成为一种常态、一种制度，也是加强农发队伍建设，落实"两个责任"，依法行政的行为规范。

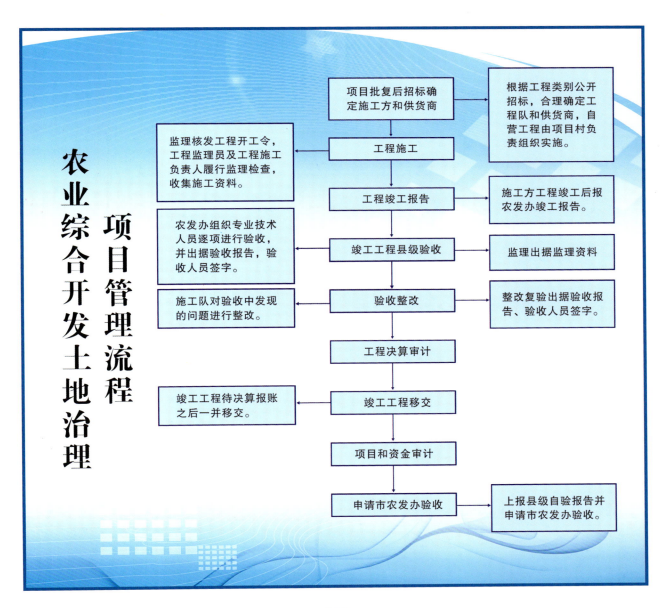

农业综合开发土地治理 项目管理流程

项目批复后招标确定施工方和供货商 → 根据工程类别公开招标，合理确定工程队和供货商，自营工程由项目村负责组织实施。

监理核发工程开工令，工程监理员及工程施工负责人履行监理检查，收集施工资料。 ← 工程施工

工程竣工报告 → 施工方工程竣工后报农发办竣工报告。

农发办组织专业技术人员逐项进行验收，并出据验收报告，验收人员签字。 ← 竣工工程县级验收 → 监理出据监理资料

施工队对验收中发现的问题进行整改。 ← 验收整改 → 整改复验出据验收报告、验收人员签字。

工程决算审计

竣工工程待决算报账之后一并移交。 ← 竣工工程移交

项目和资金审计

申请市农发办验收 → 上报县级自验报告并申请市农发办验收。

开发惠农

1999—2018

平遥县农业综合开发二十年实践与探索

平遥县农业综合开发二十年实践与探索之

项目绩效

pingyao xian nongye zonghe kaifa ershinian shijian yu tansuo

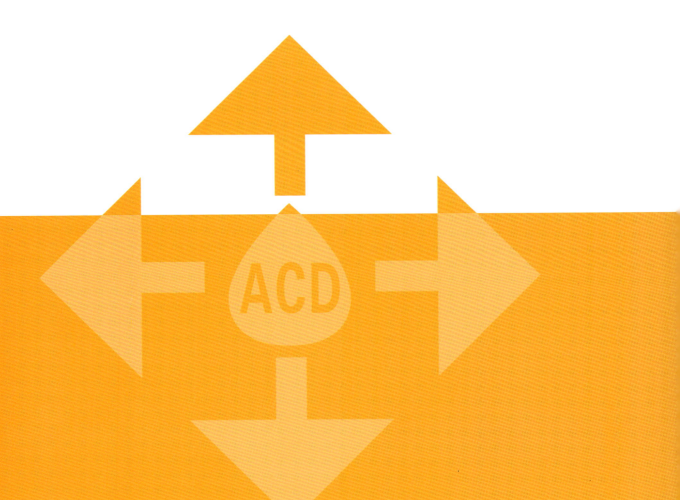

建管并举 提高土地综合生产能力

文/赵根才 霍维忠

早春的晨曦，庄稼人驾农机奔忙于田间，播撒着一年的希望……

炎热的夏日，大地一片翠绿，天地间正在孕育着丰收的果实……

仲秋的田野，人们早出晚归，分享着农业丰收带来的喜悦……

初冬的农田，农业综合开发时不我待，掀起农田治理大会战……

那映入眼帘的四季景象，如描如绘。

那镌刻在黄土地上的田园风光，如诗如画。

广袤的土地上，农业综合开发大有作为。田成方、林成网、渠相通、路相连、旱能灌、涝能排，彰显着现代农业的一派景象，科技加农机、勤劳加投入，共同奏响一曲现代农业的希望之歌。

一、开发治理、肥土增效

当记者乘车来到香乐乡青落村地里采访时，发现原先废砖窑不见了，被郁郁葱葱、长势喜人的一片玉米取而代之。随行的村委主任说："我村2014年实施农业综合开发，这片废砖窑在规划区内，农综开发把这块荒废了二十几年的废砖窑推得平平整整，安装了节水管道，变成了水浇地、丰产田，为村里新增了20余亩高标准农田。就此一项每年增加粮食产量1.3万公斤，农村集体总产值增加2.34万元。"由此记者了解到，为有效利用土地资源，在项目开发实施中，针对区域实际，对一些废弃的砖场、退水渠道以及荒草地、荒坡地进行了土地复垦，既改善了项目区的整体面貌，又增加了

项目区农田机械作业

作物种植面积，20年间农业综合开发增加作物种植面积累计达到2150亩。

行进在农业综合开发土地治理项目区的广阔田野，映入眼帘的是平整而又纵横的田间道路，一排排整齐茂盛的林网，一条条砼制防渗的农水渠道，时而出现的农业综合开发醒目的工程宣传碑告诉你，你已置身于农业综合开发项目区，标准化的建设因地而制宜，规范化的措施务实而高效。途经的村民告诉记者："农业综合开发给我们农民带来了很大的好处，路好走了，浇地也方便了，就连空气也好了，我们都高兴。"记者对农综开发已关注多年，农业综合开发的确是一项实在而又深受农民欢迎的惠农工程。

襄垣乡郝开村支书对记者说，过去我们村下梨的季节，经常下雨，不及时收获就会造成酥梨损失。农业综合开发在我村实施后，修了12公里砂石路，5.5公里水泥路，现在农用三轮车雨后随时即可入地。

农业综合开发土地治理始终不忘的是加强农业基础设施和生态建设，把提高农业综合生产能力作为项目开发治理的根本任务和目标所在。土地治理项目由中低产田改造提升为建设旱涝保收、稳产高产、节水高效的高标准农田，在加大亩投入标准的基础上，更注重项目工程质量标准的提高，注重项目工程效益的提升。

记者从平遥县农发办了解到，从1999年实施农业综合开发至今二十年间，平遥县农业综

土地治理项目凿井施工

高标准农田建设项目节水灌溉工程

合开发土地治理项目，累计投入资金20895.91万元，治理面积25.81万亩，共涉及95个项目村19.78万人，改良土壤7.9433万亩，硬化田间道路508公里，购置农业机械109台（套），新增机耕面积3.55万亩，新增粮食生产能力2421.8万公斤。

长期以来，农发土地项目以改善农业基础设施条件为重点，加快农业结构调整转型升级为目标，浇灌出了一片片充满生机和希望的田野。农发项目的实施不断创新思路，完善运行机制，从中低产田改造到高标准农田建设，从实体工程建设到项目区农民科技培训，结出了累累硕果。农业综合开发项目实施过的乡村正显现着调产增效带来的变化。

二、节水灌溉、调产增收

在采访中，项目区的干部群众纷纷向记者反映农业综合开发农村发生的故事：

襄垣乡郝开村书记："农综开发给我们打了6眼深井，铺设了14公里暗管，2000多米U型渠，安装了变压器，浇地既方便又省水，费用少，多浇几水，产量提高了，酥梨的品质也提高了，农民的收入也多了。"

襄垣乡郝温村村委主任："2015年农综开发新增加4眼机井每亩地能多浇两到三水，每亩地增产1000多斤酥梨，按每斤一块钱计算，至少增收1500—2000块钱。"

襄垣乡是全省有名的水果乡，过去，由于

基础设施差，大部分农田每逢下雨就不能行走，严重制约了农民及时收获水果。通过农业综合开发，彻底改变了农田道路交通状况。为围绕酥梨产业大搞乡村旅游带来了生机与活力。襄垣乡郝开村支书向记者介绍到，项目区地处井灌区，受条件的影响，农田灌溉主要依靠开采地下水，农综开发在此区域走开源节流、节水灌溉的智能化管理之路，即因地制宜地利用现有水利设施，充分挖掘机井水源的潜力，新打和修复井共35眼，完善渠系建筑物344座，衬砌渠道16.1公里，埋设管道36公里，从而扩大了保浇面积。农综开发工程措施的实施，彻底改变了区域内的农业灌溉条件，使项目区农田得到适时保浇，7000余亩酥梨是全村农业的主要经济来源，农发水利措施的实施使得这一产业的发展有了根本保障。

20年来的连续不断实施农业综合开发项目，项目区农村农业生产条件发生了翻天覆地的变化。在杜家庄乡回回堡村正在地里采摘辣椒的农民高兴地说："多亏了农业综合开发，我们的愿望变成了现实，原来想种辣椒多挣钱没条件，现在浇水方便了，辣椒产量高了，路好走了，不愁卖了，农业生产的出路找到了，增产增收有了希望！"村支书马通胜回顾当年，村里搞农业综合治理的情景时说道："从水利上来说，旧井维修了，节水管道安装了，水利条件好了，道路也好了，农民种地的积极性高了，种植结构由原来单一的玉米发展到种植芦笋、辣椒、西红柿等蔬菜和红薯等，种地的效益比没有开发前翻倍增长。我村叫晓瑞的妇女，一家种了50亩芦笋，两年挣了几十万块钱，村里种红薯的一亩地收入也在3500块钱左右。"

土地治理项目防渗渠道施工

在朱坑乡庞庄村采访时了解到，村里试种的1000多亩新品种梨王今年陆续开始挂果，总产量达30万斤，引来了广东等地的水果商前来合作，进行深加工并开发旅游休闲食品。目前，梨王的市场收购价为每斤2元，管理好的种

采访项目工程建后管护与效益

植户，收益比种玉米翻倍增长。庞庄村的种植户李时珍就告诉记者，她栽了将近500棵，今年能采摘将近5000斤梨，每斤2块钱的话是1万多块钱。庞庄村村委主任李金山告诉记者，庞庄村去年实施了农综开发，今年就收到了实惠，农综开发给我们村打井修路，农民得到了实实在在的好处。除了梨王外，还有大葱、萝卜、白菜等经济作物每亩地实实在在能增加2000来块。今年种了400来亩辣椒，一亩能收入5000多块钱。这些都是农综开发给我们村带来的变化。

洪善镇东大闫村闫金平："2016年农综开发后，我们村种植结构大大的变化了。没有开发前，水利条件差，人们只能种玉米，收入不到1000块钱，现在我们村种小麦的多了。因为收了小麦回茬上白菜、胡萝卜。这样，一亩地可以收入4000多块钱。除了小麦外，还种植有薯类和药材等经济作物，这些收入也不错。"

香乐乡青落村村支书邵建平："2014年农

业综合开发后成立了平遥县及时特农业合作社，发展大棚120亩，里面种茄子、豆角、西葫芦、辣椒，经济效益非常不错，今年蔬菜价格高，效益更好。除了大棚外，大田里农民种上了红薯、花生、辣椒等经济效益高的作物，原来这些是想种不能种的，所以说农综开发给我们农民带来了好的经济效益。"

东泉镇遮胡村处于丘陵地区，靠天吃饭，农民种地的积极性不高，有一部分地成了撂荒地。列入农综项目后，根据当地条件，建起了一座高灌，老旱地变成了水浇地。村支部书记霍永峰说：改善了水利条件后，人们种上了土豆、药材、核桃树，粗放种植变成了精细种植，效益都翻了倍，土豆每亩收入在2000—2500块钱。

二十年来平遥县农综开发土地治理项目水利工程措施新建及配套改造排灌站（小型水库、塘坝提水、河道引水）5处，小型蓄排水工程13座，累计新打和修复旧井655眼，新修井房

井台655处，埋设节水管道966.64公里，架设输变电线路151.27公里，开挖疏浚渠道205.2公里，衬砌渠道60.1公里，新修渠系建筑物2351座，新增和改善灌溉面积21.5万亩，其中新增节水灌溉面积15.05万亩，极大地改善了项目区农业基本生产条件，提高了农业综合生产能力。

三、营林绿化、拓宽增收渠道

在农业综合开发项目区，到处可以看到农田基础条件明显得到改善。土地治理项目实施，整修农田，建设田间道路，造林绿化，兴修水利，道路两旁整齐的行道树郁郁葱葱，充满时代气息，昭示着现代农业的希望，这给农民调整种植结构创造了好的机遇。为发展高产优质

高效农业夯实了基础。

洪善村是2011年到2012年实施了工程，4100多亩地全部得到改善，给洪善村村带来了四大变化，一是解决了历史以来地里道路泥泞坑洼问题，全部实施硬化，去地里干活非常方便。二是道路两旁都载上树，既美化了环境，又增加了集体收入。三是通过打井维修旧井，17眼井全部实现了智能化管理，安装了管网、U型渠，节约了用水，4000多亩地能适时浇上水。四是原来变压器，电线经常丢失，通过农综开发电线全部入地，还安装了远程监控，电器设施得到了保障。

采访时，洪善村支部书记冀光英告诉记者，农业综合开发项目实施的时候，全村载了1万多株树，一株树以每年增值10块钱计算，1万

土地治理项目农田林网

多株树，到现在光树木一项就有价值100多万元，村里老百姓都说是农发项目是件大好事、大实事。农业综合开发项目是一项实实在在的惠民工程。东张赵村是2003年实施的中低产田改造，时任原支部书记的李中林承包渠道，植树1万余株，10年后开始采伐，收入了20余万元。

通过农业综合开发土地治理项目的实施，项目区达到了"田成方、渠相连、路相通、林成网、旱能灌、涝能排"的现代农田新格局，使项目区农业提产增效，为当地的农业经济发展提供了保障。为扩大种植规模，调整种植结构，实现增产增收，打下了坚实的基础。

农业综合开发实施的项目和建设的工程确确实实是做到了群众的心上，为群众发展生产、增加收入，进而提高群众的生活水平提供了基础保证，解决了群众的后顾之忧，也使群众实现了多少代人梦寐以求的致富愿望，农民群众真正从农业综合开发项目中得到了实惠，项目区群众由衷地感激农业综合开发给他们生产生活带来的巨大变化。

四、脱贫攻坚、项目支撑

丘陵山区的东泉镇圪塔村地处五曲湾水库下游，但是渠道损坏多年，河里有水用不上，农业综合开发帮助圪塔村解决了五曲湾水库的引水问题。采访时，村民告诉记者："这个工程难度大，太不容易了。但是农发办硬是克服了多种困难，把水库的水引到了我们的地里。以前是土渠，水的利用率最多20%。从水库下来的水浇完地最少要三四天，现在只需要一天，几百亩地就会全部浇完，而且浇地的质量比过去好。这是农业综合开发给我们带来的福音。"

农发办于2016年、2017年连续两年对东泉镇圪塔村实施了农业综合开发项目，总投资50万元，完善渠系建筑物21座，开挖疏浚渠道

项目区路渠桥闸配套工程

0.465公里，衬砌渠道0.52公里，硬化田间道路0.52公里。节水措施的配套实施，极大地降低了浇水成本，田间道路的整修硬化为农副产品的拉运起到了便捷作用。

东泉镇圪塔村支部书记告诉记者说，现在有了水利条件，我们村要利用原来的水磨等传统农业生产条件，走休闲农业，观光农业的路子。这是农业综合开发给我们创造的新思路，新理念。

五、强化管护、长期使用

在采访中，记者也了解到，为了使农综开发的效果永久持续保持下去，得到永续利用，后续管理特别重要。就必须有一条强有力的措施。农发土地项目工程完工以后及时将实体工程移交到项目村，并组织落实项目工程的管护责任。洪善村、闫家庄等村在此基础上制定了

村规民约，并有专业人员常年进行维护。

洪善村支部书记告诉记者，村里派专人管理，负责检查，哪里有问题，及时进行维修，1万多株树，没有丢失现象。

南政乡闫家庄村支部书记告诉记者，村里制定村规民约，用制度管理，人人自觉维护。互相监督，互相约束，所以人人爱护树木，保护树木成了自觉行动，自2013年开发以来全部树木齐齐整整，道路有专人进行维修，下雨有了坑洼就马上修好，有了砖块及时清理。渠道的水闸也进行维修管理。如果不管理，那就会坏了，农综开发的作用就会失去意义。

六、搞好科技示范、提高农民素质

在项目区采访中了解到，在项目开发中，为提高农民素质，培养农村科技示范带头人，增加项目区农业生产的科技含量，增强群众的

土地治理项目玉米配方施肥、杀虫对照

科技意识，农发办对项目区的农民进行科技培训，农业科技运用的示范和推广加快了项目区农业调产的步伐。

襄垣乡郝温村村委主任对记者说，县农发办在我们村定期组织技术人员对果农进行修剪、病虫害防治、科学施肥等科技培训，使果农掌握了先进的管理技术，酥梨的品质和产量有了很大提高。

二十年间农综开发项目开展农民培训工程，共计科技培训12.43万人次，示范推广4.03万亩，通过开展县、乡、村三级各类科技培训，使项目区农户户均一个明白人成为现实。农业科技的示范、推广以及农民科普知识的普及，

提高了农业生产的科技含量，增强了干群的科技意识，进一步加快了项目区科技兴农的步伐。

连续二十年农业综合开发项目的成功实践，通过加大投入、夯实农业和农村的基础，推动农业种植结构的调整，推动现代农业产业体系建设，使得广大项目区农民对实现产业兴旺、生态宜居、乡风文明、治理有效、生活富裕的目标信心倍增。项目开发一片，工程惠及一方，项目区农民获得感油然而生。当下2018年度的香乐乡、宁固镇的双万亩高标准农田建设正如火如荼、高潮迭起，开启了产业兴旺的新征程。

农综开发成为产业发展的好帮手

文/赵根才 王斌

乡村振兴离不开农业产业化，农业产业化需要农业龙头企业来支撑。农业综合开发作为国家支持和保护"三农"发展的政策之一，平遥县农业综合开发项目能够抓住区域优势特色产业，倾力关注，培育壮大了一批农业龙头企业，为平遥县农业经济发展发挥了积极的作用。

记者从县农发办了解到，平遥县自1999年开始实施农业综合开发项目至今，20年间产业化经营财政补助项目累计投入32948.73万余元，其中财政投资7912.5万元，贴息项目累计中央财政贴息881万元，撬动银行贷款39618万元。项目共扶持了平遥牛肉集团、龙海公司、国青公司等11个农业企业以及晋炜、保林、英伟等

7个农民专业合作社共计48个项目。通过一系列项目的立项扶持，培育壮大了一批在省内外有影响、有市场、有特色的农业龙头企业，使平遥县的传统产业更具优势，特色产业更为突出，农民增收途径更加广阔。

农业综合开发帮助"冠云"念好"牛"经

"平遥的牛肉，太谷的饼，清徐的葡萄……"，一首宣传当地特产的山西民歌《夸土产》唱响全国，"游平遥古城、尝平遥牛肉"。当你踏进平遥牛肉集团公司牛肉加工基地时，绿树成荫，花草飘香，环境舒适，生态宜人，很难想象这是一家肉制品加工产业园区。步入牛肉加

牛肉集团熟肉加工车间

工文化参观走廊，映入眼帘的是走廊上悬挂着的牛肉文化系列宣传画，全面展示了平遥牛肉的历史文化和屠、相、腌、卤、修的加工技艺；透过玻璃看到整个车间干净整洁，一边是自动化的肉牛屠宰生产线，从肉牛的屠宰、分割、称重到入库、冷切、排酸等一条龙作业；另一边是现代化的牛肉加工流水线，工人师傅们正在熟练地进行牛肉的蒸煮、腌制、分割修整、称重、包装等。

公司能有这样现代化的牛肉加工生产线，与农业综合开发以及各级政府的支持是分不开的，仅农发扶持资金达到2650万元——公司经理赵奕良欣喜地告诉记者。公司改制之初，资金困难，原料靠外购，产品质量得不到很好的保障。值此之际，农业综合开发的春风吹进了冠云，2003—2004年扶持公司新建了年屠宰3万头肉牛生产线，配套1500吨冷库1座，实现了从活牛购进、屠宰、分割到排酸等工序的标准化生产，解决了生肉外购难题，保障了产品质量，提升了"冠云"的品牌效益。

牛肉集团华春牛场

在中国驰名商标新闻发布会上，公司董事长雷秉义激动地说："公司能有今天的发展，一是靠改制使我们机制灵活了，二是农业综合开发帮我们圆了驰名商标梦。"

2008年农发项目扶持公司扩建了2万吨牛肉生产线，公司实现了由旧厂向工业园区新厂的迁移，加工能力由原先的3000吨增长到22000吨以上，生产规模大幅提升，满足了市场需求，解决富余劳力1200个，带动了全县养牛及其加工产业，使牛肉产业一举成为全县的重要支柱产业；2011—2013年，农发项目对该公司流动资金贷款予以贴息，撬动了金融机构对企业的资金扶持，使公司每年能够享受近5000万元的政策性贷款，为公司的长足发展提供了资金保证；2009年、2017年农发项目又帮助公司建立了肉牛良种繁育基地和肉牛育肥基地，进行品种改良，从牛源上保证了牛肉产品的品质，使"冠云"这一中华老字号招牌得到巩固。公司配套建起了饲草种植基地和双孢菇种植基地，实现了牛肉产业的循环发展。2017年销售达到7亿元，上缴税金4581万元，较改制时的2000年分别增长30.4倍和20.3倍。

公司董事长雷秉义说："农业综合开发支持的不仅仅是资金和项目，更重要的是对企业发展思路和企业负责人经营理念的启发与把脉；例如当初农发部门考察项目时，就提议企业要扩大再生产，把好产品质量关，应该上肉牛屠宰线和建立自己的养殖基地。事实证明，屠宰线、2万吨牛肉加工生产线以及养殖基地相继完成，产业链条完善了，龙头、龙身、龙尾健全了，我们公司基本走上了标准化循环经济生产轨道，这对我们公司的进一步发展和产品质量的提升发挥了较好的作用，是农业综合开发为冠云注入了新鲜的血液。"

农业综合开发支持"国青"做好"鸡"文章

在朱坑乡和襄垣乡的田间地头看到使用"传康"有机肥后，带给农民朋友的是一片丰收在望的景象。比如北依涧村的裴三牛使用"传康"有机肥后，原来腐烂的梨树得到好转，而且梨的品质也比过去好了。这是国青同盈禽业公司致力发展循环经济，利用鸡粪开发出的有机肥为农民带来的福音。

在朱坑乡朱坑村的蛋鸡养殖区，记者通过消毒通道步入养殖区，5栋整齐的现代化养殖鸡舍展现在眼前，运输车正往饲料塔中提送饲料。工作间内，饲养技术员正在微机前对鸡舍内的温湿度实施监控。养殖部经理邓玉泉介绍说，5栋鸡舍有2栋是农业综合开发扶持扩建实施的，厂区鸡舍全部采用先进的六层层叠式蛋鸡饲养模式，饲喂全部实现机械化，每栋饲养规模5万只的鸡舍仅需1名饲养技术员便可操作

国青公司养殖园区

完成，养殖技术在全省处于领先地位；在蛋品加工区，现代化的集蛋系统正从鸡舍中输出鸡蛋，十几名工人仅需进行简单地检蛋和贴标签，其他清洗、烘干、分级、喷墨等环节由机械一条龙操作完成，劳动强度大大减低。这仅是公司现代化蛋鸡养殖园区的一个缩影。

据财务部张月琴介绍，农业综合开发2006年扶持公司扩建了蛋鸡养殖园，开始进行机械化养殖，所产"同盈"牌鸡蛋通过"无公害农产品认证"；2010年新上了年处理800万公斤鸡蛋分级包装生产线，使"同盈"品牌进一步上档升级；2009年、2011年农发项目对公司流动资金进行贴息，加快了公司利用信贷资金拓展规模的建设步伐，公司相继建成了育成鸡厂、

蛋鸡养殖二厂，实现了蛋鸡喂料、饮水、集蛋、集粪和环境控制智能化；2016年、2018年农业综合开发又支持公司在朱坑村养殖区扩建了2栋现代化的蛋鸡养殖鸡舍，使该园区养殖规模发展到24.5万只。在农发项目的引领下，公司又实施完成了有机肥厂和年屠宰1100万只老母鸡标准化生产线和老母鸡肉食品研发中心。这样公司形成了集"粮食收购、饲料生产、蛋鸡养殖、蛋品加工、老母鸡肉食品加工、肥料生产、种养技术推广与产品检测"为一体的循环经济产业链。

公司董事长冀国青感慨地说：农发项目实施的时候，也是农发办给我们参谋的过程，是我们战略规划的顾问，是企业发展的引路人；

国青同盈禽业公司蛋库仓储

副市长程锡景在国青禽业公司调研

农业综合开发除了资金上的支持外，更重要的是对国家政策的解读。我们企业对国家政策的精神领会不够深入，农发政策能够先行引导，给企业把脉，我们公司才有今天的发展。可以说，农业综合开发帮我们做好"鸡"这篇文章，让公司实现了跨越式的发展。

平遥国青同盈禽业公司完善的循环全产业链和独特的"国青模式"是农业综合开发助推蛋鸡养殖实现新发展的真实写照。

农业综合开发为"龙海" 打造共赢路径

在朱坑乡东青村肉鸡饲养区，饲养户武守忠告诉记者，他的1个万只立体笼养鸡舍，年出栏6批肉鸡，年收入8万多元，这是龙海公司基地农户靠养肉鸡发财致富的1个典范。在朱坑乡庄则村肉鸡养殖区，一排排整齐的肉鸡养殖鸡舍呈现在记者面前，育肥的肉鸡正通过输送系统从鸡舍中输出装入车中，原来这是龙海公司建立的自养基地。基地负责人介绍说，这里是2013年农业综合开发财政投资750万元，支持公司建设的年出栏300万只肉鸡养殖基地，采用先进的立体直立式笼养工艺，清粪、出鸡全部实现自动化，减少人为回收引起的毛鸡损伤，提高鸡肉产品的品质，为基地农户进行标准化、规范化肉鸡养殖树立了样板。

平遥龙海公司是一家集种禽养殖、雏鸡孵化、饲料生产、肉鸡放养回收、屠宰加工冷藏销售于一体的农业产业化企业。据公司经理董康说，农业综合开发对公司的发展帮助很大，2005年注入资金450万元支持公司建成了50万吨的饲料厂，扩大了产能，保障了饲料供应，提高了基地的肉鸡放养量；2011、2012、2018年，农发贴息项目又对公司的流动资金贷款进行了多次贴息，促进了公司进行肉鸡产业化开发的步伐；特别是2013年，在公司资金紧张的情况下，农业综合开发"一县一特"项目投入扶持资金750万元，帮助公司建立了自己的养殖基地，解决了公司无自己的饲养基地空白。

在农业综合开发的政策扶持下，公司立足三农，诚信为本，以"公司+农户"为肉鸡产业化开发新路径，实施"三提供、五免费、一保证"的扶农养殖肉鸡放养政策，落实"五种铺垫、一次结算"让利于民的惠农措施，进行产前、产中、产后向农户提供全程免费"保姆式"服务，结成利益共同体，进行企业与农户合作共赢。放养部经理刘绍彬介绍说，公司开辟的"公司+农户"的肉鸡养殖管理模式，通过种植、养殖等形式带动农户3.35万户，带动规模肉鸡养殖农户2200余户，养殖基地遍布13县市、36乡镇、105村，鸡肉产品销售覆盖全

龙海水产养殖场

国16个省市，38个区域。

"2017年，公司实现销售收入10.21亿元，跨入全省百强民营企业行列，公司能有今天的发展和荣誉，我们由衷地感谢农业综合开发的大力支持"，公司董事长王晓林发自内心地说，"自2005年实施第一个农发项目开始，对我们在政策、资金、技术等方面的帮助就没有停止过，据不完全统计，扶持公司的农发资金1730余万元；农发部门每年都要召集我们企业负责人开展座谈，聘请权威部门专家解读国家就农业发展方面的政策，让我们开阔了视野，更新了思路，可以说，农业综合开发是农业企业发展的先驱。"

龙海肉鸡养殖防疫

农业综合开发为"中药材"强筋壮骨

赵中武是卜宜乡路牛村的一名贫困户，在晋伟中药材合作社引领下，他种植的6亩2年生柴胡，有2亩现已获益，亩均收入6200多元，靠种植中药材脱了贫，致了富，他非常感谢合作社的帮助，让他对生活有了盼头。

据基地负责人赵鹏飞介绍，合作社按照"合作社+基地+农户"的方式，实施产前、产中、产后全程跟踪的运行管理模式，带动了全县及周边1.2万余农户发展药材种植10万余亩。2017年，合作社购销中药材671吨，实现销售收入2311万元，获利37.7万元。

中药材是一项新型产业，平遥中药材种植一直缺乏龙头企业的带动，种植分散，组织化、规模化程度较低，种植效益不太突出。合作社经理韩法宁介绍说，平遥晋伟合作社刚起步时因资金掣肘，业务往来小打小闹，不成气候。

2009年、2013年农业综合开发两年投入扶持资金105万元，解决了合作社的资金瓶颈，帮助合作社建设了种苗繁育基地200亩，建起了中药材加工车间、烤房、化验等加工设施，完善了库房、晒场，购置了农业机械以及清洗、烘干、化验等设备，强化了合作社的基础设施，服务能力更具完善。之后，药材基地、长山药生产基地先后进行了药品GSP认证、"无公害"产品认证和产地"地理标志"认证，晋伟合作社以过硬的产品质量赢得了市场，加快了合作社的快速发展，效益实现翻番。

2014年，农业综合开发又投入资金75万元，扶持合作社建成了仓储设施、交易大厅和信息平台，形成了种植、收购、加工、销售一条龙的生产经营新模式，使药材种植成为全县农业调产、农民增收的典范；承接着平遥历久弥新的中医药文化旅游、电子商务也在不断发展中。

晋伟合作社刘伟雄这样评价："农业综合

晋伟合作社中药材现场培训

开发帮助我们的不仅是资金和项目，更为重要的是对企业管理上的提升；实施之前觉得农发项目管理严格、细致，很不适应合作社的现状；农发项目倒逼我们合作社必须规范管理，合作社就逐步走向规范化。这不仅给我们带来了便利，更提升了合作社的信誉。在近几年接受的专项审计中，审计人员对我们合作社的管理给予了较高的评价，都说晋伟药材合作社的财务管理非常规范，这都得益于农业综合开发项目管理的示范引领。"

农业综合开发引领合作社规范发展

农民专业合作社是农民自发组织成立的新型农业经营体系，因其自身的不足，管理粗放，发展不快。农业综合开发项目作为扶持农民专业合作社的一项惠农举措，其严格的项目管理示范引领了一批合作社的快速发展。

宁固镇岳封村保林蛋鸡合作社理事长肖保林深有体会地说："原来觉得农发项目管理太严格，对合作社而言没有必要，经过农发项目对我们合作社的严格要求，我们的观念转换了，管理有序了，财务规范了，效益也提高了。2017年，养殖规模达到15万只，产蛋2250吨，实现销售收入1440万元，较农发项目实施前翻了一番，合作社也跻身为国家级示范社，社会影响力也提升了；农发项目管理是比较超前的，要不是农发项目的规范引领，我们发展的思路和步子达不到现在这样的水平。"

东泉镇东戈山村英伟养殖专业合作社理事长胡海宝也这样说："原先合作社经营管理松散粗放，财务收支不清，很难得到政府相关政策的扶持。2016年，合作社在农业综合开发的规范引领下，完善了管理体系，健全了财务，并按要求严格实施了农发项目，这对合作社提

英伟合作社养猪场

高很大，养殖规模由原先的不足3000头发展到现在的4900头，管理严格了，财务规范了，收支心里清清楚楚，去年毛收入600万左右，纯收入80万左右，社员也由5户发展到现在的25户；规范的管理得到了相关部门的认可，畜牧、农经等部门对我们也有了政策扶持，2018年我们又得到了农业综合开发的扶持，全自动一体式的母猪保育设施项目如期建设完成。"

受访的合作社一致认为：农业综合开发项目严密的管理机制，不仅是对农发项目负责，对农发资金负责，也是对合作社负责，受益匪浅。

农业综合开发指导企业致力脱贫攻坚

能有今天的发展，离不开国家惠农政策和各级政府的鼎力支持，我们作为农业综合开发的受益主体，更应回馈社会，积极投身脱贫攻坚，受访的农业企业都这样说。

在全县开展的打赢脱贫攻坚战略中，农业综合开发主动发力，指导企业尽社会责任，发挥自身优势，致力脱贫攻坚，帮助贫困村发展畜禽养殖和种植中药材。

从牛肉集团公司了解到，公司采取以低于市场价50%的价格由贫困户领养能繁母牛，公司全程指导和免疫，按市场价回收牛犊和育肥牛。据统计，公司已为孟山乡魏家庄村和东泉镇北岭地村的贫困户提供能繁母牛89头，贫困户对于养牛的积极性很高。

记者又多方了解到：国青公司2017年为龙坡村65户贫困户免费发放笨鸡苗6750只，今年还计划为修德村贫困户发放有机肥100吨；保

农业综合开发产业化扶持企业精准扶贫

林合作社为沟西村60户贫困户免费发放50日龄笨鸡苗3000只；晋伟合作社近两年累计为2570余户贫困户免费提供肥料、种子、技术指导，发展药材种植8000余亩；龙海公司、国青公司还采取贷资入企的方式与贫困户合作，年底分红，惠及贫困户1026户，户均收益4000元。

"扶贫牛"扶起村民致富心，一位村民兴奋地讲道："感谢党和政府的关怀和帮助，感谢牛肉集团公司为我们送来了真正的温暖，一万多的牛按2000块给了我们贫困户，这就给我们贫困户带来了很大的希望，以后我们好好喂养争取早日脱贫。"

农业综合开发实施企业的精准帮扶，让乡亲们难掩内心的喜悦，激发了他们摆脱贫困的信心。

如果说高标准农田建设项目铺筑的是乡村"丰收路"，产业化发展项目铺筑的则是乡村"致富路"。做好土地治理和产业扶持两篇文章，强力推进"三产"融合发展，开启了乡村振兴的新路径。

全根合作社养殖场

平遥县农业综合开发结出丰硕果实

文/邓晓辉 李雨亭

县委副书记王维钢在项目区检查

平遥县自1999年在全市率先实施农业综合开发项目，项目实施6年来，该县累计投入9633万元，改造中低产田7.1万亩，建设优势农产品基地1.6万亩，使5个乡镇44个村的农民和5个农副产品加工龙头企业受益，为农业增效、农民增收提供了保障。

实施农业综合开发是国家支持和保护农业的重要举措，其宗旨就是要通过改善农业基础设施和生态环境，着力提高农业综合生产能力；通过调整农业和农村经济结构，着力提高农业综合效益，增加农民收入。六年来，平遥县抓住机遇，以农业增效、农民增收为核心，夯实农业发展基础，壮大农业龙头企业，实施农业综合开发，均取得了显著成效。

土地治理项目先后在洪善、南政、古陶、杜家庄、宁固5个乡镇的44个行政村实施，累计投资2703万元，其中财政投资1986万元，乡、村集体和农民自筹579万元，银行专项贷款120万元，形成了多元化投入机制。新打井87眼，维修旧井101眼，架设输变电线路412公里，埋设地下暗管428公里，硬化农田机耕路102公里，改造中低产田7.1万亩，改善土壤7000亩，建设良种基地5700亩，扶持优势农产品基地1.6万亩，完善农田林网6万亩。通过农、林、水、农机等综合措施，项目区实现了田、林、路、渠、机、电、井、桥、涵、闸十配套建设，基本形成了"田成方、林成网、渠相连、旱能涝、涝能排"的高产稳产田，农业综合生产能力和抵御自然灾害的能力显著提高。据统计，实施中低产田改造后，亩均增产粮食75公斤，亩均增收83元，项目区人均增收达120元。项目的实施，改变了传统种植模式，仅杜家庄、宁固项目区，由过去以粮棉为主调整为以果菜为主的种植结构，以西红柿、辣椒为主的优质蔬菜规模化种植达到万亩以上，亩收入平均达到1500元，最高可达3000元以上，比改造前的粮食生产亩均增收800元，经济效益明显。

省农发办主任赵建生检查肉牛屠宰项目

多种经营项目先后投资6929万元，其中财政配套资金1173万元，银行贷款2027万元，企业自筹3729万元。先后扶持了5个农副产品加工龙头企业，1999年扶持威壮食品有限公司上马了长山药粉加工生产线，开发出8种规格产品，当年在中国国际农业博览会上获得名牌产品奖。长山药粉加工生产线的上马使平遥传统农产品走上产业开发之路，全县长山药种植面积达到万亩以上，亩收入可达2000元以上。2000年扶持了康宝乳业有限公司，带动了全县养殖业的快速发展，仅南政乡奶牛饲养量就达到7000头。2001年扶持了平遥花木公司，发展花卉苗木基地200亩，为古城平遥绿化、美化提供了有力保证。2002年扶持了同康芦笋发展有限公司，上马了芦笋加工生产线。2003年和2004年扶持平遥牛肉集团上马了肉牛屠宰线，

为平遥牛肉加工产品绿色认证和推动养殖业的发展提供了有力支撑。通过扶持农业龙头企业，形成了公司联基地、基地联农户的农业产业化经营模式。同康芦笋公司无偿为农民提供芦笋种苗，签订回收合同，带动了项目区1500户农民种植芦笋3000亩，使芦笋成为平遥种植业的新兴产业。

通过实施农业综合开发，平遥县形成了"改善条件、综合治理、民办公助、合力开发、规范管理"的基本经验。农业综合开发已成为全县农民的共识和自觉行动，为平遥农业增效和农民增收开辟了重要途径。

原载2004年12月28日《晋中日报》

平遥国家农业综合开发项目结硕果

文/王力盛　王斌

平遥县紧紧围绕"农业增效、农民增收"这一主线，以抓水改土为重点，主攻中低产田改造，大力调整农业种植结构，集中连片实施农业综合开发项目，培育壮大农业产业化龙头企业。通过择优选择项目，取得了项目申报、建设的新突破。近3年来，平遥县先后争取上级财政资金2682万元，治理土地面积4.72万亩，并争取了3个农业产业化龙头项目，为新农村建设注入了强大活力。

市农发办检查验收提灌工程

从1999年以来，平遥县先后在南政、杜家庄、宁固3个乡镇的14个行政村实施了国家农业综合开发项目，涉及2.1万人。如杜家庄项目区大力发展了以西红柿、辣椒为主的蔬菜种植1.6万亩，引进红椒988、红椒889、美国大红、合作903等新优品种，亩均纯收入达到1000—1500元，较粮食生产亩均增收500多元。宁固项目区发展蔬菜种植也初具规模，仅南侯村就种植辣椒2000亩，占到全村耕地面积的60%，亩均收入都在千元以上。

在改造治理中低产田的同时，平遥县还精心构筑"农户+基地+企业-市场"的产业化经营链条，培育壮大农业产业化龙头企业。扶持平遥牛肉集团投资的2800万元肉牛屠宰线项目和龙海公司扩建的20万吨饲料生产线项目被确定为国家农业综合开发产业化经营项目。今年，平遥国青饲料公司年存栏10万只蛋鸡养殖无公害示范小区扩建项目也被列入国家农业综合开发产业化经营项目。目前，该小区扩建项目7栋鸡舍及配套设施已完成，存栏蛋鸡可达6万只以上，项目预计今年年底可全部完工，项目实施后可吸纳110余名农村劳力就业，年生产无公害鸡蛋1800吨，转换饲料5000吨，科技示范带动全县养殖户2500余户。

原载2006年7月13日《山西农民报》

区域布局谋特色 龙头带动壮产业

——"块状农业"成为平遥农民增收引擎

文/赵建军 赵家强 王斌

　　阎建魁是平遥县东大闫村的一位普通村民，从2005年种白笋开始，一年一个台阶，今年更是喜获丰收，8亩白笋亩均收入6000余元。老阎高兴地逢人就说："国家的政策好呀，种白笋不愁卖，公司主动上门买，种地也有盼头了。"从1999年以来，平遥县按照农业工业化思路，给政策、给环境、给资金，全力推进农业综合项目开发，精心打造区域特色块状农业经济。截至目前，该县农业产业化开发资金累计投入近1839万元，提供就业岗位8000余个，真正成了全县农民增收的引擎。2005年，该县龙海实业公司争取国家开发项目资金450万元，启动了50万吨饲料生产线扩建项目，如今公司已发展成为集孵化、种禽养殖、饲料生产、肉鸡屠宰加工销售和水产养殖为一体的省级农业产业化重点龙头企业，直接辐射养殖户2200余户，同时带动种植、包装、运输等农户1.6万余户。

　　平遥国青同盈公司蛋鸡养殖示范小区扩建项目，是2006年农业综合开发项目，11栋鸡舍及配套设施现已完成并投入使用，存栏蛋鸡已达8万余只，产蛋率达到70%以上，辐射带动全县12个乡镇2000余养殖户。

　　在抓区域特色块状农业经济布局发展的同时，该县紧紧围绕主导特色农产品、包装和深加工，提高农产品的附加值。杜家庄乡是连续5年的项目区，大力发展了以西红柿、辣椒为主的蔬菜生产1.6万亩，引进红椒988、美国大红、合作903等新优品种，亩均纯收入达到1000—1500元。另外，该县还以抓水改土为重点，主攻中低产田改造，大力调整农业种植结构，集中连片实施农业综合开发项目，取得了显著成效。到目前为止，全县改善灌溉面积4.09万亩，新增节水灌溉面积5.15万亩，11.05万亩中低产田变成了高产稳产的农田。

项目区芦笋种植基地

原载2007年12月19日《山西日报》

平遥杜家庄乡农业综合开发成效显著

文/赵家强　王斌

　　杜家庄乡是平遥典型的农业乡镇，粮食生产是该乡的主导产业。近年来，该乡抓住实施农业综合开发这一契机，积极争取土地治理项目，夯实农业基础设施，改善农业生产条件，调整产业结构，通过项目实施，带动区域经济发展，为农业增效、农民增收发挥了积极的作用。

　　杜家庄乡从2002年开始实施项目，到2006年底，争取各级财政投入1100余万元，项目区农民自筹资金（不含投工折资）277多万元，完成中低产田改造3.34万亩，发展优质蔬菜基地1.45万亩。共新打井46眼，维修配套旧井86眼，新增和改造节水管道145公里，配套农电线路39.5公里，修建桥涵392处，土壤改良1.1万亩，配套农机具37台，整修硬化农田机耕路110公里，林网植树35.7万株，技术培训3.5万人次，示范推广3400亩；项目区通过水利、农业、林业、科技、农机五项措施并举，强化基础设施建设，改善农业生产条件，实现了灌溉节水化、耕作机械化、农田林网化、道路砂石化、田面高效化的农业园区格局。项目区新增灌溉面积1.05万亩，改善灌溉面积1.66万亩，新增节水面积1.52万亩，使项目区节水面积达到80%以上，新增农田防护林4500亩，林木覆盖率达到18%，扩大瓜果、蔬菜种植1.51万亩。

　　2007年，该乡通过竞标又争取到国家农业综合开发1.136万亩的中低产田改造项目，争取各级财政投入450万元，项目区农民自筹150万元，发展节水面积0.48万亩，新增农田防护林0.13万亩。项目实施后，农业综合开发项目将覆盖全乡11个行政村，治理面积占到全乡耕地面积的85%以上，推动了全乡农业和农村经济的持续稳定发展，为着力构建农村和谐社会奠定了良好的基础。

原载2007年11月27日《晋中日报》

土地治理项目机井工程

冠云牌平遥牛肉是怎样"牛"起来的

文/霍维忠 王斌 赵奕良

施工中的牛肉集团肉制品加工车间

2009年是农历"牛"年，对于生产经营冠云牛肉的山西省平遥牛肉集团同样也经受市场的洗礼和考验。春节前一个多月，由于受金融危机的影响，多数销售终端、经销商、代理商受传统观念的市场运作的影响，春节备货仅仅按照去年同期的50%准备。但是在短短20天时间里，冠云牛肉市场叫急——供不应求，经销商纷纷打预付款，公司加足马力，工人加班加点，但冠云产品仍处于紧俏状态，今年两节期间公司50多个品种的产品无一库存积压，销售收入较上年同期增长10%以上。近年来，冠云牛肉有如此强劲的发展势头，实现了几次跨越式发展，步入了现代企业发展的轨道，是农业综合开发扶持的结果。

农业综合开发扶持实现标准化生产

山西省平遥牛肉集团是生产经营冠云牌平遥牛肉系列产品的股份制企业，是2000年由国有的食品公司改制的。改制之初，企业资金困难，举步维艰，销售收入只有2300万元，年利润仅有200万元，股东的入股资金是经多方筹措的，银行贷款利息就压得喘不过气来，资金负债率高达70%。董事长雷秉义苦心经营平遥牛肉这一传统品牌，虽然取得了"山西省著名商标"这一荣誉，但由于产品的原材料单一地依靠供应商来解决，外购的牛肉屠宰条件简陋、卫生条件差、贮存条件温度不恒定、运输条件没有保障，甚至原材料价格也掌握在少数经纪人手中，虽然经过市场的调查，但也有"货不由主"现象发生，更重要的是产品质量不能得到很好的保障，油脂多、次肉多、注水肉等现象成为困扰企业产品质量的心病，只能依靠加强自身建设，把好每一道工序来控制产品质量。由此带来的是费工、费时、成本大、价格高、利润低，企业经济效益不能得到充分彰显。自冠云诞生以来，公司几任领导重复地解决着这一生产经营难题，但资金困扰、市场拓展慢、技术、基础设施等方面的问题都没有办法去克服。冠云产品上了市场，总免不了收到消费者的质量投诉。这一现状严重束缚着企业发展的步伐。但冠云人执着的追求和企业恪守诚信的本色，把经营宗旨确定为"继承发扬传统工艺、巩固提高产品质量、研制开发系列产品、发展推动区域经济"，把"香传百年、义冠云天"确立为企业执业理念，把让消费者吃到放心牛肉融入生产经营全过程。

正当公司进一步考虑下大力气解决这一经营难题的时候，农业综合开发的春风吹进了冠云。2003年公司参加了平遥县召开的农业综合开发会议，详细了解了农业综合开发政策、法规，听取了县农业综合开发部门讲解，随后在平遥县委、县政府领导的亲切关怀下，在省、市、县农业综合开发部门的大力支持下，公司"年3万头肉牛屠宰项目"被列入农业综合开发项目。实际上，该项目是公司酝酿已久的重大举措，已经报县发改部门立项，但苦于资金问题一直迟迟没有动手。农业综合开发政策如沐春雨甘露，冠云开始勾画自己最美好的蓝图，龙头带基地、基地连农户的农业产业化龙头企业正在形成。

2003年，项目资金注入185万元，2004年又注入资金450万元，仅仅3年时间，公司多方筹集资金2000万元，总投资2838万元，建筑面积5800平方米，引进青岛建华屠宰设备有限公司成套设备，部分关键控制点采用进口设备，建成贮存能力1500吨冷库壹座。通过建设，形成了年屠宰3万头肉牛、生产牛肉6600吨、牛皮3万张、牛下水3万套的生产能力，同时又形成了年增加销售收入1.25亿元、年创利400万元的经济效益。从活牛购进、屠宰、分割到排酸等工序均按照标准化生产，

平遥牛肉集团煮肉车间

分解为六分体，十八个部位，增加冷鲜肉和分割肉产品品种，解决了生肉外购难题，扩展了经营范围，提高了产品质量，满足了市场需求。生肉条件的改善，推动了平遥冠云牛肉品牌质量的提升。项目还带动了周边县市农户的养牛积极性，带动农户3000户，年需活牛30000头，10头牛以上养殖户户均增加年收入10400元，带动农民增收3120万元，为公司增效、农民增收、推动当地畜牧产业的发展起到了积极的作用。

农业综合开发圆了驰名商标梦想

农业综合开发政策在冠云的推广，极大地调动了全公司上下的生产经营积极性。随着肉牛屠宰生产线的建成，公司先后通过了ISO9000认证和产品质量认证，荣获山西省模范单位和全国守合同重信用企业，全省乃至全国农业产业化重点龙头企业。公司继续坚持诚信为本、质量第一的信条，以"顾客的满意就是冠云的追求"为质量方针，以"铸就民族品牌，争创世界名牌"为质量目标，一年一个新台阶，一步一个脚印稳步推进市场的发展。原有的市场区域仅仅分布在省内几个重点城市，公司确立了强化省内、渠道下沉，面向全国的五年规划，使省内市场幅射率达到100%，并且在内蒙古、

河北、河南、陕西、山东、湖北、湖南、江苏、广东等省市设立了办事处，有效地推进了冠云市场的推广。2003年，完成销售收入5000万元；2004年达到8000万元；2005年完成1.12亿元；2006年1.43亿元；2007年1.93亿元；2008年公司销售收入突破2亿元，达到2.24亿元，上缴税金达到1200万元，人均缴税2万元，人均创利2万元。冠云被国家工商总局认定为晋中市首例"中国驰名商标"。在中国驰名商标新闻发布会上，公司董事长雷秉义激动地说："公司能有今天的发展，一是靠改制使我们机制灵活了，二是农业综合开发帮我们圆了驰名商标梦。"

农业综合开发让冠云插上了腾飞的翅膀

公司股东大会确立了"打造一个品牌、抓好三项创新、建设一项工程、实现一个目标"的近期发展规划。打造一个品牌就是把冠云打造成为全国性品牌、全世界的品牌；抓好三项

冠云牌肉制品系列产品

平遥牛肉集团真空包装车间

创新就是抓好技术、营销和管理创新；建设一项工程就是扩大生产经营规模，抓好产业升级，建设二万吨肉制品项目；实现一个目标就是满足日益增长的市场需求和消费需求。二万吨肉制品项目是经山西省发改委立项、山西省环保局批准环境评价的全省"1311"工程项目，也是农业综合开发部门重点扶持的项目，是县委、县政府的重点工程。2008年，国家农业综合开发产业化经营项目入股资金1500万元（国家农发资金1000万元，省级农发资金500万元）按时到位，给予项目极大支持。目前项目土建已经完工，进入设备安装阶段，预计今年中秋节前可投产运行。项目投产后，平遥牛肉产量可增加到10000吨，增加酱卤牛肉、低温肉制品各5000吨，年增加销售收入9.9亿元，实现利润3750万元。解决农村富余劳动力1200个。能直接带动20000农户，人均提高年收入3500元。

该项目的实施使全县的养牛及其牛肉加工成为当地的支柱产业。公司成为集参观、旅游、生产、加工、经营为一体的农业产业化龙头企业。同时可以拉动当地的物流运输、种植、皮革、彩印、包装、生化制药等相关产业。该项目的建设，使冠云规模得到扩展，冠云品牌得到提升。对提高平遥牛肉的市场竞争力有很强的推动作用，对促进当地农业结构调整，带动农业、农村、农民经济繁荣具有重要的意义。所以说，农业综合开发给冠云注入了新鲜的血液，为冠云的规模发展插上了腾飞的翅膀。

目前，冠云已成为平遥县利税大户，晋中市食品安全唯一的五星级企业，山西省功勋企业，全国守合同重信用企业，全国农业产业化重点龙头企业。2008年4月，国务院副总理回良玉到公司考察，盛赞冠云牛肉为原生态风味，并提出了保持传统优势、尽快产业升级等要求。到2008年底，公司已成为无欠税、无欠费、无欠工资的明星企业。今后公司将按照既定的品牌定位和发展战略，向更强、更快、更高的目标冲刺。

原载2009年《山西财税》第4期

冠云牛肉念"牛"经

文/霍维忠 王斌

金融危机令许多农副产品加工业元气尽伤，但即使是在经济形势最为严峻之时，平遥牛肉产品销售仍处于紧俏状态，销售收入甚至较上年同期增长10%以上。冠云牛肉有如此强劲的发展势头，实现了几大跨越式发展，离不开农业综合开发的扶持。

平遥牛肉集团由国有的食品公司改制而成。改制之初，企业资金困难，举步维艰，销售收入只有2300万元，年利润仅有200万元，资金负债率高达70%。平遥牛肉这一传统品牌，虽然取得了"山西省著名商标"这一荣誉，但由于产品的原材料单一仅依靠供应商来解决，外购的牛肉屠宰条件简陋、卫生条件差、贮存条件温度不恒定、运输条件没有保障，甚至原材料价格也掌握在少数经纪人手中，企业费工、费时、成本大、价格高、利润低，经济效益也不能得到充分彰显。

2003年，在省、市、县农业综合开发部门的大力支持下，公司"年3万头肉牛屠宰项目"被列入农业综合开发项目。当年，185万元项目资金注入冠云，2004年又注入资金450万元，公司又多方筹集资金2000万元，在短短的三年时间内，投资2838万元引进青岛建华屠宰设备有限公司成套设备，建成了贮存能力1500吨冷库一座。公司形成了年屠宰3万头肉牛的能力，可生产牛肉6600吨、牛皮3万张、牛下水3万套，年增加销售收入1.25亿元，年创利400万元。生产条件的改善，不但推动了牛肉品牌质量的提升，还带动了周边县市农户的养牛积极性，带动农户3000户，年需活牛3万头，10头牛以上养殖户户均增加年收入1万多元，带动农民增收3120万元，为公司增效、农民增收、推动当地畜牧产业的发展起到了积极作用。

原载2009年《山西日报》
8月25日

平遥牛肉集团肉牛育肥基地

创新营林机制 托起绿色银行

文/赵学华 武景林 霍维忠 王斌

山西省平遥县自2002年开始在汾河灌区实施农业综合开发土地治理项目，到2007年底共完成中低产田改造7.77万亩，项目建设取得明显成效。然而，作为土地治理的一项重要措施，农田林网建设质量却参差不齐，既有建设标准高的典型，又有成活率很低的教训。同是汾河灌区，为什么出现如此差距？分析原因主要有三个方面：一是重栽轻管，建管不配套；二是机制不顺，责权与利益相脱节；三是缺乏科学的管护措施。针对这一现状，平遥县农发办通过创新营林机制，提高栽植管护水平，逐步走出了林网建设"年年投入，年年补栽"的怪圈，林木成活率和保存率都有了显著提高。

一、因地制宜创新营林机制

平遥县农发办对个别项目村用集体统植、树随地走、分树到户的办法进行了剖析，虽解决了林粮争地矛盾，却带来责权与利益的脱节。因为农户所分配管护的苗木有限，产生的效益不明显。尽管户户有树管，但实际上他们的积极性未被充分调动起来，实际效果并不好。为了切实提高项目区林网建设水平，县农发办积极探索适合本县实际的营林新机制。回回堡项目村两委班子战斗力强，群众护林意识高，故而实行统管机制，由于经营管理到位，林木成活率高；东张赵、南侯、西王智、大堡等项目

项目区林网施工

村根据自身实际，实行承包、拍卖或联户经营等多种营林机制，集体放权，让有管理能力的大户自主经营，实行责权利统一，林网建设也做到了高标准。实践证明，农田林网建设必须采取适宜村情的营林机制，关键是要做到责、权、利的统一，这样才能调动起经营者的责任心和积极性。

二、严把质量促进苗木成活

为了提高农田林网建设标准，平遥县农发办在每年举办的科技培训班上，都要对项目区乡村干部、科技示范户两委代表进行专题培训，并在植树期间坚持深入项目区加强指导和督查。一是把好规划关。依据路渠搭建林网框架，同

项目区农田林网

一路渠、同一品种、同一规格，确保林相整齐，形成完整的农田防护林体系。二是把好苗木关。根据汾河灌区的气候条件，选择适宜本地的速生系列杨树、柳树，尽量使用当地苗木，少用外调苗木。苗木选择两年生胸径2.5厘米以上的苗高3.5米、根系完整、无机械损伤无疫病的壮苗。坚持苗木不合格不进村，苗木未分级不发放，苗木未浸根不栽植。三是把好栽植关。以春栽为主，秋栽为辅。春栽要早，顶凌栽植，抢时栽植；秋栽要迟，林木落叶时栽植，并按"三大一深"座水法做好栽前准备，按"三埋两踩一提苗法"规范操作，并在苗木栽植过程中注意尽量少失水，保证栽植一棵成活一棵。四是把好管护关。栽后强调及时浇水、涂白、扶直、修枝和中期锄草。五是科学管理。预防病虫害，定期清理植树沟，避免冬春两季着火伤苗，在栽苗后的三年内，每年9月下旬对树木喷打农药进行病虫害防治，防止蚧尘子等病虫的侵害，提高苗木的成活率。

三、规模经营提高造林效益

农田林网要实现经济效益和生态效益的统一，必须要发展规模经营。对此，平遥县农发办注意培植典型，并及时推广其好的做法，发挥示范带动作用。东张赵项目村干部带头实行区域承包经营，几年下来，林网标准高，管理科学，效益明显，尤其是经营户李中林载植的2万余株树木，不仅使项目区形成了高标准的生态林网格局，而且其经济效益已达到数十万元，效益非常可观；杜家庄项目村推行产业化

经营，将项目区的林网分区域拍卖，多数区域由林本经营大户买断。经营大户武宝平以林木为纽带，实行"栽植—管理—加工"一条龙作业，实行产业化经营，使项目区既实现了农田林网化，经营户又获得好的经济效益，实行规模经营，村集体还可把承包、拍卖等所得的费用用于村内公益性建设投入，推进新农村建设，进而获得经济、社会、生态效益的统一，这些好的做法，对推进全县项目区林网建设起到了良好的促进作用。

四、加强管理提高林网建设水平

为了充分调动项目区干群植树造林的积极性，平遥县农发办采取了三条措施：一是出台政策。2007年制定了农田林网建设财政补贴标准，并下发到所有项目乡（镇）、村，让财政补贴政策公开透明。二是加强验收。对每年项目区的绿化工程，县农发办都要从苗木规格、栽植标准、苗木成活率、管护主体落实情况等方面逐项进行验收评分，根据评分结果兑现林网植树费用。三是会议促进。每年召开绿化现场会，让项目区干部群众相互观摩评比，对林网建设标准高的项目村实行"以奖代补"机制，激励先进，鞭策后进，通过这些激励措施项目区林网建设水平不断提高。近年来项目区每年都栽植苗木10多万株，不仅栽植标准高，而且成活率均达到95％以上。

原载2011年《中国农业综合开发》第11期

土地治理项目路林渠配套工程

拓展产业链条，发展循环经济

——冠云平遥牛肉在逆境中实现企业的稳定增长

文/霍维忠　王斌　赵奕良

　　农业是国民经济的基础，发展农业循环经济是转变农业发展方式、保障食品安全、建设生态文明的必然选择。发展农业循环经济，就是以提高农业资源利用效率和改善农村生态环境为目标，促进农业绿色发展，以示范引领为抓手，注重龙头企业带动，促进农一、二、三产业融合发展。

　　平遥是山西省的农业大县、人口大县、旅游大县、畜牧养殖大县。2009年平遥县被确定为山西省晋中现代农业示范区核心示范县，在各级政府优惠政策和措施的鼓励下，平遥畜牧业向纵深推进，产业化经营步伐加快，养殖收入在农民收入中的份额稳步上升。农业综合开发项目作为支持和保护"三农"发展的一项重要政策性举措，"十二五"期间，平遥县紧紧围绕打造全省畜牧养殖强县的战略目标，注重示范引领，着力培育循环农业、绿色农业、健康农业的企业经营典型，通过拓展产业基地，树立品牌效益，实现由粗放经营向集约经营、循环经营迈进。农业综合开发产业化经营项目累计投入3.69亿元，其中财政资金投入1980余万元，企业自筹4100多万元，撬动银行贷款3.08余亿元，共扶持10个农业企业的18个项目，有效壮大了企业的经营规模，使平遥县特色产业优势更为突出，农民增收途径更加广阔。在农发项目的引领下，循环农业经济得到发展，涌现出了以山西省平遥牛肉集团有限公司为代表的经营实体。

平遥牛肉集团肉制品加工园区

一、助推企业实现了规模扩张

山西省平遥牛肉集团是2000年由国有食品公司改制而来。改制之初，企业资金困难，举步维艰，销售收入只有2300万元，年利润仅有200万元，资金负债率高达70%。董事长雷秉义苦心经营平遥牛肉这一传统品牌，虽然取得了"山西省著名商标"这一荣誉，但受产品原材料外购没有保障，"货不由主"现象时有发生，产品质量得不到很好的保障，由此带来的是费工、费时、成本大、价格高、利润低，企业经济效益不能得到充分彰显，这一现状严重束缚着企业发展的步伐。

正当公司进一步考虑下大力度解决这一经营难题的时候，农业综合开发的春风吹进了冠云。2003年在平遥县委、县政府领导的亲切关怀下，公司计划在县工业园区新建肉牛屠宰线，在省、市、县农业综合开发部门的大力支持下，"年3万头肉牛屠宰项目"被列入农业综合开发项目。2003年注入资金185万元，2004年又

华春牛场厂区

注入资金450万元，公司多方筹集资金2000万元，总投资2838万元建筑面积5800平方米的年屠宰3万头肉牛生产线竣工上马，并建起了贮存能力1500吨冷库1座。公司实现了从活牛购进、屠宰、分割到排酸等工序的标准化生产，解决了生肉外购难题，扩展了经营范围，提高了产品质量，满足了市场需求，企业取得了新增销售收入1.25亿元，年创利400万元的经济效益。生肉条件的改善，推动了平遥冠云牛肉品牌质量的提升，同时项目还带动了周边县市农户的养牛积极性，带动农户3000户，年需活牛30000头，10头牛以上养殖户户均增加年收入10400元，带动农民增收3120万元，为公司增效、农民增收、推动当地畜牧产业的发展起到了积极的作用。

2008年，国家农业综合开发产业化经营投资参股项目入股资金1500万元，扶持企业在新厂上了一条2万吨肉制品生产线项目，2009年项目投产后，产量增加到10000吨，增加酱卤牛肉、低温肉制品各5000吨，扩大了企业的经营规模，解决农村富余劳动力1200个，带动了全县的养牛及其牛肉加工产业，使牛肉产业成为当地的一项重要支柱产业。

通过农发项目的扶持，公司实现了由旧厂向工业园区新厂的迁移，牛肉加工能力由原先的3000吨增长到目前的22000吨以上。

华春牛场双孢菇种植基地

二、引领企业圆了循环经济梦

2009年，公司以绿色、安全、卫生为特色，以龙头带基地、基地连农户为模式进一步完善产业链条，新建百头肉牛良种繁育基地，填补了企业无肉牛基地的空白，成为促进平遥牛肉发展的又一个里程碑。随着冠云产业规模的不断扩大，鉴于产品的质量安全和绿色要求，公司一再讨论要新建属于自己的种牛繁育基地和养殖基地，因资金紧张未能及时跟进，2011—2013年，农业综合开发产业化经营项目通过对企业生产所需的流动资金贷款的贴息扶持，累计贴息308万元，撬动了金融机构对企业的资金扶持，使公司每年能够享受近5000万元的政策性贷款，为公司的长足发展提供了有力的资金保证，投资4000余万元的标准化冠云养殖基地如期建成。2015—2016年，农发项目投入资金135万元，对公司合作的旺顺肉牛养殖合作社的养殖园区改建项目进行了扶持，直接带动了当地肉牛养殖基地发展，间接带动了玉米种植业的发展，可带动玉米种植5000多亩，同时通过对玉米秸秆的青贮或氨化处理，可实现秸秆的肉牛过腹还田。2014年，公司为解决畜禽粪便，实现养殖基地零污染，投资500余万元，发展了100亩饲草种植基地，建成了12座食用菌棚，利用牛粪资源种植双孢菇，种植面积17.5万平方米，菌后基料作为有机肥施肥于田，实现了牛肉产业的循环发展。所以说，农业综合开发给冠云注入了新鲜的血液，使企业走上了标准化循环经济生产的轨道，功不可没。

原载2017年《山西农业综合开发》第2期

农业综合开发扶持冠云出实招

文/ 雷秉义　赵奕良

2017年6月，中共中央总书记习近平视察山西时指出，"要打造像平遥牛肉、山西老陈醋那样的市场知名度高、消费者广泛认可的老字号品牌，用品牌占领市场，引领生产"。多年来平遥牛肉集团支撑了山西的老字号肉制品的传统品牌，从2000年企业改制到2018年，18年时间企业销售收入翻了30倍，上缴税金超了20倍，是什么原因使平遥牛肉集团能有如此的佳绩，使冠云品牌由一个小品牌上升为中国驰名商标，使平遥牛肉集团上升为农业产业化国家重点龙头企业，使冠云平遥牛肉被认证为国家级非物质文化遗产？除企业经营理念得当、措施得力以外，还得益于国家农业综合开发政策的扶持，可以说农业综合开发项目不失时机地立项扶持，对冠云的发展功不可没。

第一招：平遥牛肉要想质量好，自主屠宰是关键

自平遥牛肉集团改制以来，从2003年开始，平遥农发办就密切关注平遥牛肉的发展。企业刚刚改制好像伤了元气一般，表面上正常运行，但实际上负债累累，不敢追求长足发展，更不敢谈建设自己的屠宰场。县农发办一班人在调研中得知企业想拓展肉牛屠宰，确保原料生牛肉的质量关，但又处资金短缺困境，举步维艰时，经过反复的论证，农发办为企业出了第一

牛肉集团屠宰分割车间

招，立项扶持企业上马年产3万头肉牛屠宰线。

至此，平遥牛肉集团便以提升产品质量为前提，着手准备屠宰生产线的立项建设，总投资2838万元的年30000头肉牛屠宰线经县计委立项批复，同时企业积极申报农业综合开发项目资金，在省、市农发办的指导下，县农发办多次深入企业调查研究，为企业出谋划策，于是集团公司决定上马3万头肉牛屠宰线。县农发办于2003至2004连续两年扶持项目资金635万元，使企业减轻了投资压力，屠宰线于2006年正式投产运行。屠宰线的投产，不仅为企业解决了原材料的质量问题，更为企业规模扩张奠定了良好的基础，使冠云牛肉稳步完成了真牛肉向好牛肉的转变。

第二招：扶上马，送一程，企业得以稳妥发展

随着企业规模的扩张，公司经济效益也有了一定的起色。2006年，公司在总结3万头肉牛屠宰生产线经验的基础上，又研究企业加工规模如何扩张。原有的加工水平不能适应市场的需求，企业要想长期立于不败之地，一定要提升加工能力和水平。为此公司申请省发改委立项年产2万吨平遥牛肉加工生产线，总投资10371.1万元，但由于实力有限，该生产线迟迟不能正常开工。在困难之际，企业想到了农业综合开发项目的扶持，便向县农发办咨询，并申请县农发办将该项目备案入库。之后，县农发办在深入了解公司生产能力与市场需求之间的产供销状况，认为平遥牛肉作为地方传统特色农产品，在稳定质量之后，扩大生产规模具有很大的市场发展空间。对具有市场竞争力的企业应本着扶上马、送一程的服务理念，积极主动地为企业争资立项。2008年在企业的努力下，抓住国家农业综合开发产业化经营项目财政资金投资参股企业这一良机，县农发办积极申报并一举申报成功全省为数不多的财政投资参股项目，为公司争取到了财政投资参股项目资金1500万元，加速了建设2万吨牛肉生产线的进程。2009年年产2万吨平遥牛肉加工生产线投产，平遥牛肉集团被认定为农业产业化国家重点企业，步入了高速发展的快车道。公司的销售收入由2000年的2302万元上升到2009年的23580万元。

集团公司领导研究工作

第三招：贴息扶持，让企业逐渐长筋壮骨

2009年，20000吨平遥牛肉生产线投产后，企业从小生产线搬迁到大的生产线之中，一时还不能适应规模效应。经营管理与现实需要相比还存在一定的差距。一方面企业的流动资金出现紧张状况，另一方面靠贷款来满足企业原材料的购进也增加了企业的生产成本。这时，正值国家农业综合开发产业化经营项目扶持政策由原来的固定资产贷款贴息放宽到固定资产和流动资金贷款都能贴息，于是公司开始申报企业流动资金贷款贴息项目，县农发办多次深入企业考察公司的流动资金贷款事宜以及相关申报材料，将其存入企业流动资金贷款贴息项目库。之后，县农发办从2011年至2013年连续三年扶持企业购置原材料贷款贴息308万元，使公司得到1.55亿元的流动资金贷款，发挥了四两拨千斤的作用，由此度过了扩张的艰难时期。公司在新建的2万吨牛肉生产线园区，借助平遥古城这一世界文化遗产的品牌效益，开辟了平遥牛肉文化旅游线路，借平遥古城的东风宣传企业文化和品质，让更多的人了解企业，由此企业进入了高速发展期。2013年企业的销售收入快速提升，达

到了6亿元，上缴国家税金达到了2653万元，冠云进入全国中华老字号品牌价值百强榜、晋中市优秀民营企业。

第四招：抓源头，冠云根本有保障

早在2009年，平遥牛肉集团为提高品牌效应，建立完善冠云产业链，提出了要建立种牛繁育和肉牛育肥基地。企业在制订五年规划时，早把源头产业链作为企业发展的重要步骤。公司领导在了解农业综合开发项目政策后，主动与县农发办领导就企业的发展以及牛肉产业的前延后伸的想法进行沟通，得到了县农发办的支持。2009年，集团公司旗下的华春肉牛养殖基地申报成功，总投资417.45万元，财政扶持资金72万元，使平遥牛肉集团的种牛繁育基地可以正常运行。2017年，企业的养殖规模扩张至年出栏6000余头，为帮助企业改良品种，提高原材料品质，农发办再次为企业出招，让企业引进优质品种，让冠云产品的品质有一个飞

牛肉集团华春肉牛繁育基地

跃，同时为企业扶持新增存栏220头能繁母牛标准化养殖基地扩建项目注入资金135万元，正是农发资金的到位，使冠云养殖基地能够健康运行。在2018年召开的全国第18届牛业发展大会上，冠云作为重要观摩点展示在全国养牛业的同仁面前，业界同仁看到了冠云这些年的发展变化并感到震撼。如今的平遥牛肉集团已经成为集饲草种植、种牛繁育、肉牛育肥、屠宰分割、深细加工、文化旅游于一体的农业产业化龙头企业，2018年，企业销售收入已超过7亿元，上缴税金达到4700多万元，这些成绩的取得与农业综合开发项目的支持、帮助是分不开的，农业综合开发圆了冠云人的梦，长了冠云人的志。农业综合开发关键时期出招相助，使冠云由小到大，由弱到强，这是农业综合开发一以贯之支持的结果，是冠云人奋发努力的结果。今天的冠云人将用实际行动，为农业发展、农民增收做出我们应有的贡献。

雄关漫步真如铁，而今迈步从头越。平遥牛肉一定珍惜农业综合开发带来的成果，扬长避短，大打文化牌，大打诚信牌，以品牌引路，不断进取，奋力开拓，把握机遇，进位争先，继续以转型发展为主题，做好、做强、做大冠云平遥牛肉产业，高举"生产的是质量，经营的是诚信"大旗，为实现"在世界的平遥打造中国的牛肉"的宏伟愿景做出更大贡献！

作者系平遥牛肉集团有限公司
董事长雷秉义、总经理赵奕良

平遥牛肉集团文化旅游区

农发助力推动 企业发展强劲

文/ 冀国青

山西省平遥县国青同盈禽业有限公司是山西省农业产业化龙头企业、山西省道德诚信食品企业、中国农业部"蛋鸡标准化典型示范场"、中国农业大学动物科技院研究生"教学实践基地",是集"粮食收购、饲料生产、蛋鸡养殖、蛋品加工、老母鸡肉食品加工、肥料生产、种养技术推广与产品检测"为一体的循环经济旗舰企业。公司共有员工300余人,设企划部、财务部、技术部、经营部、运营部五个部门;饲料公司、养殖公司、蛋品公司、肥业公司、食品公司5个分公司,共计生产厂8处。公司拥有"同盈"和"传康"两大知名品牌,生产饲料、肥料、蛋品、鸡肉食品4大系列36种产品。

公司由一个小作坊蝶变为2018年底总资产达2.1亿元、销售收入3亿元的省级农业产业化龙头企业,得益于党的改革开放政策,尤其是近十年间农发办在项目方面给予的大力支持、鼎力相助。从2006年至今,农业综合开发项目共扶持公司实施了6个项目,扶持资金达855万元,帮助公司完善了产业循环链条,提升了公司产品品牌,形成了现代化管理格局。在公司逐步发展壮大的历程中,农业综合开发是公司前进路上的动力、企业强大的帮手,不仅给了公司鱼吃,还教会了公司钓鱼的方法,具体体现为四个跨越。

第一次跨越（2004年）：公司由饲料生产向蛋鸡养殖跨越。目标为："饲料搞延伸,

国青科技养殖园

养殖上规模，鸡蛋做品牌。"2004年公司将初创期（1992—2003年）走街串巷卖饲料、进城入市卖鸡蛋的所见所闻认真思考、潜心总结，悟出了养殖规模化、产品品牌化、销售区域化的发展思路。在省内率先给鸡蛋注册商标，办理无公害认证并开始建设年存栏10万只蛋鸡无公害养殖示范园。在公司举步维艰的情况下，2006年农业综合开发扶持资金450万元，帮助和扶持公司扩建完成了年存栏10万只蛋鸡无公害养殖示范园，年生产无公害鸡蛋1000吨，净利润50万元，直接带动1200多农户，户均增收2000元。实现了期初目标：养饲料搞延伸，养殖上规模，鸡蛋做品牌。在农发办的大力支持下，公司的10万只蛋鸡无公害养殖示范园得以顺利运营。公司大力推行规模养殖的管理思路——"员工优待遇，技能高标准，选好服务鸡的人；制度人性化，执行强硬化，做好服务鸡的事；优环境生活，超标准产蛋，收获服务鸡的利。凭兢业创新，创新带动科技，用科技增加收入。靠制度管理，管理抓到细节，用细

节降低成本。不辞劳苦，不惜代价，为鸡的健康生长营造环境。不遗余力，不拘一格，为鸡的最大生产创造条件；不留情面，不留死角，为鸡的生物安全提供保障"，形成了"鸡的体质源于生物安全，蛋的品质来自健康母鸡；好品质就能打造好品牌，好品牌才能创造大效益"的管理理念和"规模化经营、标准化生产、品牌化运作"的管理模式。

第二次跨越（2008年）：公司由传统化蛋鸡养殖向国际化蛋鸡养殖跨越。目标为："打造山西鸡蛋引领品牌，中国鸡蛋优秀品牌。"2008年在农业综合开发项目的支持下，公司在东泉镇遮胡村建设国青科技养殖园，总投资2990万元；2011又开始在朱坑乡建设国青百万只蛋鸡标准化养殖示范园，总投资2160万元。公司进入了年年有建设项目、年年资金紧的处境。期间国家农发项目对企业流动资金贷款累计贴息45万元（2009年19万元；2011年26万元）用于公司购买饲料原材料，极大地缓解了公司资金压力。2010年在省、市、县农发办的大力支持下，公司又投资1100余万元，新上马年处理800万公斤鸡蛋分级包装生产线，农业综合开发项目财政资金扶持70万元。公司确立了"持续诚信做人，始终用心做事；事事追求卓越，天天超越自我"的工作方针，举行了规范化管理启动仪式，并制定了行政系

省农发办项目评审组在国青考察

统组织结构，全面铺开规范管理工作，形成了"管理制度化、工作流程化、目标数字化"规范管理格局，智能化设备步入高效运营。

第三次跨越（2016年）：由一业为主向多业循环跨越。目标为"打造中国农业循环经济旗舰企业"。2016年农业综合开发项目扶持公司位于朱坑乡朱坑村的蛋鸡养殖基地，项目扩建存栏5万只蛋鸡舍一栋，总投资272.24万元，农业综合开发项目财政扶持资金135万元。在农发项目的扶持下，2017年底，公司蛋鸡养殖规模达到70万只以上，总资产达到1.75亿元，实现销售突破1亿元，实现利润500万元，直接或间接带动农户3000户，户均增收1500元；辐射带动发展养殖户500户，户均增收2000元。公司把"充分利用社会资源，竭力发挥自身潜能，追求人生价值最大"作为工作的出发点和指导思想，确立了"献情护养殖，用血铸禽业；养鸡如孩子，惜鸡如生命"的养殖理念和"感恩、思变、进取"的发展理念。

第四次跨越（2016年）：由生产经营型向服务合作型跨越。公司本着企业致力于"科技含量"和利益相关人"盈利能力"持续提升的理念来实现跨越。2018年农业综合开发项目又立项扶持我公司位于朱坑乡朱坑村的蛋鸡养殖基地，项目扩建鸡舍存栏5万只蛋鸡舍1栋，总投资311.47万元，农业综合开发项目财政资金扶持150万元，现项目已实施完成。公司确立了"用品牌形象引发关注，凭服务水平迎来合作，拿优良品质换取信任，以效益最大赢得忠诚"的新思路。制定了"左右延伸，蛋鸡为中，打造一条龙。横向联合，蛋鸡客户，构建共同体。纵向结盟，关联企业，形成产业链"的发展新方略。在农发办的大力支持下，伴随着经营理念、管理水平和产业规模的不断升级，公司在业界的知名度与日俱增。但国青人不骄不躁，将始终秉承"至诚无息、博厚悠远"的理念，将其内涵贯穿到公司经营和运营全过程，树立高尚品德，打造千秋伟业，服务社会大众。

作者系平遥县国青同盈禽业有限公司董事长

国青公司董事长冀国青培训员工

政策引领、农综开发扶农惠民
产业发展、龙头企业砥砺前行

文/王晓林 董 康

2018年11月29日，农业农村部官网发布了第八次监测合格农业产业化国家重点龙头企业名单，山西省平遥县龙海实业有限公司位列其中。面对这样的荣誉，我们非常欣慰。回顾27年风雨征程，龙海公司从无到有，从小变大，从一个家庭作坊式的饲料加工厂发展到如今国家重点农业产业化龙头企业500强行列。是什么原因使得公司能够在短短27年中从资产几万元发展到现在的十几亿元、销售收入翻了上万倍的现代农业产业化龙头企业？除了公司全体员工坚韧不拔的奋斗精神和勇于创新的经营管理之外，离不开多年来国家对"三农"的政策扶持与帮助，其中各级农业综合开发项目对公司产业发展的帮扶尤为凸显。

从1997年3月公司正式成立，到如今的龙海已发展成为总资产突破10亿元、集粮食存储、种禽繁育、雏鸡孵化、饲料加工、规模养殖、肉鸡屠宰、冷藏销售、熟肉加工于一体产业链条完善的大型现代化农牧企业，各级农业综合开发部门领导对公司的产业发展倾注了心血和汗水，在政策引领、资金扶持等方面都体现出了他们自身素养好、政策水平高的优势。

公司近30年的发展历程，经历过"速成鸡""禽流感"等对于整个禽类养殖加工行业来说属于灭顶之灾的特殊期，但各级农发部门不离不弃，雪中送炭，关键时期伸出援手，帮助企业渡过难关，为企业发展壮大、产业链条延伸、规模上档升级提供了强有力的支撑。

龙海实业有限公司厂区

发展壮大第一帮：2005年，因公司年产6万吨饲料厂产能限制，肉鸡产业化开发停滞不前。根据当时产业发展形势及企业下一步规划，公司计划投资3578.7万元上马扩建年产50万吨饲料生产线项目，但因技术力量薄弱、资金缺乏等原因，项目进展缓慢。正值此时，农业综合开发各级领导深入企业考察调研，在了解了企业发展前景和面临的实际问题之后，依据国家农业综合开发项目政策精神，对公司年产50万吨饲料生产线扩建项目进行立项扶持，注入农发财政扶持资金450万元，解决了公司的资金瓶颈，项目建设步伐加快，2006年扩建完成并投入运行，引进美国CPM公司先进生产设备，生产环节全部采用微机监控和实现机械化，在饲料加工行业中占据领先地位，为企业发展增添了活力。2007年末，公司实现销售收入4.07亿元，较2004年翻了3倍，带动本县及周边市县玉米种植农户5000余户，种植面积40多万亩，解决了部分农户售粮难的实际困难。同时，饲料生产线的投产为公司发展奠定了良好的物质基础，为肉鸡养殖产业规模发展提供了强有力的后勤保障。2008年3月，"辰宇"牌饲料荣获"山西省名牌产品"。

产业延伸第二帮：2009年，公司刚走出"禽流感"影响困境，正处于恢复期间。公司在合理高效利用有限资金如何进行产业发展布局之时，又面临扩大生产规模与延伸产业链条的两项抉择，公司内部发出两种不同的声音，一种观点认为应该延伸产业链条，不要把所有鸡蛋放在同一个篮子，减少市场风险；另一种则认为应该继续抓住肉鸡产业这一主业拓展产业链条。公司正在举棋不定之时，县农发办与公司共同研究分析了产业发展前景以及农业相关扶持政策之后，公司提出了既要扩大生产规模又要完善延伸产业链条并行开展的经营发展理念。在这一经营理念的引领下，公司决定扩建水产养殖，与此同时，在县水务局、农发办的精心指导下，充分利用农发扶持政策，争取到农业综合开发部门项目，2009年10月，开始实施水产养殖

龙海饲料生产车间

龙海公司"一县一特"肉鸡养殖项目

示范场扩建项目，总投资450万元，其中农发扶持资金180万元，水域养殖面积由286亩扩建至486亩，年产鲤草鲢鳙等四个品种鱼类80万尾。农发资金的注入，既保障了企业原有肉鸡产业链条的有序发展，又延伸出了其他产业链条，提高了企业抵御市场风险能力及市场竞争力。2011年底，公司实现销售收入7.34亿元，比2008年增长39.31%，带动种养殖、包装、运输等农户3.35万户。水产养殖场连续被山西省水利厅评为"无公害产品产地"，2013年所产鲢鱼被农业部评为"无公害农产品"。

规模上档第三帮：2013年，随着国内商品肉鸡立体式高效笼养技术的试验推广，公司开始制定出了"提高自养比例至全部养殖量的百分之六十"的五年规划，计划在全省范围内开始实施高标准现代化规模肉鸡养殖基地建设项目，首批规划建设13个标准化养殖基地。而此

时公司总投资1.8亿元的年产3万吨鸡肉熟制品生产线建设项目正在紧张施工中，占用企业资金比例较高，公司规划的第一个自养基地——庄则村年存栏600万只肉鸡养殖基地建设项目一期工程虽经平遥县发改局确认立项，计划投资4300多万元，但因资金紧张，项目没有迈出实质性步伐。在此紧急时刻，恰逢国家农业综合开发产业化经营开始实施龙头企业带动和"一县一特"产业发展试点项目，平遥县农发办抓住机遇，先行试水，在省、市农发部门的多次指导帮助下，公司申报的年存栏600万只肉鸡养殖基地一期工程扩建项目予以立项扶持，争取到农发项目扶持资金750万元，有力地促进了项目的快速顺利实施，2015年项目完工投产，建设了国内最先进的直立式笼养鸡舍10栋，实现了肉鸡养殖从饲喂、温控、通风、饮水、清粪、出鸡全程自动化，不仅满足了公司日益

增长的屠宰需求，还满足了广大消费者日益提高的消费需求，为肉品品质提高、农民增效增收、食品安全风险防控以及合理高效利用土地提供了一条行之有效的可行路径。

贷款贴息及时雨：2011年至2012年间，受"速成鸡""禽流感疫情"影响，国内家禽养殖行业进入了寒冬季节，不少企业很难熬过这个漫长的冬天。在这形势严峻，事关公司存亡之际，公司迎来了国家农业综合开发产业化经营贷款贴息政策扶持的东风，撬动了企业利用信贷资金进行稳定发展的信心。在这一政策的引领下，公司能够每年获得金融机构流动资金贷款5300余万元的资金扶持，2011—2012年连续2年，农发贷款贴息项目累计贴息266万元，缓解了公司的资金压力，让公司平稳度过了困难时期。至此龙海公司顺风顺水，驶入了稳定

发展的快车道。公司熟肉制品项目和1500万只标准化肉鸡养殖基地相继建成并投入使用；同时，公司在内蒙古巴彦淖尔市、五原县、磴口县总投资36亿元的肉鸡产业园区业陆续开工建设，饲料加工园区、种禽繁育园区工程已经投入运行。在企业快速发展的征途上，农业综合开发项目又添薪助力，2018年，又为公司申请到流动资金贷款贴息资金85万元，更加助推了公司利用信贷资金进行快速发展的信心和决心。截至2018年底，公司实现销售收入12.31亿元，资产合计12.39亿元，放养肉鸡5157万羽，生产饲料22.98万吨，加工鸡肉产品10.83万吨，肉鸡放养遍布省内13县市36乡镇105村，销售区域覆盖省内16省市、38个区域。

致力打造共赢路径：农业综合开发项目在推进公司拓展规模、延伸产业链条的同时，在

龙海公司领导研究项目实施

公司的规范管理方面也起到抛砖引玉的效果。平遥县农发办领导依靠其自身的政策理解力，对公司产业发展及扶农、助农措施方面提供、了指导性的看法，进一步巩固"公司+农户"的肉鸡产业化开发共赢路径。为公司后续制定的"三提供五免费一保证""五种铺垫一次结算""应对禽流感三不变政策""银行放贷收息、企业担保发展、农户承贷收益"等扶农、助农政策提供了新的发展思路。在农发政策引领和资金扶持下，龙海人秉承"创业路上无止境"的经营理念，强化公司管理，怀揣"圆农民致富梦想"的伟大构想，致力发展肉鸡产业化开发，不断壮大自身实力。截至2018年，公司为下岗职工、退伍军人、大学生农村富余劳动力提供就业岗位1800余个。肉鸡产业化链条初步完善，构建了"从土地到餐桌"的现代农牧业体系，建立了完整的产品质量管理制度和可追溯系统，于2008年起通过了ISO9001、ISO22000管理体系认证。

"乘风破浪会有时，直挂云帆济沧海"。农发各级领导用辛勤的汗水浇灌出龙海今日累累硕果，公司要继续保持不骄不躁，珍惜来之不易的胜利果实，在今后的发展过程中深化产业结构调整、勇于拼搏创新、加强品牌意识、严格质量管理，为全省农业产业发展做出积极贡献，为推进乡村振兴贡献力量，为农民增收提供坚强后盾。

作者系平遥龙海公司董事长王晓林
办公室主任董康

龙海公司肉鸡养殖基地

扶持特色产业 致富一方百姓

文/ 刘伟雄　韩法宁　赵鹏飞

平遥县晋伟中药材综合开发专业合作社成立于2006年，是以经营中药材种植，种子种苗培育，中药材购销加工为主的农业产业化专业合作社，经过多年的发展，合作社现已发展成集种植、加工、电子商务、市场交易、资金互助为一体的管理完善的国家级农业示范社，合作社能有今天的经营发展规模，离不开国家惠农政策的大力支持以及各级政府的倾力关注，尤其是国家农业综合开发项目的持续扶持，对合作社的快速发展功不可没。

一、小小中药材做成大产业

中药材作为一项新型产业、朝阳产业，前些年，因平遥中药材种植分散，组织化、规模化程度较低，种植效益不太突出。晋伟中药材合作社由于刚起步，受资金不足影响只能小打小闹。2009年，平遥县农发办领导多次深入合作社开展调研，了解到中药材产业是一项种植效益高、带动农户强、市场前景广的产业，为解决合作社的资金瓶颈，积极培育这一朝阳产业，抓住农发政策扶持合作社的有利契机，农业综合开发产业化经营项目对其进行了立项扶持，财政扶持资金60万元，扶持合作社扩建了2000亩中药材种植基地，帮助合作社建设了种苗繁育基地200亩，建起了中药材加工车间、烤房、化验等加工设施。2014年，县农发办与供销社又为合作社争取到农业综合开发供销合作项目，注入财政资金75万元，解决了合作社资金紧张

晋伟合作社成员栽植中药材

的困难，为合作社建起了交易大厅和库房，配套了电子交易平台，进一步强化了合作社的基础设施，使我们的服务能力更加完善。药材基地先后进行了药品GSP认证和产地"地理标志"认证，晋伟合作社以过硬的产品质量赢得了市场，加快了合作社的快速发展，效益实现翻番。短短十年来，合作社按照"合作社+基地+农户"的方式，实施产前、产中、产后全程跟踪的运行管理模式，带动了全县及周边1.2万余农户发展药材种植10万余亩，从业人员达到1250人，带动就业150人。2017年，合作社购销中药材671吨，实现销售收入2311万元，获利37.7万元。一石激起千层浪，中药材种植成为农民增收致富的香饽饽，目前平遥县已被列入全省28个基地县和14个重点县之一。

二、小小长山药做成大品牌

平遥长山药虽种植历史悠久，但因缺乏龙头企业的示范带动，产品品质不佳，种植效益低下，种植规模发展缓慢。2013年，在省、市农发办领导的指导下，农业综合开发项目财政投资45万元对合作社扩建优质长生药种植基地予以扶持，引进新品种，完善库房、农机等服务设施，项目的试验示范以及服务设施的进一步完善，拉动了平遥长山药的规模发展，长山药种植面积现已发展到5500余亩，亩收入由3500元发展为8000—10000元，总产量由3900吨增加到8840吨。平遥长山药先后获得了国家地理标志认证产品、无公害农产品认证、全国名优特新农产品名录、山西省特色农产品、山西省功能农产品等荣誉。2017年经中国农产品品牌价值评估课题组评估，平遥长山药品牌价值1.8亿元。平遥长山药系药食兼用农产品，具有丰富的药用和食用价值，是人们生活的必需品，是畅销省内外的畅销农产品，支持平遥长山药的发展就是支持平遥的支柱产业。

三、小小土项目做出大贡献

近几年来晋伟合作社参与了平遥县的产业扶贫，成果显著，2016年以来合作社在平遥5个贫困乡镇、28个贫困村实施了产业扶贫，在贫困村发展中药材4000余亩。2018年，在县农发办、县供销社领导的倾力关注下，在农业综合开发政策的引领下，为合作社争取到农业综合开发

中药材电子商务交易中心

部门土地托管项目，总投资610万元，其中农发各级财政投资300万元。实施土地托管发展中药材规模化种植管理3000亩，示范引领丘陵山区发展中药材种植，并积极探索新的扶贫模式，走出了一条合作社+村集体+贫困户+公司的扶贫新路子，平遥县委、县政府把中药材作为全县扶贫的主要抓手之一。合作社还与周边县市的扶贫工作队对接，在昔阳、左权、沁源、武乡、临县等地开展产业扶贫。多年来，合作社累计扶贫总投入200多万元。2018年底，晋伟合作社被山西省扶贫办认定为省级重点扶贫龙头合作社。

四、小小合作社做出大业绩

合作社目前已成为集种植、加工、电子商务、市场交易、资金互助、农村综合服务、养生旅游为一体的功能齐全、管理完善的产加销、农工贸、康养游产业融合全产业链创新发展模式。2018年底合作社已成为拥有总资产1500万元、年产值1.1亿元、业务收入2500万元、年净利润36万元的现代农业专业合作社。目前合作社规划实施的中医药产业示范园已被晋中市列为市级现代农业产业园，该园区将打造集"中药材种植、中药饮片加工、中药材仓储物流、中药材展示交易、中医药

商贸超市"为一体的省内最大的中医药产业示范园，园区建设已初具规模。利用"互联网+"模式打造的中药材电子交易中心投入使用，使"数字晋药"走出山西、走向全国，实现企业增效、药农增收。同时，与山西省盐业集团有限公司合作的中医药健康养生旅游街，每天接待旅客1000人次，成为平遥旅游的又一张名片。

合作社能有今天的发展，农业综合开发起到了中流砥柱的作用，成为合作社现代农业产业建设的基石，起到了四两拨千斤的效果，在农发项目及其规范管理的政策引领下，合作社加快了产业提升晋级、产品换代、新型产业崛起的建设步伐。今后，合作社将在做大中药、做活市场，做强旅游、做牢根基上奋发有为砥砺前行，为乡村振兴再做贡献。

作者系平遥县晋伟中药材合作社理事长刘伟雄、总经理韩法宁、项目部经理赵鹏飞

中医药健康养生旅游街

开发惠农

1999—2018

平遥县农业综合开发二十年实践与探索

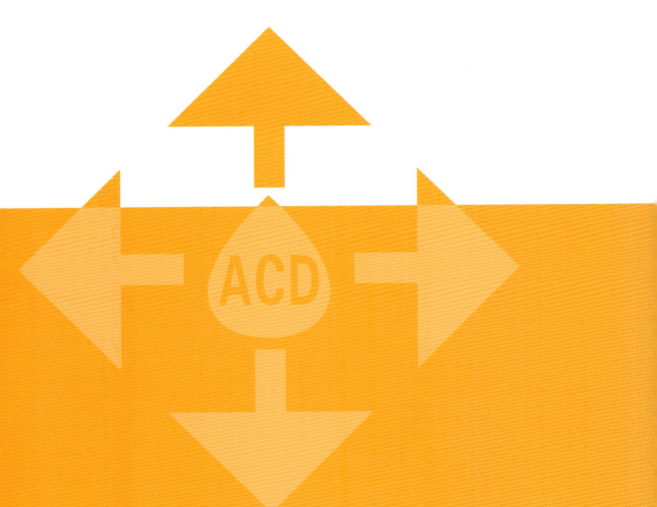

创新管理抓项目 培育龙头惠"三农"

——平遥县农业综合开发加大扶持力度促进农业增效、农民增收

文/傅波 段文瑞

15年，只是历史长河中的一瞬，但对农业大县平遥来说，却是农业综合开发长足发展的关键期，是传统农业向现代农业迈进的机遇期。

从1999年平遥被列入国家农业综合开发项目县，在晋中市率先实施农发项目伊始，作为县政府直属的直接负责项目实施的县农业综合开发办公室就紧紧围绕"农业增效、农民增收"这一主线，结合全县农业人口占比84%、耕地面积仅有76万亩的实际，力抓土地治理项目和产业化经营项目，至今已累计投入4.477亿元，完成土地治理中低产田改造16.74万亩，建设优势农产品基地1.60万亩，建设高标准农田2.04万亩；先后扶持威壮食品、花木公司、平遥牛肉集团、龙海公司、国青公司、五阳公司、延虎公司和晋伟、全根合作社等共11个农业产业化龙头企业建设了30个项目，使全县9个乡（镇）67个行政村的5.43万农户和11个农业产业化龙头企业大受裨益。

尤为值得一提的是，去年以来，该县农综开发土地治理农田投资2957万元，实施高标准农田建设2.04万亩、中低产田改造0.21万亩，目前投资1328万元的洪善镇1.04万亩高标准农田建设项目和投资242万元的乔家山村中低产田改造项目已全部完成，南政乡万亩高标准农田建设项目正在加紧实施。产业化经营项目投资4689万元，扶持龙海、牛肉、五阳、延虎和全根、晋伟合作社共6个龙头企业的10个项目。是农发史上投入资金和争取项目的黄金期。平遥的农业综合开发何以取得如此佳绩？采访中，县农发办主任霍维忠给出了我们答案："这得益于国家公共财政惠农政策，得益于各级领导的高度重视和大力支持，得益于农发办全体职工的共同努力，更得益于我们对项目管理的创新。"

实践中，农发办对实施项目进行全方位管理，提供全过程服务，通过"四个注重"，使其始终充满活力。注重择优申报，立足农业龙头，严格做实、做细项目前期工作，不断提高选项质量，近10年来所申报项目做到了有的放

项目区温室大棚

县委书记卫明喜调研高标准农田项目

矢。注重实施标准，对重点工程及大宗物资采购公开招标；对建设工程严格按照设计标准施工，督促进度，严把质量，跟踪监理；对竣工工程严格按标准进行验收。注重运行规范，严格遵循立项招标制、施工监理制、村级公示制、资金报账制、管理法人制、档案管理规范化的"五制一规范"，在健全制度中求创新。注重财务管理，通过落实配套措施、健全财务管理制度、严格审批程序、定期专项审计，确保了资金到位及其安全。

"四个注重"彰显了平遥农发工作水平，也推动了农发项目的上档升级。

土地治理项目的高效实施，为项目区农业发展注入了蓬勃生机。通过农业、林业、水利、农机、科技五方面措施的综合配套实施，项目区由单一的汾水灌溉变为井汾双灌，农业生产实现了灌溉节水化、道路砂石化、耕作机械化、林网格田化、种植集约化，设施农业规模发展，科技兴农步伐不断加快，促进了农业增效、农民增收。

产业化项目的立项实施，为全县农村经济

又好又快发展发挥了积极作用，凸显在企业规模化生产迅速扩大，牛肉、龙海、国青等龙头企业在项目带动下，不断拓展规模，实施集约化生产、产业化经营。科技含量明显提高，国青公司进行标准化养殖，饲喂及粪便清除全部实现机械化，利用粪便生产有机肥实现产业链条的延伸。品牌战略得到提升，国青公司的"同盈"牌鸡蛋、全根合作社的"晋琪瑞"鸡蛋获得无公害产品认证，晋伟合作社进行了药品GSP认证，长山药基地进行了"无公害"产品认证和产地"地理标志"认证。龙头企业带动效应明显，龙海公司的肉鸡养殖、国青公司和全根合作社的蛋鸡养殖带动了全县养鸡业的大发展，成为全省规模化养鸡大县；晋伟合作社采取"合作社+基地+农户"的运作模式，带动了当地及周边地区的中药材规模化种植，使其成为农民增收的又一特色产业。

农业综合开发利农惠农，赢得世人一片赞誉；平遥农发办对这一惠农政策的生动实践，更得到了上自各级领导、下至龙头企业和广大农民的一致好评。在县农发办的大力扶持下，平遥农发项目必定为县域农业产业化、现代化发展提供强力支撑，必定为建设社会主义新农村探索出一条新的路径。

原载《山西日报》2013年12月25日

"冠云"牛肉"牛"起来

——平遥牛肉集团依托农业综合开发实现跨越发展

文/傅 波 段文瑞

　　从开省内先河试水民营化改制,到不断延伸产业链条促进企业上档升级,跻身国家级农业产业化龙头企业;从"冠云"取得"山西省著名商标",到成为晋中市首例"中国驰名商标";从2003年完成销售收入5000万元,到2012年达到4.97亿元、上缴税金3625万元,2013年将达到6亿元。10年间,平遥牛肉集团秉承晋商"以义制利、诚信为本"的创业精神,坚持"香传百年,义冠云天"的执业理念,瞄准"铸就民族品牌,争创世界名牌"的质量目标,就这样一路风雨兼程、改革创新,就这样一路砥砺拼搏、与时俱进,进行着脱胎换骨的转变,高扬起跨越发展的大旗。

　　为此,集团董事长雷秉义感慨万端:"归根到底是党的惠农政策好。10年来,我们就是依托农业综合开发项目,才一步一个新台阶把企业做大做强。可以说,农发项目的实施是集团发展壮大的关键。"

　　回望改制之初,那是一段难忘的岁月,是一分不可磨灭的记忆:资金匮乏,举步维艰;产品质量无法保障,不时有消费者投诉;市场拓展慢,技术、基础设施不相匹配,等等。由此带来的费工、费时、成本大、价格高、利润低,成为制约企业发展的最大难题。如何破解这一棘手难题?雷秉义苦苦思索着,集团上下也都在积极探寻着。

　　此时,适逢平遥县轰轰烈烈开展农业综合开发,这与该集团正在酝酿的举措不谋而合。于是,在县委、县政府领导的亲切关怀下,在省、市、县农业综合开发部门的大力支持下,

平遥牛肉集团厂区

作为全县牛肉龙头企业的该集团开始实施农发项目，由此笼罩在企业上空的阴霾一扫而光，集团跨越发展的大幕徐徐拉开。2003—2004年，国家农发项目连续两年投入635万元，扶持该集团扩建了3万头肉牛屠宰生产线，年屠宰肉牛3万头，并实现了从活牛购进、屠宰、分割到排酸等工序的标准化生产，解决了生牛肉外购难题，扩大了生产经营规模，提升了"冠云"牛肉品牌质量。

2008年，国家农发参股项目注入资金1500万元，支持该集团建起了2万吨肉制品生产线，投产后可年增销售收入9.9亿元，实现利润3750万元；解决农村富余劳动力1200个；直接带动2万农户，人均年收入提高3500元，使养牛及其牛肉加工成为当地的支柱产业。

2009年，县农发办投入72万元支持该集团新建了百头肉牛良种繁育基地，填补了企业无肉牛基地的空白，成为促进平遥牛肉发展的又一个里程碑。

2011—2013年，县农发办共争取贴息资金308万元扶持该集团上马养殖基地，投资4000余万元的标准化冠云养殖基地如期建成，年新增生产能力200万公斤、总产值15000万元、利税1683万元，直接受益的1万农户年增收12000万元，新增就业260人。

如今，该集团肉牛良种繁育—肉牛养殖—肉牛屠宰加工的产业化经营链条产业已形成，带动全县3000余养牛户年增收4500万元。在此基础上开发的工业化旅游也日益显示出蓬勃气象。

由此，"冠云"牛肉以绿色、安全、卫生为特色，以龙头带基地、基地连农户为模式，在当地肉制品行业的龙头地位更加不可撼动。由此，"冠云"牛肉市场不断拓展，不仅省内全覆盖，而且还畅销内蒙古、河北、河南、陕西、山东、湖北、湖南、江苏、广东等地，进一步彰显着品牌效应。

而这一切，农业综合开发功不可没。

原载《山西日报》2013年12月25日

平遥牛肉集团牛肉真空包装车间

"国青模式"下的三次跨越

——平遥县国青同盈禽业有限公司探路引领蛋鸡养殖业发展

文/傅波 段文瑞

国青公司养殖场区防疫

开油坊，做饲料，建养殖园，创"同盈"品牌，沿着不断拓展的产业链条，47岁的董事长冀国青20多年来始终在奔跑、在跳跃，从未停歇。

一如他螺旋式上升的人生历程，平遥县国青同盈禽业有限公司在他的引领下所形成的"公司＋基地＋品牌＋农户"的"国青模式"，无不彰显着其独有的特质。

该公司以20年实现三次跨越的力度，终于破茧成蝶，成为一家集粮食收购、饲料加工、沼气供应、蛋鸡养殖、有机肥生产、养殖技术研发与推广为一体的省级农业产业化龙头企业。其间，每一次跨越都离不开全体员工的辛勤付出，离不开政府惠农政策和县农发办的大力扶持。

第一次跨越：从家庭粮油小作坊到饲料工业大企业。冀国青苦苦经营粮油小作坊5年后，于1996年成立了国青油料加工厂。随着农村规模化养殖的逐步兴起，他从经营豆饼中看到了饲料加工的发展潜力，于是2001年7月又成立国青饲料有限公司，年生产能力达到3万吨，产品销售覆盖全县并辐射到周边县，广受用户好评，到2004年底实现利润62万元，助推了全县畜牧业发展。

第二次跨越：从单一饲料到饲料养殖沼气多种经营。单纯的饲料生产终究无法满足冀国青的雄心，他在实践中领悟到，企业要发展壮大，必须实行多元化经营。为此，公司开始走"公司＋基地＋农户"的利益联结新路，采取"供饲料、供技术、收鸡蛋"的方式和农户合作。在此过程中，他敏锐地看到蛋鸡养殖的商机和无公害食品、绿色食品的发展趋势，于是2006年在450万元国家农发项目资金的扶持下，蛋鸡养殖园建成并全部实现机械化养殖，达到省内一流养殖水平，公司也随之更名为国青同盈禽业有限公司。该园存栏蛋鸡10万余只，年生产无公害鸡蛋1000吨，净利润50万元，直接带动1200多农户，户均增收2000元，所产"同盈"牌鸡蛋通过"无公害农产品认证"。2007年，建成了晋中市首家大型沼气集中供气站，利用鸡粪做原料制取沼气，实现了循环发展，年底实现利润83万元，从而初步形成现代农业龙头企业的雏形。

第三次跨越：从机械化规模养殖到智能化品牌养殖。随着养殖园的发展壮大，2008年，公司开始实施"科技兴企、品牌富农"战略，决定构建以布局区域化、养殖工厂化、生产标准化、经营产业化、服务社会化、产品品牌化为基本特征的现代蛋鸡业新格局。公司借助国家农发项目对企业流动资金贷款2年贴息45万元，加快建设50万只无公害蛋鸡科技养殖示范园，目前已建成一个育成鸡厂、一个蛋鸡养殖厂。其采用世界上最先进的四、六层层叠式笼养成套设备，实现了

蛋鸡喂料、饮水、集蛋、集粪和环境控制智能化。该园建成后，公司存栏蛋鸡可达35万只，年生产无公害鸡蛋630万公斤，向社会提供育成鸡40万只，实现利润550万元，带动800余农户，户均增收2500元，新增就业岗位50个。2010年，公司在市、县农发办的大力支持下，总投资1100余万元，其中国家农发补助资金75万元，新上了年处理800万公斤鸡蛋分级包装生产线，解决了基地农户鸡蛋销售这一难题，使"同盈"品牌上档升级。同时实行"公司＋基地＋农户＋品牌"的产业化经营模式，带动全县蛋鸡养殖户1000余户，户均增收6000元。2012年，开始投资建设3万吨有机肥厂，形成了生态良性循环经济体系。

探索、创新、实践，始终站在市场前沿的冀国青一路奔跑、跳跃，始终引领蛋鸡养殖业的国青公司一路成长、跨越。在这片孕育晋商的热土上，"国青模式"令人期待。

原载《山西日报》2013年12月25日

养殖场饲料添加

"龙海"的共赢路径

——平遥县龙海实业有限公司依靠农户提升企业竞争力

文/傅波 段文瑞

龙海肉鸡屠宰车间

在农业人口占比84%的平遥，谁能调动起广大农户的积极性，谁就能迸发出制胜的原动力。

平遥县龙海实业有限公司董事长兼总经理王晓林深谙此理，并带领公司走出了一条以"公司+农户"为经营模式的和谐共赢之路。

自1993年创办龙海饲料厂到1997年龙海实业有限公司成立发展至今，该公司已成为集种禽养殖、雏鸡孵化、饲料生产、肉鸡放养回收、屠宰加工冷藏销售于一体的农业产业化国家重点龙头企业，现有年存栏42万套的种鸡场，年出雏5000万羽的孵化厂，年产56万吨的饲料厂，年屠宰肉鸡5000万只、加工鸡肉产品10万吨的肉联厂，库容2万吨的冷藏库，水域面积280亩

的水产养殖场，商品肉鸡九大养殖基地及遍布全国16个省市、38个区的营销网络，还有正在建设中的年加工3万吨的熟肉制品厂。龙海产品包括"辰宇"牌清真鸡肉三大系列50个品种、饲料五大系列20个品种、鱼类4个品种以及鸡苗。

20年来，公司立足三农，诚信为本，以"公司+农户"为肉鸡产业化开发新路径，向农户实施提供鸡苗、提供饲料、提供药品；免费技术咨询、免费上门服务防疫治病、免费送鸡苗、免费送饲料、免费运输成品鸡；保证合同兑现，按合同价回收成品鸡的"三提供、五免费、一保证"扶农养殖肉鸡政策。落实"五

种铺垫、一次结算"让利于民的惠农措施，即当农户具备饲养条件，从养第一批肉鸡到第五批肉鸡时，公司在鸡苗、饲料、药品方面作相应铺垫，铺垫费用在成品鸡回收时一次性统一结算。制定"两图一表"技术方案的具体助农办法，即肉鸡饲养鸡舍建筑设计平面图、肉鸡饲养管理工艺流程图、肉鸡饲养效益预测表。实施应对禽流感的"三不变"策略，即向农户提供鸡苗、饲料、药品的价格与质量不变，保证成鸡的回收价格与回收时间不变，产前、产中、产后向农户提供的全程免费"保姆式"服务与让利政策不变。同时，还采用"银企农联手"的模式，让金融部门助农放贷，农户贷款养殖增收，公司从中担保，从而使公司与农户的关系更加密切，真正结成利益共同体。由此涌现出一大批肉鸡养殖专业户、专业村，形成涉及当地11个县市的一户带多户、多户带一村、一村联多村、多村成基地的大格局，增强了肉鸡产业竞争力。

谈起公司近年来的快速发展，王晓林由衷地感谢县农发办的大力支持。他说："自2005年龙海实施有史以来第一个国家农发项目开始，县农发办在政策、资金、技术等方面的扶持就没有停止过。如2005年投入450万元扶持

公司扩建了50万吨饲料生产线，在此项目引领下，公司又新建成年屠宰4000万只肉鸡生产线、年出雏4000万羽的孵化厂，生产规模和带动农户的能力扩大了两倍，跃居国内同行业前列；2009年投资180万元支持公司扩建了水产养殖场；2013年投入750万元支持公司建设年出栏600万只肉鸡养殖基地；2011—2012年争取266万元对企业的流动资金贷款进行贴息，使企业生产能力达到17585万公斤，年总产值达到82943万元、利税1991万元，年直接受益农户3.3万户、增收14488万元，就业人数1100余人。可以说，是县农发办的支持助推企业一步步发展壮大，才使我们有了今天的规模。"

未来，龙海公司将以打造国际化农牧企业为目标，继续坚持依农拥农，坚持企业与农户和谐共赢，为平遥由农业大县向农业强县迈进提供强力支撑。

龙海饲料生产监控室

"晋伟"特色

——平遥晋伟中药材综合开发专业合作社以新型产业助推全县社会主义新农村建设

文/傅波 段文瑞

副县长王东光调研长山药种植基地

当传统农业稳打稳扎，当规模养殖日益崛起，平遥的农业产业化发展正呈现出一派蓬勃气象。

而刘伟雄却没有沿袭他人之路，他大胆地独辟蹊径，瞄准当地极为丰富的中药材和上百年的药材种植史，于2006年9月成立平遥晋伟中药材综合开发专业合作社，开始了以中药材种植促进农业调产、带动农民增收之旅。

作为近几年发展起来的新型产业，平遥中药材种植一直缺乏龙头企业的带动，种植分散，组织化、规模化程度较低，种植效益不太突出。晋伟合作社刚起步时因为资金的掣肘，也是小打小闹。对此，县农发办看在眼里，急在心上。为了培育这一朝阳产业，县农发办积极与晋伟合作社对接，并于2009年、2013年两次共投入105万元，先是扶持其扩建了2000亩中药材种植示范基地和中药材初加工设施，辐射带动了当地及周边地区的规模化发展，使种植规模迅速扩大，2010年达到1.2万亩，亩均增收3000元以上，带动农户1100余户；目前已达3万亩，辐射带动沁源、榆社、孝义、交城等周边县市发展基地3000亩，带动1500余农户，品种发展为20多个；合作社还长年收购、加工中药材，每年销售干鲜中药材3000余吨，近销大同亚宝、山西天生、侯马、绛县等药厂，远销河北安国、安徽亳州、四川成都等地，签订销售合同1500万元，基地带动农户3500户，带动农民增收5000万余元，初步形成了种植、收购、加工、销售一条龙的"公司+合作社+基地+农户+药厂+市场"的生产经营新模式，使药材种植成为全县农业调产、农民增收的典范；之后又因长山药是平遥"三宝"之一，扶持其建起了1000亩长山药种植基地。至此，晋伟合作社走上规范化、规模化发展之路。

实践中，晋伟合作社坚持科技兴农、社校联姻、企校对接，加大科技投入力度，与山西农大、省农科院联姻对接，长年聘请农业科技人员，开展科技培训，深入田间地头进行技术指导；与省农科院签订中药材科研成果推广合同，每年参加县科技局、卫生局、文化局科技三下乡活动，送技术下乡，送科技入户；负责为农户提供种苗、服务、收购等，实施产前、产中、产后全程跟踪。2010年，其中药材基地进行了药品GSP认证，长山药生产基地进行了"无公害"产品认证和产地"地理标志"认证，主导产品长山药获全国农产品博览会金奖，成为山西特色农产品。晋伟合作社以过硬的产品质量赢得了市场，2010年经济效益实现翻番，销售收入首次突破千万元大关。

面对合作社的未来发展，理事长刘伟雄成竹在胸："我们将大力发展中药材种植基地，积极申报山西地道中药材GAP基地建设；收购长治沁源中药材；今、明两年与峰岩集团合作将开发1万多亩中药材基地，建设平遥县中药材交易市场，力求经济效益与生态效益兼顾，使之成为山西乃至全国有影响力的中药材市场，现项目已在省发改委立项备案，被晋中市确定为2013年重点工程；1200吨的长山药生产线有望在明年建成。到2014年七八月份，一个全新的、绿色的、大规模的晋伟中药材合作社即将出现在世人面前。"

承接平遥历久弥新的中医药文化，依靠国家政策和县农发办的指导支持，晋伟合作社走出了独具特色的产业发展之路，并在这条路上越走越快、越走越远……

原载《山西日报》2013年12月25日

中药材成品仓储

开发惠农

1999-2018

平遥县农业综合开发二十年实践与探索

拾壹

平遥县农业综合开发二十年实践与探索之

大事记

pingyao xian nongye zonghe kaifa ershinian shijian yu tansuo

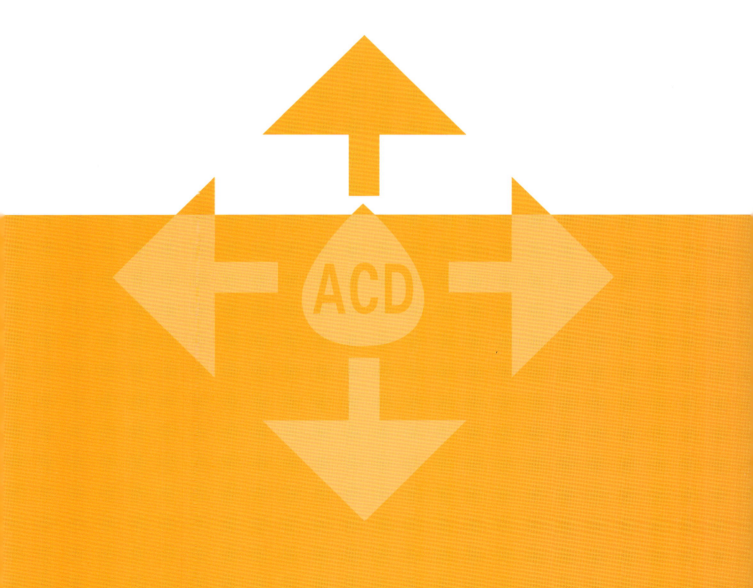

平遥县农业综合开发大事记

文/王 斌 成志芳 郝云琴 郝延芳

1999年12月27日 平遥县列入国家农业综合开发项目开发县，由县财政、县农委牵头，农业、林业、水利、农机部门负责实施。

2000年10月 平遥县荣获中国特产之乡开发建设先进单位。

2002年6月5日 平遥县政府组建平遥县农业综合开发办公室，正科级编制事业单位，负责农业综合开发管理工作。

2002年8月25日—8月28日

国家农业综合开发办公室验收组检查验收平遥县1999—2001年农业综合开发竣工项目。

2002年11月 平遥县农发项目档案管理工作荣获省二级档案管理标准。

2003年9月 平遥县农发项目接受国家审计署驻太原特派办的涉农资金审计。

2004年10月 晋中市授予平遥县农发办"山西省农业综合开发十五年成就展"组织二等奖。

2005年3月 平遥县委、县政府授予平遥县农发办2004年度重点工程建设先进单位。

2005年5月 2005年土地治理项目西王智项目区桥涵工程进行现场施工比武招标。

县委副书记杨登文、副县长张文渊陪同国农办验收项目

2004年获得县重点工程建设先进单位

2005年7月30日 中共中央总书记胡锦涛视察杜家庄乡南良庄村农业综合开发项目区和平遥县五阳实业有限公司。

2005年9月20日 县政协委员视察2002—2004年农业综合开发项目工程。

2005年9月 省农发办对平遥县2002—2004年农发竣工项目进行检查验收。

2006年3月 平遥县农发办获"晋中市2004年度农业综合开发项目统计报表先进单位"。

2007年4月10日 平遥县机构编制委员会（平编字〔2007〕13号）文件下发了"关于成立平遥县农业综合开发办公室机构"的通知。核定为正科级建制，隶属于县财政局管理，全额预算事业单位。

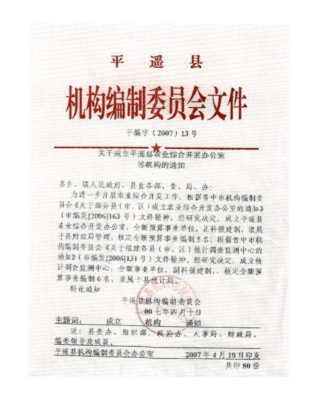

2008年4月7日 国务院副总理回良玉视察农业综合开发产业化项目实施单位山西省平遥牛肉集团有限公司。

2008年4月 平遥县农发办获"晋中市2007年农综开发信息工作先进单位"。

2008年8月 平遥县申报的国家农业综合开发产业化经营投资参股项目山西省平遥牛肉集团有限公司的2万吨肉制品生产线项目通过国家级评审，予以立项，争取上级财政参股资金1500万元。

2009年3月12日 省农发办主任赵建生、副主任王艳艳，市农发办主任武景林、县委副书记张冬明在平遥县杜家庄乡回回堡项目村检查指导农业综合开发工作。

2010年6月 2010年土地治理项目王家庄项目区桥涵工程施工进行现场比武招标。

2010年8月 省农发办组织验收组对平遥县2009年农发竣工项目进行检查验收。

2011年5月 2011年土地治理项目净化项目区桥涵工程施工进行现场比武招标。

2011年12月 平遥县农发办获"晋中市2010年度农业综合开发土地治理项目监理协调工作先进单位"。

2011年11月8日 平遥县农业综合开发办公室正式更名为平遥县农业综合开发中心。

2011年11月5日 省农发办验收平遥县农业综合开发部门项目——山西省平遥县龙海实业有限公司的水产养殖项目。

2012年4月23日 县委书记李非忠在2012年农业综合开发洪善镇高标准农田建设示范工程项目区检查指导。

2012年11月5日 县委政府组织全县领导干部观摩县农业重点工程——2012年农业综合开发洪善镇高标准农田建设示范工程。

2013年3月25日 县委副书记、县长曹治胜在2013年农业综合开发南政项目区观摩指导。

2013年5月28日 县委书记卫明喜在2013年农业综合开发南政项目区对高标准农田建设进行检查指导。

2013年9月11日 县政协委员视察2011—2013年农业综合开发项目。

县政协委员视察农业综合开发座谈会

2013年9月12日　省农发办对平遥县2012年度农业综合开发资金和项目管理进行绩效考评。

2013年12月　省农发办发文晋农发〔2013〕98号文件，授予"平遥县2012年农发工作成效显著，综合效益明显，列为全省重点扶持的20个项目县之一"。

2013年11月14日　县委、政府组织全县领导干部对2013年农业重点工程南政乡高标准农田建设项目观摩检查。

2013年12月　平遥县申报的国家农业综合开发龙头企业带动产业发展项目，山西省平遥县龙海实业有限公司的炎鸡标准化规模养殖项目获得国家"一县一特"项目的扶持，争取财政资金750万元。

2014年12月　平遥县农业综合开发产业化经

省农发办考核组进行项目绩效考核

营项目接受国家审计署驻太原特派办抽查审计。

2015年5月7日　国家农发办调研组对平遥县土地治理项目立项评审工作进行专题调研。

2015年6月17日　省委副书记、省长楼阳生在平遥县农业综合开发襄垣项目区调研水果发展现状。

县四套班子领导检查观摩农业综合开发项目

2015年6—9月 山西省审计厅委派运城市审计组一行8人对平遥县2010—2014年农业综合开发竣工项目进行了全面审计。

省审计组来平遥审计农发项目

2015年10月23日 县人大代表视察2011—2014年农业综合开发竣工项目并对农发工作进行了现场评议。

2016年11月14日 县政府组织全县领导干部视察2016年洪善项目区高标准农田建设项目重点工程。

2017年1月 平遥县农发办获市级奖励资金20万元用于扶持贫困村东泉镇圪塔村的节水灌溉建设。

2017年9月27日 国家农业综合开发办委派调研组莅临平遥县农发项目区就产业区域规划进行专题调研。

2017年8月 平遥县申报的2017年农业综合开发区域生态循环农业项目得到上级的批复予以立项，该项目共申请财政资金1500万元。

2018年1月 平遥县农发办获市级奖励资金30万元用于贫困村东泉镇圪塔村节水灌溉建设。

2018年9月 平遥县申报的2018年供销合作总社农业综合开发土地托管项目得到上级的批复予以立项，争取资金300万元。

2018年9—10月 接受晋中市审计局对平遥县2016--2017年涉农资金项目的全面审计。

2018年11月21日 县人大视察2018年香乐乡高标准农田建设项目。

2019年2月13日 中共平遥县委办公室、平遥县人民政府办公室关于印发《平遥县机构改革方案》平办发〔2019〕10号文件明确将县农业委员会的职责、县财政局的农业综合开发项目等其他涉农项目整合，组建县农业农村局。

县人大代表视察高标准农田建设

后　记

　　编写《开发惠农：平遥县农业综合开发二十年实践与探索》这一文集，源于我本人十七年的农发工作经历，可以说十七年来与农业综合开发这项事业结下了不解之缘。当前恰逢政府机构改革，农业综合开发项目将并入农业农村工作部门。多年来结下的这一情结促使我与农发一班人躬耕书写了农发工作二十年之成就。

　　农业综合开发过去的二十年可谓是不平凡的二十年。二十年经历了市场经济条件下农业的转型发展，在这一转型期，家庭联产承包经营体制下的农业生产面临着农业基础设施年久失修、老化脆弱的态势。农业综合开发无论是中低产田改造还是高标准农田建设正是着力于解决制约农业生产发展的这一瓶颈，从而有效地提高了农业的综合生产能力；现代农业的发展离不开农业产业化龙头企业及农民专业合作社等经济组织的发展壮大与带动，二十年的农业综合开发着力于助推农业产业化经营的稳步发展，从而促进了"公司+基地+农户"的现代农业产业化进程。

　　二十年的农业综合开发工作得到了历届县委、县政府领导的高度重视和县人大、县政协的监督与支持，同时也离不开项目实施乡村（企业）的精诚合作和奋发有为。可以说，农业综合开发的二十年是农业强基础、产业扩规模、农民得实惠的二十年。

　　初心已定，见之行动。本文集初稿得到了省农发办赵建生主任的支持与帮助，并为本书的策划和布局做了指导；晋中市财政局局长乔金国（曾任平遥县财政局局长）对农发工作持续、规范、高效的运行，给予了极大的帮助与支持；市农发办武景林主任给予了业务指导；县委书记武晓花、县长石勇十分关注农业综合开发工作，并出任本书编撰顾问；副县长阎丰琴担任编委主任，领导并策划本书的编撰工作；县财政局段兆义局长大力支持本书编撰工作；县文联赵永平主席为本书提了宝贵意见；平遥牛肉集团公司董事长雷秉义为本书挥毫题字；山西经济出版社宁姝峰编辑给予了技术指导；编委会成员更是时不我待加紧了文字编撰和图片的搜集与整理，为本书的付梓做出大量的工作。在此，对各级领导的关心、支持和指导表示感谢，对参与文集编撰的各位同志表示感谢，对同事王斌同志十七年的精诚合作同舟共济表示感谢！

　　限于资料收集有限，政策理论水平浅显，书中难免有疏漏之处，敬请各位同仁不吝赐教。

平遥县农业综合开发办公室　霍维忠

2019年3月